ULLSTEIN

Das Buch

Am 6. Juni 1896 stechen George Harbo und Frank Samuelsen in New York mit einem schier unmöglichen Vorhaben in See: Sie wollen mit einem fünf Meter langen Ruderboot aus Holz den Atlantik überqueren, lediglich mit der Kraft ihrer beiden Ruder. Die Reise über das Meer wird zu einem einzigen Abenteuer: Ozeandampfer, Eisberge und Wale bedrohen die beiden. Doch die eigentliche Herausforderung liegt in der Bewältigung der Einsamkeit und im Kampf gegen die Gleichförmigkeit des Meeres. Als Harbo und Samuelsen nach 55 Tagen unmenschlicher Anstrengung in Le Havre an Land gehen, sind sie die ersten Menschen, die den Atlantischen Ozean auf so ungewöhnliche Weise überquert haben.

Der Autor

David W. Shaw, seit mehr als 30 Jahren ein begeisterter Segler, schreibt regelmäßig für maritime Zeitungen und hat in den USA bereits mehrere Bücher über das Segeln veröffentlicht.

David W. Shaw

Die Eroberung des Horizonts

Die wahre Geschichte der ersten Männer, die über den Atlantik ruderten

Aus dem Englischen
von Hermann Kusterer

Ullstein

Ullstein Taschenbuchverlag 2000
Der Ullstein Taschenbuchverlag ist ein Unternehmen
der Econ Ullstein List Verlag GmbH & Co. KG, München

Titel der amerikanischen Originalausgabe: Daring the Sea.
The True Story of the First Men to Row Across the Atlantic Ocean
(Birch Lane Press, Carol Publishing Group, New York)
Übersetzung: Hermann Kusterer
Umschlagkonzept: Lohmüller Werbeagentur GmbH & Co. KG, Berlin
Umschlaggestaltung: HildenDesign, München – Stefan Hilden
(unter Verwendung eines Bildes von Spencer Samuelsen)
Druck und Bindearbeiten: Clausen & Bosse, Leck
Printed in Germany
ISBN 3-548-35989-2

Meiner Frau Elizabeth
und allen Männern und Frauen,
die dem Meer trotzen

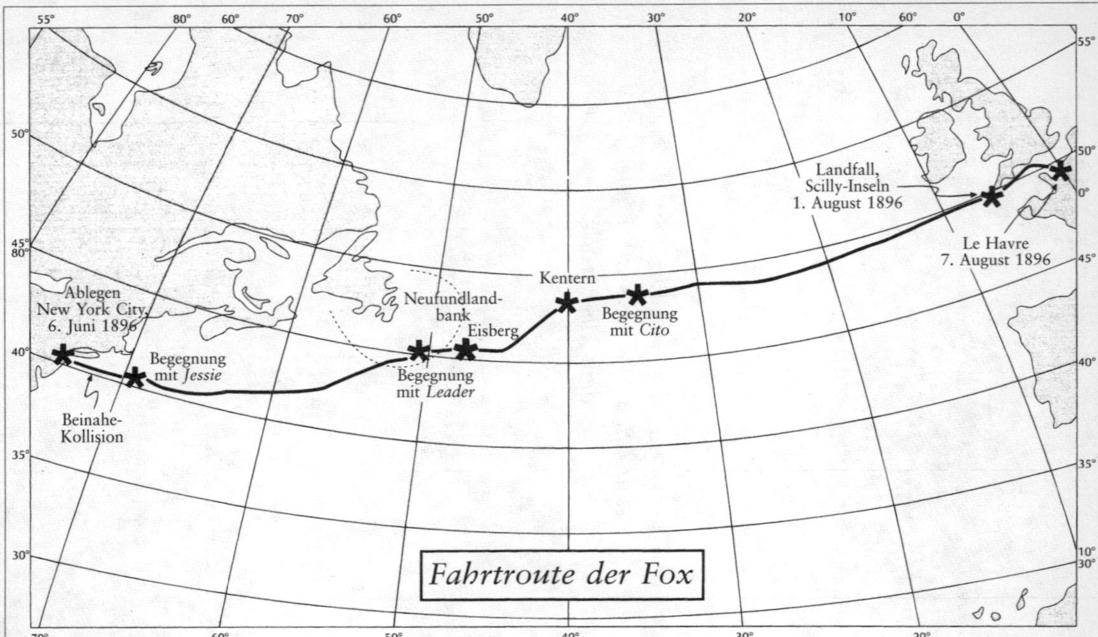
Fahrtroute der Fox
Ablegen
New York City,
6. Juni 1896
Beinahe-
Kollision
Begegnung
mit Jessie
Neufundland-
bank
Begegnung
mit Leader
Eisberg
Kentern
Begegnung
mit Cito
Landfall,
Scilly-Inseln
1. August 1896
Le Havre
7. August 1896

Vorbemerkung

Um die Geschichte der *Fox* erzählen zu können, bedurfte es einer gründlichen Kenntnis des Meeres, die sich nur durch Erfahrung einstellt, auch wenn man einiges aus Büchern von Seeleuten lernen kann. Auf meinen Reisen an Bord eines kleinen Segelbootes, die ich oft allein unternahm, habe ich mich der See zu nähern versucht. Ich lernte sie als grausame und zugleich liebenswürdige Lehrmeisterin achten und lieben.

Die See lehrte mich, ihre vielfältigen Launen ernstzunehmen. Die Gezeitenströmungen und ihre Auswirkung auf Wellen und Kompaßkurs sind selbst für den erfahrensten Navigator eine Herausforderung, schon gar im Golf von Maine, wo das Wasser in den östlichen Nebelgebieten alle sechs Stunden um mehr als sechs Meter steigt und fällt. Ich mußte lernen, wie Strömungen, Wind und Untiefen die Höhe und Gestalt der Wellen verändern und wie Bewölkung, Windrichtung und Luftdruck bei der Vorhersage des Wetters behilflich sein können. Ich habe selbst erlebt, wie es ist, wenn man im Sturm hinausfährt, wie überdrüssig man der eintönigen Geräusche und heftigen Bewegungen eines kleinen Bootes werden und wie absolut schreckenerregend der Ozean sich gebärden kann. Wer sich in einem kleinen Kahn auf hohe See begibt, braucht Geschick, Mut und nicht zuletzt Glück.

Bei meinen Recherchen für dieses Buch stieß ich auf das Original-Logbuch, das George Harbo während der Überfahrt führte, sowie auf die erweiterte Darstellung der Reise, die er vor seinem Tod im Jahre 1908 einem anonymen Autor diktierte. Unter Verwendung dieser beiden Dokumente, die mir die Twin Lights Historic Site freundlicherweise zur Verfügung stellte, konnte ich die Fahrt Stück für Stück rekonstruieren.

Ich habe mich beim Schreiben ausschließlich an die Fakten gehalten und mir jede dichterische Freiheit versagt. Ich berichte von den Ängsten und Schmerzen von George Harbo und Frank Samuelsen, gehe aber nicht über das hinaus, was sie selbst erzählt haben. So weiß ich beispielsweise aus der Lektüre vieler Berichte von Männern, die den Atlantik in kleinen Booten überquert haben, daß sie aufgrund von Feuchtigkeit und Reibung unter Furunkeln und gräßlichen Schmerzen am Gesäß litten. Harbo hat derartiges nirgends erwähnt. Andererseits erwähnte er durchaus den Zustand ihrer Hände, das schmerzende rohe Fleisch auf den Nasenrücken und die von der Sonne beinahe schwarz gebrannte Haut. Kurzum, ich wollte ihren Qualen nicht noch Furunkel hinzufügen, obwohl ich wetten möchte, daß sie während der Überfahrt auch davon ausgiebig geplagt wurden.

Die Dialoge im Buch wurden zum größten Teil der erweiterten Darstellung der Reise entnommen oder von allgemeinen Äußerungen George Harbos über Gedanken und Gefühle hergeleitet. In ein paar wenigen Fällen rekonstruierte ich einen Dialog aus den Informationen, die die Familien von George und Frank beisteuerten, gelegentlich auch aus Presseberichten, in denen Aussagen der beiden Männer zitiert wurden.

Schwierigkeiten bereiteten mir die Legenden, die sich mittlerweile um das Unternehmen ranken. Der zählebigste Mythos behauptet, Richard Kyle Fox habe für jeden, der den Atlantik erfolgreich im Ruderboot überquere, zehntausend Dollar ausgelobt. Kein Pressebericht des 20. Jahrhunderts über die Reise, der nicht diese Mitteilung enthielte – offenbar soll damit eine Begründung geliefert werden, warum die beiden Männer die Reise überhaupt unternahmen. Ich habe sämtliche Mikrofilme mit den Artikeln durchgesehen, die unmittelbar vor, während und direkt nach der Fahrt sowie nach Rückkehr der beiden nach New York im März 1897 veröffentlicht wurden. In keinem einzigen ist dieser Betrag erwähnt.

Wichtiger noch: Auch George Harbo sagt darüber kein Wort, obwohl er sehr wohl davon spricht, mit Richard Fox in Kontakt gestanden zu haben. Er sagt ganz konkret, er und Frank hätten das Boot nach dem Verleger benannt, weil dieser ihnen eine Medaille der Zeitschrift *Police Gazette* versprochen habe, wenn sie das Abenteuer bestünden. Dergleichen tat Fox des öfteren, und tatsächlich erhielten sie 1897 die versprochene Auszeichnung. Franks Medaille liegt in einem Tresor in Norwegen. Was hingegen die zehntausend Dollar angeht, so erklärten die meisten Angehörigen der beiden Familien, von Fox hätten Frank und George nichts bekommen, und die Ausstellungen des Bootes hätten nur wenig eingebracht. Ich blieb meinem Vorsatz treu:

Was weder im Logbuch noch im erweiterten Reisebericht stand, kam nicht ins Buch.

In vielen der im 20. Jahrhundert entstandenen Presseberichte taucht ein weiterer Mythos auf. Angeblich ging dem Dampfer, auf dem die beiden Männer mit ihrem Boot nach New York zurückkehrten, zweihundert Meilen vor Sandy Hook mitten im Sturm die Kohle aus. Daraufhin habe der Kapitän die *Fox* als Heizmaterial verbrennen wollen, was Frank und George natürlich ablehnten. Statt dessen hätten sie ihr Boot in die sturmgepeitschte See gelassen und seien den Rest der Strecke gerudert. Das klingt natürlich sehr dramatisch und treibt die Auflagenzahlen in die Höhe. Der Haken an der Sache ist nur, daß die Geschichte frei erfunden ist.

Die Zeitungsberichte aus dem 19. Jahrhundert sind insgesamt zuverlässiger, aber auch sie enthalten einige Ungereimtheiten. So heißt es beispielsweise in allen Artikeln, Franks Schwester Lena sei ganz aus der Fassung gewesen, als die beiden Männer am 6. Juni 1896 von der Battery ablegten. Franks Enkel Spencer Samuelsen freilich hat nie von einer Lena gehört, es gab sie gar nicht. Die Frau, die die Reporter auf der Mole sahen, war Karoline. Ihren Namen habe ich in einem dicken Wälzer gefunden, in dem die Einwohner von Farsund und Umgebung verzeichnet sind, unter ihnen die Samuelsens. Woher stammt also der Name Lena? Vielleicht war es ein Kosename.

Den Familien verdanke ich Informationen über den Charakter der beiden Atlantiküberquerer, Einblicke in deren Privatleben und Orientierung über die Chronologie der Ereignisse. Sie zeigten mir Familienbibeln, Briefe, Tagebücher, und erzählten mir Anekdoten, die sie von Georges und Franks Kindern und Verwandten gehört hatten. Dafür bin ich ihnen überaus dankbar, denn allein unter Zuhilfenahme der Logbücher hätte ich den Männern nur wenig Leben einhauchen können.

Bei meinen Recherchen waren mir außerdem zahlreiche, zum Teil höchst spannend zu lesende Bücher behilflich. Besonders zu empfehlen sind die aus erster Hand stammenden Berichte anderer Männer und Frauen, die in Kleinbooten übers Meer gerudert oder gesegelt sind. Sturmfans gibt Kaines Adlard Coles' Klassiker *Schwerwettersegeln* ebenso schauerlichen wie nützlichen Aufschluß über die Handhabung kleiner Nachen in schlimmstem Wetter. Dieses Buch erlaubte mir die Rekonstruktion der Meeresbedingungen, mit denen die beiden Atlantiküberquerer zu kämpfen hatten. So wiege ich mich in der Hoffnung, denen, die nie in einer Nußschale auf den Ozean hinausfahren würden, wenigstens einen Schimmer davon zu vermitteln, wie Wind und Wellen mit Menschen umspringen, die dieses Wagnis eingehen.

Einleitung

Mitte der achtziger Jahre hörte ich von einem etwas eigenwilligen Mann, der den Nordatlantik in einem winzigen Ruderboot überqueren wollte. Er belud sein Boot mit Erdnußbutter, Brot und Coca Cola und stach in Cape Cod in See. Die Zeitungen betrachteten das Ereignis als Gag und machten sich ausnahmslos über ihn lustig. Die Küstenwache, die befugt ist, jedes Boot zur Rückkehr zu veranlassen, das den Anforderungen einer Ozeanreise nicht gewachsen erscheint, fuhr los und holte ihn zurück. Er versuchte es wieder – und gilt seitdem als vermißt. Es gibt eine ganze Reihe von Menschen, die scheinbar unmögliche Überquerungen versuchten. Zu ihnen gehören Männer wie Robert Manry, der 1965 mit einem Viermeter-Boot über den Atlantik schipperte, oder Hugo Vilhen, der 1968 den Atlantik in einem Zweimeter-Segelboot überquerte, das recht passend *April Fool* (Aprilscherz) hieß.

Warum lassen sich Menschen auf so alberne Unternehmungen ein? Das Meer läßt nicht mit sich spaßen. Es ist riesig, rücksichtslos und oft genug wild. Ich kenne Lotsen, die gewaltige Frachter in Häfen hinein und wieder hinaus manövrieren und die sagen, aufs offene Meer würden sie sich bestenfalls mit einem Schlachtschiff wagen. Und ich kenne gestandene Seeleute, die rein gar nichts davon halten, sich mit einem Sechsmeter-Boot auch nur zu den Bermudas aufzumachen.

Den meisten von uns stellt sich die Erde heutzutage als weitgehend gezähmt dar. Für die nächste wirkliche Herausforderung wenden wir uns dem Weltraum zu als dem Ort, an dem menschliche Entschlossenheit und Genialität uns eine weitere Stufe auf der Evolutionsleiter erklimmen lassen können. Einige wenige suchen auch in der näheren Umgebung noch nach einer Herausforderung. Andere verlieren ihr Leben bei dem Versuch, die Grenzen von Seele, Leib und Geist zu ergründen oder gar zu überwinden. Das ist nicht ungewöhnlich. Im direkten und übertragenen Sinn nach den Sternen zu greifen, ist ein zutiefst menschlicher Drang.

Manchen Abenteurer locken die einsamen Gipfel des Himalaya. Für andere ist es der Himmel oder ein reißender Fluß. Viele auch wenden sich immer noch dem Meer zu, dem vielleicht ehrfurchtgebietendsten aller Orte auf dem Planeten.

Erst im Oktober 1997 machte sich eine Gruppe unverbesserlicher Ruderbootfans daran, die längste Ruderregatta der Geschichte auszutragen – über den Atlantik. Die Mannschaften zu je zwei Personen (auch Frauen nahmen daran teil) stachen in Los Gigantes auf Teneriffa in See und ruderten in rund siebzig Tagen die fünftausend Kilometer nach Bridgetown auf Barbados. Alle Mannschaften benutzten das gleiche Siebenmeter-Boot, das so gebaut war, daß es sich nach dem Kentern von selbst wieder aufrichten konnte. Satelliten-Navigationssysteme, Wasseraufbereitungsgeräte, Positions-Notmeldeanlagen zur Erleichterung eventueller Rettungsarbeiten und allerlei sonstige modernste Technik spielten eine lebenswichtige Rolle; sie sollten das Rennen so sicher wie möglich machen, obwohl Sicherheit bei solchen Unterfangen nicht garantiert werden kann – darin liegt ja gerade ein Teil ihrer Attraktivität.

Dies war also das neueste in einer langen Reihe von Abenteuern an Bord kleiner Boote, denen eines gemeinsam ist: Die Teilnehmer nahmen die Gefahren und Härten freiwillig auf sich. Sie waren keine Schiffbrüchigen – im Unterschied zu den Männern, die mit Captain Bligh auf einem Rettungsboot der *Bounty* in achtundvierzig Tagen gut und gerne sechseinhalbtausend Kilometer auf dem Pazifik hinter sich brachten.

Schon Mitte des vorigen Jahrhunderts haben Menschen in Kleinbooten verschiedenster Bauart dem Meer getrotzt. Im Gegensatz zu früheren Zeiten waren sie nicht von den edlen Motiven der Forschung oder der Sehnsucht nach Freiheit beseelt, die sie in neuen Ländern zu finden hofften. Ihre Ziele waren andere, Rekordlust zumeist oder die Erprobung der menschlichen Ausdauer und Widerstandskraft. Ihre Boote besaßen fast immer Segel, und die Atlantiküberquerungen des letzten Jahrhunderts erregten – sofern sie gelangen – auf beiden Seiten des Atlantiks beträchtliches Aufsehen. Die wagemutigen Taten rührten sogar Menschen ans Herz, die sich ansonsten für Boote nicht interessierten und für das Meer nur insoweit etwas übrig hatten, als es ihnen schmackhafte Fischmahlzeiten bescherte. Menschen, die von Bug und Heck keine Ahnung hatten, geschweige denn von Gaffel oder Bugspriet. Gierig stürzten sie sich auf die Geschichten tollkühner Seefahrer, die unter Gefahr für Leib und Leben das scheinbar Unmögliche versuchten, um Weltrekorde aufzustellen.

Am 6. Juni 1896 fesselten zwei norwegische Fischer für kurze Zeit die Aufmerksamkeit des gemeinen Volkes wie des Adels in Europa und Amerika mit ihrem allen unmöglich erscheinenden Versuch, zum ersten Mal über den Nordatlantik zu rudern, ohne Hilfe von Segel oder Dampf, ja sogar ohne Steuerruder. Der eine war amerikanischer Staatsbürger und vor über einem Jahrzehnt in die Vereinigten Staaten eingewandert, der andere erst in jüngerer Zeit herübergekommen. Wie so viele ihrer Zeitgenossen litten sie unter ihrer Armut in einer Gesellschaft, die nur Arm oder Reich kannte und keinen mittleren Stand, in den sie sich hätten hocharbeiten können.

In den Theatern gaben sich Abenteurer, die gegen gutes Geld Vorträge über ihre Reisen hielten, die Klinke in die Hand. Unsere beiden Männer träumten von einem besseren Leben für sich und ihre Familien, und dazu wollten sie von der Battery in Manhattan aus die fünfeinhalbtausend Kilometer in die französische Stadt Le Havre rudern. Sie hofften, in Europa und den USA anschließend Vorträge halten, ihr Boot zeigen und sich mit dem so verdienten Geld einen Anteil am amerikanischen Traum erkaufen zu können.

Schon hatte mich die Erfahrung gelehrt, daß ich mir, indem ich dem Meer trotzte, einen erbarmungslosen Gegner ausgesucht hatte. Doch es liegt in der Natur des Menschen, sein Können unablässig zu verbessern; das stete Streben nach neuen Rekorden ist normal und vernünftig. Bedeutet doch jeder neue Rekord einen positiven Beitrag zur Ausweitung der Grenzen menschlicher Leistungsfähigkeit …

Was trieb mich dazu, meine geistige und körperliche Kraft auf die äußerste Probe zu stellen? Ich merkte, daß es darauf keine einfache Antwort gab; die Abenteuerlust, die Suche nach wissenschaftlicher Erkenntnis – beides spielte eine Rolle. Ich sagte mir, daß der Mensch seit jeher auf der Suche nach neuen Grenzen ist, sie immer weiter hinausschiebt, und ich mich als Mensch mit dieser Antwort zufriedengeben mußte.

Alone at Sea von Hannes Lindemann*, der 1955 in einem Einbaum und 1956 mit einem Serienfaltboot über den Atlantik segelte. Er war der erste, der den Ozean in einem Einbaum überquerte.

Allmählich verengt sich das Feld der möglichen Atlantiküberquerungen unter ungewöhnlichen Bedingungen. Schon verschiedentlich haben es Leute in kleinen Segelbooten versucht; nun haben sich zwei tollkühne Abenteurer in den Kopf gesetzt, in einem Fünfmeterboot von hier aus nach Le Havre zu rudern. Wenn es ihnen gelingt, wird der nächste Kandidat für eine Auszeichnung auf diesem Spezialgebiet die Absicht verkünden müssen, hinüberzuschwimmen, um noch auf Interesse zu stoßen.

The New York Times, *3. Juni 1896*

* Hannes Lindemann beschrieb seine Erlebnisse zunächst auf Englisch, später – unter dem Titel *Allein über den Ozean* – auf Deutsch.

Besitz stirbt,
Sippen sterben,
du selbst stirbst wie sie;
doch Nachruhm
stirbt nimmermehr,
den der Wackre gewinnt.

Edda, »*Hávamál*«

1

Am 9. März 1884 tauchte vor der Küste von New York ein Dampfer auf, zunächst nur als dunkler Fleck im hellen, klaren Nachmittagslicht. Nach und nach rückten die Aufbauten und schließlich auch der Rumpf ins Blickfeld und zeichneten sich vor der endlosen Weite des Atlantiks ab, den das Schiff gerade überquert hatte. Es stampfte mit zwölf Knoten voran, zog den schwarzen Rauch aus den Schornsteinen hinter sich her, doch bald schon erfaßte der kräftig aus Nordwest blasende Wind die Schwaden und trug sie davon. Mit seinen nicht einmal fünftausend Tonnen gehörte das Schiff aus Eisen zu den kleineren Vertretern seiner Art, und obwohl nicht alt, war es dennoch schon veraltet. Dafür hatten die vor vier Jahren eingeführten größeren Stahlschiffe gesorgt, die in der Transatlantik-Schifffahrt einen weiteren Entwicklungssprung bedeuteten.

Geschwindigkeit hieß das oberste Gebot der Meeresschiffahrt; die schnellen Expreß-Stahldampfer wurden von Jahr zu Jahr größer und brauchten für die Überfahrt von Liverpool nach New York nicht mehr als eine Woche. Lukrative Postaufträge, einhundertfünfzig Dollar für die Erste-Klasse-Kabinen und fünfzehn Dollar für eine Koje im Zwischendeck heizten den technischen Fortschritt an. Profitgier wirkte genauso förderlich auf die Entwicklung besserer Schiffe wie der Wunsch, Kriege zu gewinnen. Die steifen Westwinde hatten die Überfahrt des Dampfers von Southampton kräftig verlangsamt. Das war in dieser Jahreszeit zwar nichts Ungewöhnliches, aber wenn die Reise fast drei Wochen dauerte, bedeutete das einen schwerwiegenden Mehrverbrauch an teurer Kohle für die Befeuerung der wenig leistungsfähigen Kessel, die die Schrauben antrieben.

Die Lotsen an Bord der schnellen Schoner in den hohen Wellen jenseits des Feuerschiffes von Sandy Hook warteten auf dieses Schiff so gierig wie ein Gemischtwarenhändler auf die Lieferung feldfrischer Ware oder einer Ladung Rindfleisch vom Schlachthof. Da sich der Lotsenlohn nach Länge und Tiefgang des Schiffes bemaß, das sie in den Hafen bugsierten, war der kleine Dampfer, der die Wellen in Richtung Küste durchpflügte, für sie alles andere als einträglich. Wäre er allerdings eines der neuen, schnittigen Passagierschiffe gewesen, hätte er bereits einen Lotsen an Bord gehabt, denn auf der Suche nach den einträglichsten Schiffen tummelten sich die miteinander wetteifernden Lotsenboote von New York und Sandy Hook weit draußen.

Der Dampfer hatte bei Annäherung an die Küste die internationale Flagge für den Buchstaben G gehißt, deren gelbe und blaue Streifen den Männern auf den Schonern signalisierten, daß er für das letzte Stück der Reise zu den Piers am Hudson River einen Lotsen an

Bord nehmen wollte. Die Signalflagge löste ein kleines Wettrennen in Richtung Dampfer aus, denn jeder wollte der erste sein und die vorgeschriebene Gebühr einstreichen können, so bescheiden diese auch ausfallen mochte. Am Mast wehte noch ein anderer Wimpel. Der gelbe, vom häufigen Gebrauch verblichene Quarantänewimpel flatterte in der kalten Brise und zeigte an, daß das Schiff aus einem fremden Hafen kam und somit erst eine genaue Inspektion von Passagieren und Mannschaft über sich ergehen lassen mußte, ehe es in Manhattan anlegen durfte.

Der Dampfer drehte mit Steuerbord zum Wind, rollte erbärmlich im Wellental, sorgte damit aber leewärts für etwas Windschutz und weniger hohen Wellengang. Der dem Dampfer nächstgelegene Schoner ließ schleunigst sein Ruderboot zu Wasser, und kräftige Ruderer brachten den Lotsen zum Fallreep, das die Dampferbesatzung am Rumpf hinuntergelassen hatte. Er kletterte flink wie ein Wiesel hinauf und begab sich zur Brücke.

»Ihr kommt in einem günstigen Moment. Eine gute Tide wird uns über die Barre von Sandy Hook hinweghelfen«, sagte der Lotse, als er dem Kapitän die Hand schüttelte. Von nun an hatte der Lotse das Kommando, bis das Schiff sicher im Hafen lag; diese Machtübergabe war vor der Küste von New York seit 1694 üblich, denn damals trat die erste Regelung in Kraft, die für einlaufende Schiffe die Anwesenheit eines Lotsen vorschrieb.

Der Kapitän nickte mürrisch. »Holen wir sie erst mal aus dem Wellental, Mister«, sagte er. »Günstige Tide oder nicht – für Ärger im Gedney Channel haben wir nicht genug Tiefgang.«

»Mag sein. Aber eine günstige Strömung buchteinwärts ist allemal besser als eine faule.«

Der Dampfer fuhr langsam über die Barre hinweg in den Channel hinein und wandte sich dann nach Norden in Richtung The Narrows, wo sich Brooklyn und Staten Island ziemlich nahe kommen. Sechs Meilen unterhalb von Manhattan kamen Vertreter der Quarantänebehörden zur Routineuntersuchung an Bord, gaben dann die letzte Wegstrecke frei, die mit Hilfe eines Schleppers zu einer Anlegestelle an der Battery zurückgelegt wurde. Hier wurde die strenge Klassentrennung unter den Transatlantikpassagieren sinnfällig: Erste-Klasse-Passagiere durften sofort von Bord; für Einwanderer sah die Sache anders aus. Die Reisenden aus dem Zwischendeck, die einen Platz auf Deck ergattert hatten, säumten die Reling und blickten gebannt auf den geschäftigen Hafen.

Unter der Menge an Deck befand sich ein mittelgroßer, untersetzter, neunzehnjähriger Norweger mit rotem, kurzgeschorenem Haar, wie es die Männer trugen, die mit ihren Kuttern im Skagerrak, in der Nordsee und entlang der Küste bis hoch in die Finnmark, wo im Sommer die Sonne nie ganz untergeht, dem Fischfang nachgingen. Seine scharf geschnittene, kantige Nase, die blauen Augen und das runde Kinn verliehen ihm ein nicht unattraktives Aussehen. Sein dichter roter Schnurrbart ließ ihn etwas älter erscheinen, als er war. In seiner gegen die feuchte Meerluft bis oben geschlossenen Wolljacke wirkte er wie das genaue Gegenteil der Stadtmenschen in ihren Seidenpaletots und schwarzen Capes.

Getauft worden war er auf den Namen Gottlieb Rød. Doch als er sein kleines Heimatdorf Brevik im reichen, landwirtschaftlich gesegneten Tiefland Südostnorwegens verließ, beschloß er, diesen Namen im neuen Land durch George Harbo zu ersetzen. Der Vorname George ging leichter von der Zunge und klang amerikanisch, der Nachname Harbo war der Mädchenname seiner Mutter.

Gebannt starrte George auf die Schaufelradfähren, die Rahsegler, die Fischkutter und Schoner, die Hochseesegler mit mehr Masten als man Finger an einer Hand hat, und die Dampfer. Im Hafen und an den Docks drängten sich die Schiffe. Das Dickicht der Masten zum Hudson River hin wirkte wie ein Zaun vor der Skyline. Nach Osten zu überragte die Brooklyn Bridge alles andere. Schon hatte sich eine dünne, rußige Patina von der im letzten, harten Winter in den Heizöfen der Stadt verbrannten Kohle auf die kaum ein Jahr alte Brücke gelegt, die Brooklyn mit Manhattan verband, damit die Arbeiter von Long Island auch dann den East River überqueren konnten, wenn er zugefroren war und die Fähren nicht verkehren konnten. Backbord des Dampfers waren auf Bedloe's Island Hunderte Arbeiter damit beschäftigt, das Betonfundament für die Freiheitsstatue zu gießen, die fertig montiert in Frankreich lag und von den Spaziergängern in der Pariser Rue de Chazelles als große Attraktion bewundert wurde.

Nachdem der Dampfer am Kai festgemacht hatte, kamen die Zoll- und Einwanderungsbeamten an Bord. Zusammen mit den anderen Zwischendeckpassagieren wurde George auf eines der kleinen Landungsboote verfrachtet, auf denen sich die nach Schweiß und feuchten Kleidern stinkenden Menschen drängten. Die Boote brachten ihre Fracht das kurze Stück bis zur Spitze der Battery.

Der Troß der Passagiere trottete übers Dock zu einem riesigen Rundbau, Castle Garden genannt, und gelangte durch den bogenförmigen Eingang in ein organisiertes Chaos. Babylonisches Sprachengewirr erfüllte die höhlenartige, durch die Kuppelfenster zwanzig Meter über den Menschenschlangen nur schwach erleuchtete Rotunde. Fauchende Gasleuchten, die einst der Beleuchtung der Opernvorstellungen dienten, die hier vor Jahrzehnten stattgefunden hatten, warfen lange Schatten und erzeugten Bereiche fast völligen Dunkels, aus dem müde, blasse Gesichter und gefaltete Hände als helle Punkte hervorstachen.

George war erschöpft, brauchte dringend ein Bad und hatte Hunger. Erregt, verängstigt und heimwehkrank zugleich, sah er sich um. Er dachte an seine Verlobte Anine, ein schönes Mädchen mit dunkelbraunem, seidigem Haar und blauen Augen, die in ihrem ebenmäßigen Gesicht aufleuchteten, wenn sie lächelte. Nächsten Monat wurde sie achtzehn. Der Gedanke, daß er ihren Geburtstag verpassen würde, bedrückte ihn, war ihm aber zugleich Ansporn, möglichst schnell genug Geld zu verdienen, um sie von Brevik herholen zu können. Während er auf die Befragung durch die Beamten wartete, träumte er von einem glücklichen, bequemen Leben, von seiner Liebe zu Anine und ihren Plänen, eine Familie zu gründen.

Wie die fast drei Millionen anderen Einwanderer, die seit 1880 nach Überquerung des Atlantiks in Castle Garden gewartet hatten, erfüllte auch George die Hoffnung auf ein besseres Leben in einem sich ökonomisch rasant entwickelnden Amerika. Fast unbegrenzte Arbeitsmöglichkeiten und weit höhere Löhne als in Europa zogen die Massen an. Überall in Skandinavien, Deutschland, Irland, Frankreich und Großbritannien hingen Plakate, die das gelobte Land anpriesen. Mit sicherem Profitgespür warben die Schiffahrtslinien für die Einwanderung und schickten Kundschafter aus, die im rosigsten Licht die Reichtümer schilderten, welche auf jeden warteten, der bereit sei, hart zu arbeiten und sich in der Fremde ein neues Leben aufzubauen.

In Norwegen verließen von der gut eineinhalb Millionen Einwohner zählenden Gesamtbevölkerung über dreihunderttausend Landsleute von George ihre abgelegenen Höfe im Landesinnern oder ihre Fischerdörfer an der Küste. Was sie trieb, war nicht wie bei der ersten irischen Einwanderungswelle eine Hungerkatastrophe, es gab auch keine politischen Unruhen oder Krieg, sie gingen einzig aus wirtschaftlicher Not. Norwegens winzige Bevölkerung bewohnte ein Land, das sich über fast eintausendachthundert Kilometer von Norden nach Süden erstreckte, dessen Boden aber nur zu drei Prozent für den Landbau geeignet war und dessen langgestreckte Felsküsten einzig den Fisch- oder Walfang zuließen. Als Folge eines Bevölkerungsbooms Mitte des 19. Jahrhunderts mußte die nachwachsende Generation damit rechnen, daß ihre wirtschaftliche Lage noch schlechter sein würde als die ihrer Eltern.

Die jungen Männer verdingten sich in der Handelsmarine oder gingen nach Amerika, wo sie sich zum größten Teil im Mittleren Westen niederließen, um den fruchtbaren Präriebodenzu bebauen. Andere blieben im Osten, aber insgesamt schlug nur ein Bruchteil aller skandinavischen Einwanderer dort Wurzeln. Sie kamen 1825 zunächst nur vereinzelt, strömten aber dann – den allgemeinen Einwanderungszyklen entsprechend –

bei Hochkonjunktur in Scharen nach Amerika, während in Zeiten der Depression und während des Bürgerkriegs der Strom nachließ und Quebec bedeutend attraktiver wurde. Am Ende der Ära der ungezügelten Einwanderung hatte kein Land, außer Irland, einen größeren Anteil seiner Bevölkerung beigesteuert als Norwegen, wenngleich die Iren, Deutschen und Italiener, die sich mit George in den Warteschlangen drängelten, auf die amerikanische Kultur deutlich kräftiger zurückwirken sollten als die relativ kleine Gruppe aus Norwegen.

Endlich war George an der Reihe.

»Name?« fragte der Einwanderungsbeamte.

George konnte nur ein paar Brocken Englisch.

»Name?« wiederholte der Beamte.

Trotz seiner Verwirrung und Nervosität sah George dem Mann geradewegs in die Augen und sagte mit leiser Stimme: »George Harbo.«

»Nationalität ... Land?«

»Norwegen.«

»Geburtsort?«

George verstand nicht.

»Wo in Norwegen geboren? Wo?« fragte der Mann, der allmählich ungeduldig wurde.

»Norwegen«, sagte George erneut.

Nach einigen Minuten war die Befragung beendet; als Geburtsort wurde Sandefjord, als bisheriger Wohnsitz Brevik und als Bestimmungsort in den USA Brooklyn eingetragen, wo eine aufstrebende Enklave von Norwegern und anderen Skandinaviern Wurzeln geschlagen hatte. George begab sich zu den Zubern in einem abgesonderten Teil des Gebäudes, wo die Männer baden konnten. Für Frauen war ebenfalls ein

Hygienebereich eingerichtet worden. Doch das Baden war alles andere als ein Vergnügen. Wie Vieh drängelten sich die Männer und wuschen sich mit Wasser, das vom Schmutz der anderen schon schwarz war. Der junge Mann, der sich in seinem stillen Würdegefühl verletzt fand, empfand es als unmenschlich.

Nach einem kargen, faden Mahl, das die Behörden der großartigen, leuchtenden Stadt gratis ausgaben, verbrachte George seine erste Nacht in Amerika auf einer Bank im lärmenden Dunkel von Castle Garden und traute sich nicht, sich dem Schlaf hinzugeben, aus Angst, sein weniges Gepäck könnte gestohlen werden. Als endlich der Tag anbrach, wechselte er am Schalter in der Rotunde seine Kronen gegen Dollars ein und ergatterte nicht ohne Schwierigkeiten einen Platz auf einem verdreckten Pferdeomnibus, der ihn nach Brooklyn schleuste.

2

Als in den achtziger Jahren des vorigen Jahrhunderts die Bevölkerung von New York auf über eine Million Menschen anwuchs, stieg die Nachfrage nach Gütern aller Art. Die Stadt brauchte Kohle, Bauholz und Stahl. Das Süßwasser für die Bevölkerung kam von den Catskill Mountains, die Nahrungsmittel wurden bis weit aus dem Mittleren Westen angeliefert. Der New Yorker Hafen galt zwar als einer der besten schiffbaren Naturhäfen an der gesamten Ostküste, aber in gewissem Sinne war die Insel Manhattan doch ein Opfer ihrer Geographie. Sie lag genau auf der Grenze zwischen dem Land der Gletscher, dem Land der Sandküsten und den vorgelagerten Inseln, die sich bis hinunter nach Florida und zum Golf von Mexiko erstreckten.

Die zahlreichen Naturhäfen Neuenglands lagen am Ende einstiger Täler, die die Gletscher verbreitert hatten, als sie sich bis Staten Island nach Süden über das Land wälzten. Bei der späteren Erwärmung des Klimas schmolz ein Großteil des Eises, der Meeresspiegel stieg, und die Täler wurden überschwemmt. Die Georges Sandbank vor Cape Cod und die Große Neufundlandbank, einstmals trockenes Land, verdanken ihre Existenz dem Wirken der Naturkräfte während und nach der Eiszeit. Doch die Gewässer in New Jersey, südlich des New Yorker Hafens, unterlagen diesem Einfluß nie. Die lange Küste blieb fast ungebrochen und wies nur wenige Zugänge zu den breiten, seichten Buchten hinter den vorgelagerten Inseln auf. Sie besaß also keine nennenswerten Naturhäfen, ebensowenig wie die Südküste von Long Island, und ihr fehlten auch die reichen Fischbänke, die weiter nördlich anzutreffen waren.

Im Ozean entlang der Ostküste wimmelte es hingegen von Fischen, und die Fischindustrie blühte. Boston wurde vom nahegelegenen Hafen Gloucester versorgt. Flotten seetüchtiger Schoner brachten die Besatzungen der kleinen, flachen Dory-Boote mit den Schleppnetzen zu den Fischbänken. Im Gegensatz zu Boston besaß New York jedoch keinen vergleichbaren Hafen. Infolgedessen landeten auf dem Fischmarkt von Fulton riesige Fischmengen von den Küsten Neuenglands.

Der Fischhunger von Manhattan war jedoch so groß, daß auch in der Nähe eine gewinnbringende Fischindustrie entstand und trotz des Fehlens natürlicher Häfen Wurzeln schlug. Tonnen von mit langen Leinen und gewaltigen Netzen vor der Küste von Long Island und New Jersey gefangenen Fischen gelangten per Bahn, Dampfer und Küstenschaluppen auf den Fultoner Fischmarkt. Den Geboten der Geographie folgend, machten sich die Fischer in New Jersey eine Praxis zu eigen, die es sonst nirgends im Lande gab. Sie bauten ihre Dörfer an den Strand, schoben ihre kleinen Boote tagein, tagaus durch die Brandung ins Wasser und fanden sich mit dem ab, was die Natur hergab.

Wenige Meilen südlich von Sandy Hook, in der Nähe des heutigen Sea Bright, säumten die Hütten von Nauvoo wie kleine Pünktchen den Strand. Weiter südlich, nahe dem jetzigen Monmouth Beach, lag das Dorf Galilee. Die dachpappenbewehrten Holzbretterbuden waren alles andere als luxuriös. Im Erdgeschoß gab es einen einzigen Raum mit Herd und Eßplatz, und über eine einfache Treppe gelangte man zu den Schlafplätzen. Im Sommer raubten die in Schwärmen einfallenden Blattläuse und Moskitos den von einem langen Arbeitstag müden Bewohnern den Schlaf. Im Winter plagten die eisigen Nordostwinde die Fischer, deren Glieder schon vom Eisschlagen auf Flüssen und Bächen steif waren. Die Eisblöcke benötigten sie für die Kühlung der Fangmengen der nächsten Saison.

Doch trotz ihres kargen Daseins entbehrten die Fischer, die hier zu Hunderten lebten und arbeiteten, nicht eines gewissen Grundkomforts. Die Frauen der wenigen Verheirateten versuchten, ihren Männern und Kindern auf dem Sand ein Zuhause zu bieten. Sie hielten die Hütten sauber und schafften auf Schubkarren Erde von landeinwärts zum Strand, um kleine Gemüsebeete anzulegen. Sonntags hielt ein Prediger auf einer grob gezimmerten Bühne seinen Gottesdienst ab.

Der einfache Fischer verdiente pro Saison rund tausend Dollar; wer mehrere Boote besaß, dem ging es erheblich besser, und einige wurden mit einem Jahresgewinn von bis zu fünfzehntausend Dollar sogar reich. War das Leben am Strand auch hart, so bot es doch ein Auskommen in Würde inmitten der Natur, jedenfalls verglichen mit den Tausenden Einwanderern, die in Fabriken, in Nahrungsmittelbetrieben und auf den zahllosen Baustellen der Region für einen geringen Lohn, teils im Akkord, schufteten. George Harbo erfuhr von seinen Landsleuten in Brooklyn, welche Möglichkeiten Nauvoo bot, und versuchte dort zu Beginn der Fischfangsaison im April sein Glück.

Es dauerte nicht lange, da hatte er sich einen Platz als Mitglied einer Bootsmannschaft gesichert. Die Bootsbesitzer waren fast durchweg angelsächsische Einwanderer, die sich während und kurz nach der Kolonialzeit in der Gegend niedergelassen hatten (nur einer, Hennessey, gehörte ebenfalls zu den neueren Ankömmlingen). Die Bootseigner wußten aber, wieviel die Neuankömmlinge wert waren, die bereitwillig ihre Muskeln strapazierten, um sich ihren Anteil am amerikanischen Traum zu erobern. Männer wie George brachten, wenn sie in New York dem Schiff entstiegen, Geschick im Umgang mit dem Meer, in der Handhabung der Boote und der Kenntnisse des Fischfangs mit. Fand sich George auch in einer ihm fremden Landschaft und Kultur wieder, so fühlte er sich doch bald schon zu Hause.

Tag für Tag stand er im Morgengrauen gemeinsam mit sechs anderen unverheirateten Männern auf, mit denen er eine Hütte bewohnte, und ging zu seinem fünf Meter langen Brandungsboot am Strand, das für eine zweiköpfige Besatzung gebaut war. Während der Himmel im Osten allmählich hell wurde, stand er am Bug des Brandungsbootes, hatte bereits Sprietsegel und Klüver gesetzt, die gegen den rauhen Mast schlugen, die Schoten gefiert und in den Wind gebraßt. Die

Arbeitshosen hochgekrempelt (obwohl das kaum nutzte, denn der Mann am Bug wurde immer durchnäßt), griff er in die Bordwand und schob gemeinsam mit seinem Kameraden am Heck das Boot in die Brandung. Sobald das Boot eine rücklaufende Welle erreichte, sprangen die beiden Männer hinein. Mit den Rudern richteten sie den Bug geschickt auf die Brecherkämme. Das Boot erklomm die fast senkrechte Mauer der ersten und zweiten Welle und senkte sich dann, der Brandung entkommen, in die See.

Sie segelten bis Shrewsbury Rocks; die Strahlen der Sonne vergoldeten den Osten, aber die Luft war immer noch kühl. Die abgeschliffenen Felsen, die sich auf dem Meeresgrund aus den Ablagerungen im Schmelzeis gebildet hatten, als die Gletscher im Norden auseinanderbrachen, waren ein idealer Lebensraum für Fische. Die schnellen Gezeitenströmungen entlang der Küste wühlten die Nährsubstanzen im Meer auf und sorgten für eine funktionierende Nahrungskette. Nachdem die Männer über den Felsen geankert hatten, fingen sie an, ihre Angeln oder ihr Netz auszuwerfen. Der Heringsgeruch, der George in die Nase zog, wenn er das Fanggerät zwischen kreischenden Seemöwen hindurch übers Seitenbord auswarf, störte ihn nicht. Er erinnerte ihn eher an daheim.

Am Ende eines Arbeitstages füllten bis zu einhundertfünfzig Pfund Fisch das Boot. George säuberte die Fische und warf die Eingeweide über Bord, sehr zur Freude der Krabben im Wasser und der Möwen in der Luft. Wieder an Land, füllten er und sein Kamerad die Fische in Körbe und karrten sie zu einem Kühlhaus, das sie sich mit anderen Bootsmannschaften teilten. Dort waren sie bis weit nach Einbruch der Dunkelheit damit beschäftigt, die Fische in Schichten zwischen Eisblöcke zu legen. Da er aus einem Land stammte, wo nie Mangel an Eis herrschte, kamen ihm die Kühlhäuser mit den kegelförmig zulaufenden Dächern, die wie halbgeöffnete Regenschirme über die Dünen ragten und im Innern etwa vier Meter in die Tiefe hinabreichten, in den Hundstagen im Sommer zugleich genial und irgendwie lachhaft vor.

Georges Arbeit war gut bezahlt, aber bei sich hatte er schon beschlossen, das Dasein in Nauvoo sei nicht ganz das, was er sich für Anine wünschte. Er war jung und ehrgeizig und träumte zwar nicht von Ruhm und Reichtum, aber doch von einem Leben, das mehr bot, als das, was er tagtäglich am Strand sah. Noch war sein erstes Jahr in Amerika nicht um, als sich tief in George die ersten Sehnsüchte regten, seinen eigenen Weg zu gehen, eine Spur zu hinterlassen.

Im folgenden Frühjahr reiste George nach Norwegen, mit einem Beutel voller Geld. Im Herbst kehrte er mit Anine zurück; die beiden heirateten im September und bezogen eine kleine Wohnung in Brooklyn. Im August darauf gebar Anine ihren ersten Sohn, den sie nach dem amerikanischen Präsidenten, den George bewunderte, Andrew Jackson nannten.

Am 28. Oktober 1886 stand das Paar, Anine mit dem zwei Monate alten Sohn im Arm, in der Menge auf der Mole von Brooklyn, die durch den Nebel einen Blick auf die Freiheitsstatue zu erhaschen suchte. Eine Flotte aus verschiedensten Schiffstypen umringte die Statue, und als auf Bedloe's Island das Antlitz der »Freiheit, welche die Welt erleuchtet«, enthüllt wurde, ließen alle ihre Sirenen ertönen. Auch von den Gebäuden in der Nähe hallten Sirenen, und Böllerschüsse krachten.

Den beiden schien alles möglich, denn sie waren frei und gesund, und, was am wichtigsten war: Sie lebten zusammen in Amerika.

3

Um 1890 war im Bereich der transatlantischen Beförderung von Menschen und Gütern das Segel weitgehend der Dampfkraft gewichen. Die schnellen Paketsegler, die Klipper, die vielmastigen Windjammer, deren gewaltige Tuchwolken den Wind einfingen und mit denen man ohne Angst vor Kohleknappheit rund um die Erde reisen konnte, waren zu Anachronismen geworden. Ihre Pracht und Schönheit galt nur noch als Symbol einer einfacheren, reineren Zeit, der so mancher, der nie die Härten einer Segelschiffsreise erfahren hatte, nachtrauerte.

Dennoch bevölkerten immer noch getakelte Küstenschaluppen und Schoner den New Yorker Hafen. Die Rahsegler waren keineswegs tot, sondern für den Transport von Waren wie Guanodünger sogar gesucht, weil hier der Profit weniger von der Geschwindigkeit abhing. Immer noch legten Rahsegler am Hudson River und am East River an, wenngleich die größten von ihnen nicht mehr durchs Hell Gate in den Long-Island-Sund einfuhren – die Brooklyn Bridge hing für die Toppmasten zu tief.

Das Leben auf diesen Schiffen brachte besonders rauhe Männer hervor. Sie waren genauso zäh wie die Viehtreiber, die ihre Herden Tausende von Meilen durch das riesige Innere der Vereinigten Staaten zu den Eisenbahndepots und zu den lukrativen Märkten der aufstrebenden Städte trieben. Die Matrosen hausten zusammengepfercht und nur mit Hängematte und Seesack ausgestattet im Vordeck. Sie kletterten in die Wanten und hangelten sich mit Hilfe der Fußpferde unter den Rahen seitwärts, um die Segel zu reffen, nicht selten bei eisigem Sturm, in dem das Tuch zu steinharten Platten gefror, die die Haut aufrissen und sogar Knochen brachen, wenn sie im Orkan schlugen.

Einer dieser rauhen Männer war Frank Samuelsen. Etwa siebzehnjährig hatte er den väterlichen Hof in Elunde, einem Sprengel von rund hundert Katen in der Nähe von Farsund in Südnorwegen, verlassen und wie viele andere junge Männer in der Handelsmarine angeheuert. Der kleine Bauernhof, über den im Sommer der laue Südwestwind strich und dessen Umgebung mit einem gemäßigten Klima gesegnet war, brachte zwar Weizen, Hafer und Tomaten hervor und ernährte ein paar Milchkühe. Dennoch bescherte er seinen Eltern Emanuel und Elisabeth und der wachsenden Familie kaum ein Auskommen. Zudem paßte das mühselige Dasein auch nicht so recht zum Temperament des jungen Mannes, dem die Abenteuerlust in der Seele brannte.

1887 befuhr Frank das Meer auf Segelschiffen aus Farsund und anderen Häfen. Die Briefe, die er seinen Eltern nach Hause schickte, trugen Briefmarken exotischer Orte in Westindien, Südamerika, Afrika und an der Westküste der Vereinigten Staaten. Die kräftige Statur und die ruhige, aber starke Persönlichkeit des jungen Mannes beeindruckte seine Vorgesetzten. Mit einer Körpergröße von fast zwei Metern und einem Gewicht von gut neunzig Kilo bot er sich geradezu als Bootsmannsmaat an, eine Position, in die er sich schon in jungen Jahren hocharbeitete. Die Männer unter seinem Kommando spornte er zu Höchstleistungen an, wo immer dies möglich war, und sie setzten dem Unteroffizier mit den durchdringenden blauen Augen und dem kantigen Gesicht nur wenig Widerstand entgegen. Der Kapitän und die Offiziere zollten ihm den Respekt, der einem Seemann mit Gespür für Männer, Schiffe und Meer gebührt.

Nach sechs Jahren bei der Handelsmarine begann Frank sich zu fragen, was die Welt sonst noch zu bieten hatte. Insgeheim sehnte sich der Dreiundzwanzigjährige nach einer Frau, mit der er eine Familie gründen konnte. Und er sehnte sich danach, nicht mehr monate- oder gar jahrelang auf dem Meer weilen zu müssen.

Als sein Schiff 1893 in den New Yorker Außenhafen einlief, wobei die Mannschaft kräftig halsen mußte, um Dampfern auszuweichen, die nichts anderes im Sinn zu haben schienen, als das Segelschiff zu überrennen, nahm der Gedanke, nun endlich etwas zu unternehmen, schon breiten Raum ein. Lange Reihen einer bunten Vielzahl von großen Passagierschiffen bis zu kleinen Leichtern, die Abfälle aus der Stadt versenkten, verstopften die engen Fahrrinnen. Als Franks Schiff langsam durch die Verrazano Narrows fuhr und auf der Seite von Brooklyn eine Landzunge passierte, kam plötzlich der grüne Klecks der Freiheitsstatue in Sicht. Die teilweise über zwanzigstöckigen Wolkenkratzer von Manhattan kündeten von einer Welt voller Möglichkeiten. Die Fenster fingen die Sonne ein und warfen ihre Strahlen als weiße Blitze aufs Meer zurück.

Vom besseren Leben in Amerika hatte er seit Jahren Matrosen erzählen hören, die der endlosen Stunden und Gefahren auf See überdrüssig waren. Sein jüngerer Bruder Jake hatte den elterlichen Hof vor ein paar Jahren verlassen, um herauszufinden, ob sein Traum der Wirklichkeit in diesem Land standhielt. Er hatte sich in Leonardo, einem Städtchen bei Sandy Hook, niedergelassen. Den Briefen nach, die Frank von zu Hause erhielt, schien es Jake einigermaßen gutzugehen.

Bisher war Franks Idee, sich vielleicht seinem Bruder anzuschließen, reine Gedankenspielerei gewesen, geboren aus einer vagen Sehnsucht nach Veränderung. Für ihn war Amerika nichts als ein Ort, dessen Häfen sein Schiff anlief, um auszuladen und neue Ladung aufzunehmen. Wie er nun die Skyline und den emsigen Hafen betrachtete, konzentrierten sich seine Augen mit wachsendem Interesse auf das Hauptgebäude von Ellis Island. Die mit schieferblauen Pyramiden gekrönten viergeschossigen Türme und braungelb gestrichenen Mauern wirkten irgendwie anheimelnd. Das Gebäude nahm sich für ihn eher wie ein Hotel für reiche Leute aus als wie eine Durchgangsstation für ihn, falls er sich entschloß zu bleiben.

Diesmal widerstand er der Anziehungskraft der Chancen, die sich ihm an Land möglicherweise boten, nicht. Amerika erschien ihm der geeignete Ort, einen neuen Weg einzuschlagen. Nachdem er seine Heuer abgeholt und sich von seinen Schiffskameraden verabschiedet hatte, erfaßte ihn auf der Fähre nach Ellis

Island dieselbe erregte Zukunftserwartung wie die meisten Einwanderer. Ein fröhliches Lächeln machte sich auf seinem Gesicht breit, seine Augen funkelten unternehmungslustig, der Wind zerzauste sein feines blondes Haar.

Frank begab sich geradewegs zu den Fischerdörfern an den Stränden von New Jersey und suchte seinen Bruder auf, bei dem er eine Zeitlang blieb, bis er auf eigenen Füßen stehen konnte. Er arbeitete, manchmal gemeinsam mit seinem Bruder, als Fischer in der Gegend. Binnen kurzem lernte er George Harbo kennen. Die beiden wurden Freunde. Jeder entdeckte im andern ein Stück der zurückgelassenen Heimat, die im Gespräch über Norwegen und über ihre Familien wieder lebendig wurde.

George war sechs Jahre zuvor mit seiner Frau Anine und seinem Sohn Andrew von Brooklyn in die Stadt Atlantic Highlands gezogen, die erheblich mehr zu bieten hatte als Nauvoo. Hin und wieder hatte er als Lotse für eine der unabhängigen Gesellschaften gearbeitet, die im Hafen tätig waren. Da er schon in Brevik Navigation studiert hatte, brauchte er nur noch den Hafen so gut kennenzulernen, daß er jede Höhenlinie, jede Untiefe und jede Navigationshilfe auf einer leeren Karte eintragen konnte. Diesen Test mußte jeder Lotse absolvieren, bevor er ein Schiff in den Hafen manövrieren durfte; hinzu kam eine lange Lehrzeit. Aber die Lotsentätigkeit war gefährlich. Im März 1888 begrub ein Frühjahrs-Schneesturm die Stadt unter Schneewehen. Draußen auf dem Meer sanken neun Lotsenboote, und siebzehn Lotsen starben.

George versuchte es mit dem Fischfang, den er für sicherer und möglicherweise einträglicher hielt. Er war

Besitzer eines eigenhändig erbauten Muschelbootes. Er brauchte etwas, das ihm ganz alleine gehörte, denn er wollte sein eigener Herr sein, sich von niemandem etwas vorschreiben lassen. Frank gesellte sich zu ihm, und gemeinsam holten sie aus den Buchten und Flüssen bei Sandy Hook Muscheln und brachten sie nach New York.

Wenn die beiden Männer am frühen Morgen den wuchtigen Einer zu den Muschelbänken ruderten, erzählten sie sich Geschichten, und im Laufe der Jahre festigte sich ihre Freundschaft immer mehr und half ihnen über die schwere Zeit der Veränderungen, die zwischen 1886 und 1893 im Land vonstatten gingen; gleichzeitig war ihnen dieses enge Band Anstoß zu dem scheinbar verzweifelten Versuch, der Welt ihren Stempel aufzudrücken.

Um 1890 erschütterten schwere Unruhen das Land. Proteststreiks gegen schlechte Arbeitsbedingungen und stagnierende Löhne häuften sich. Die Listen mit den Namen von Selbstmördern auf den Titelseiten der Zeitungen waren lang – ein Indiz dafür, daß das Land mit scheinbar unüberwindlichen Problemen rang. Die Erzeugerpreise für Landwirtschaftsprodukte sanken, die Transportkosten stiegen, ebenso die Preise für Waren und Dienstleistungen. Der Zustrom von Kapital reicher europäischer Investoren, der die Wirtschaft in den verhältnismäßig wohlhabenden achtziger Jahren hatte boomen lassen, riß mit der britischen Börsenpanik von 1890 abrupt ab. Das war der Auftakt zu weit Schlimmerem in der noch so jungen Nation. Im selben Jahr verkündete das US-Volkszählungsbüro, Amerikas Grenzen seien zu offen. Die positive Einstellung gegenüber den Einwanderern verschlechterte sich und schlug bald schon in unverblümte Feindseligkeit um.

Zwar hatten viele Einwanderer ihr Adoptivland lieben gelernt, aber als es hart auf hart ging, kehrten ihm manche auch wieder den Rücken. Als es Anfang der neunziger Jahre mit der Wirtschaft bergab ging, verringerten sich die Einwandererzahlen. 1892 gründeten Arbeitergruppen und Bauern, hauptsächlich aus dem Mittleren Westen und dem Süden, die Populist Party in der idealistischen Hoffnung, einen großen Wandel bewerkstelligen und Amerika, in dem es nur arm oder reich gab, in eine gerechtere Gesellschaft verwandeln zu können. Ziele der neuen Partei waren die Verstaatlichung der Eisenbahn- und Telegraphengesellschaften, die Einführung einer Einkommensteuer und die Freigabe der Silberprägung. Letztere sollte den Goldwährungsstandard beseitigen, und da der Silberdollar die Währung des einfachen Mannes war und nicht denselben Wert wie der Golddollar besaß, fand diese angestrebte Neuerung großen Anklang. Doch die Reform wäre für die Vereinigten Staaten, hätte man sie in die Tat umgesetzt, einem finanziellen Selbstmord gleichgekommen.

Inmitten dieser allgemeinen Unsicherheit erlebte George Harbo auch persönlich dunkle Tage.

Im Mai 1887 war er mit Anine und Andrew nach Atlantic Highlands gezogen. Die Familie führte ein recht angenehmes Leben, das bei weitem nicht so ärmlich war wie das der Leute von Nauvoo. Im August, genauer: am 22., also demselben Tag, an dem vor zwei Jahren Andrew das Licht der Welt erblickt hatte, gebar Anine das Mädchen Annie Louisa. Im Juni 1890 kam Agnes Grace zur Welt. Alles ließ sich an, als liege eine strahlende Zukunft vor der Familie.

Am 13. August 1891 bestieg Anine mit den drei Kindern einen Transatlantikdampfer in Richtung Norwegen. Anlaß war neben persönlichen Gründen auch der Drang, der damals, in der Zeit wirtschaftlicher Not, viele Einwanderer beseelte, bei der Familie Trost zu suchen, wieder Kontakt aufzunehmen mit dem Land, das sie auf der Suche nach einem besseren Leben verlassen hatten. Drei Tage später starb die erst einjährige Agnes Grace auf See und wurde ohne großes Zeremoniell in einem beschwerten Seetuch ins Meer gesenkt. Als George durch Anine vom Tod der Tochter erfuhr, fiel er vorübergehend in eine Depression. Er stürzte sich ganz in den einsamen Muschelfang, und die monotone Arbeit war Balsam für seine wunde Seele.

Zwei Jahre später steckte das ganze Land in einer tiefen Depression. Herbeigeführt wurde sie teilweise durch einen Rückgang der staatlichen Goldreserven aufgrund schwindender Einnahmen und überhöhter Ausgaben. Über vier Millionen Arbeiter wurden arbeitslos, Firmen machten bankrott, Banken schlossen ihre Tore. Die New Yorker Börse erlebte eine zwar nur vorübergehende, aber katastrophale Rezession.

George war seinem Landsmann Frank, der das Pech gehabt hatte, ausgerechnet auf der Höhe der Depression in Amerika anzukommen, nach Kräften behilflich. Arbeit war knapp, am Strand fast ebenso wie überall anders. In jenem Sommer rackerten sich die beiden Männer mit ihren schweren Muschelgreifern ab, schürften tief im Sand nach den harten, grauen Schaltieren und schafften es immerhin, genug Geld für ihren Lebensunterhalt zu verdienen.

Am Mittwoch, dem 23. August 1893, arbeiteten sie wie üblich an den Muschelbänken. Beim Anblick der sich ballenden Wolken wurde ihnen zunehmend ungemütlich. Der Himmel färbte sich gelb, und obwohl nur ein leichter Wind die Wasseroberfläche in der Bucht kräuselte, war an den weißen Zirren im Westen zu erkennen, daß in großer Höhe der Wind vom Atlantik landeinwärts blies. Seevögel in riesigen Schwärmen flogen über sie hinweg Richtung Land.

»Die Luft fühlt sich komisch an, George«, sagte Frank, der, die Hände in die Hüften gestemmt, von der Bootsmitte aus den gen Westen flüchtenden Vögeln nachsah. »So habe ich sie erst einmal erlebt, unten bei den Westindischen Inseln, vor einem großen Sturm.«

George hatte bei seinem kurzen Abstecher zur Handelsmarine, bevor er nach Amerika ging, auf See ebenfalls massenhaft Stürme erlebt. Aber er hatte nie tropische Gewässer befahren und kannte deshalb nicht aus eigener Erfahrung die Gewalt, die hinter den Zyklonen steckt, die sich in der Hitze und Feuchtigkeit des Sommers und Frühherbstes aus schweren Tiefs vor der afrikanischen Küste aufbauen. Doch auch ihm schwante nichts Gutes.

»Ist wohl besser, wir drehen bei, Frank.«

Sein Freund nickte wortlos. An Land zogen sie das Boot weit auf den Strand, viel weiter als normalerweise nötig, und vertäuten es mit dicken Hanfseilen an einem kräftigen alten Baum. Einige Fischer aus Nauvoo kamen vorzeitig zurück, spannten Pferde vor ihre Boote, unter die sie Baumstämme als Rollen legten, und zogen die kleinen Kutter weit hinter die Dünen.

Im Verlauf des Nachmittags drehte der Wind nach Nordosten und erreichte gut fünfzig Knoten. Um acht

Uhr abends schlug der Orkan mit voller Wucht zu und tobte die ganze Nacht bis zum nächsten Morgen, eine fast zwei Kilometer breite Spur der Verheerung zurücklassend. Die von den Sturmwellen geschwellte Flut überschwemmte die Bucht bis ins untere Manhattan hinein. Telegraphenmasten knickten um, Bäume wirbelten durch die Luft, die Anker der Schiffe im Innenhafen schleiften auf Grund, so daß sie sich gegenseitig rammten oder auf den Sandbänken vor Governor's Island und Jersey City auf Grund liefen. Es gab auch Tote, allerdings nicht sehr viele, denn das Zentrum des Sturms raste über die relativ wenig bevölkerten Gebiete am Südufer von Long Island hinweg.

Als der Orkan nach Norden abzog, liefen George und Frank wie fast alle Uferbewohner zum Strand, um zu sehen, was von ihrem Besitz übriggeblieben war. Das Boot war zwar am Ort seiner Vertäuung untergegangen und zum Teil mit Sand gefüllt, ließ sich aber ohne weiteres wieder klarmachen. Andere hatte es schlimmer erwischt. Die gemeinsame Mühsal festigte das Band zwischen den beiden noch mehr. Vielleicht war es die Beinahekatastrophe des Orkans, vielleicht auch ihre gemeinsame Herkunft – jedenfalls wurde ihre Freundschaft zum Fundament, auf dem sie drei Jahre später ihren Traum verwirklichten, der allen anderen so unerreichbar schien wie die Sterne.

George Harbo. Er wurde 1864 im norwegischen Sandefjord geboren, dem Heimathafen der im Europäischen Nordmeer operierenden Walfangflotten.

Copyright Joan B. Minnis

Frank Samuelsen. Er wurde 1870 auf einem Bauernhof in der Nähe der geschäftigen Hafenstadt Farsund in Südnorwegen geboren.

Copyright Spencer Samuelsen

4

Dichter Dunst lag über den Hügeln um Atlantic Highlands, und das Grün der Bäume an den steilen Hängen verschmolz zu einem dunklen Fleck vor dem bläulichweißen Himmel. Kaum ein Windhauch kräuselte die Oberfläche der Bucht, die quecksilbern schimmerte. Hin und wieder kam vom Heeresschießplatz auf Sandy Hook gedämpfter Kanonendonner herüber, Sinnbild des amerikanischen Strebens nach immer besseren Waffen und des tiefsitzenden Mißtrauens gegenüber fremden Ländern. In regelmäßigen Abständen ertönten Dampfpfeifen und verkündeten das Kommen und Gehen der Fähren an der Anlegestelle von Atlantic Highlands. Ansonsten unterbrachen nur der gelegentliche Schrei einer einsamen Möwe und das Geräusch der gegen die Dollen an der Bordwand schlagenden Riemen von Zeit zu Zeit die Stille, in der George und Frank ihrer täglichen Arbeit nachgingen.

Sie bestand aus geisttötender Routine. Zuerst ruderten sie das Boot über die Untiefen, die bei Ebbe besonders seicht waren – der besten Zeit zum Muschelfang.

Bei den Muschelpfählen angelangt, stand Frank auf und betätigte die Greifzangen – scherenähnliche Körbe, mit denen die Muscheln aus der Tiefe gehoben wurden. Seine kräftigen Muskeln spannten sich, wenn er die abgerundeten und glatten Mahagonigriffe faßte und einen schweren Klumpen Sand voll schlüpfrigem, grauem Zeug, das nach faulem Käse roch, an die Oberfläche hievte. Den größten Teil spülte er weg, um den Fang freizulegen, den er nun auf das Sortierbrett kippte. Dort durchwühlte George den Haufen, sortierte zwischen zerbrochenen Schalen und anderem Abfall die heilen Muscheln heraus und warf sie in Körbe. Nach einiger Zeit wechselten sich die beiden Männer ab.

In diesem Sommer, es war das Jahr 1895, arbeiteten die beiden Männer noch etwas eifriger als in den vergangenen Jahren, denn sie hatten ein Ziel vor Augen, das sie antrieb. Ein Traum hatte in ihnen Gestalt angenommen. Erwacht war er in George, und als er seinem Freund davon erzählte, sprang der Funke auch auf Frank über.

Eines Tages hatte sich George, während Frank die Greifer bediente, aus der gebeugten Haltung über dem Sortierbrett aufgerichtet und ohne Umschweife gesagt: »Weißt du, ich glaube, in einem ordentlich seetüchtigen Boot könnten zwei kräftige Männer über den Ozean rudern.«

Frank lachte selten, aber wenn er es tat, dann wackelten die Wände. Nun lachte er und sah seinen Freund an, als sei dieser verrückt geworden.

»Hör auf zu lachen, Frank. Ich mein's ernst.«

Frank legte die Greifer ins Boot, setzte sich hin und sah George lange und eindringlich an. Er dachte zurück an ein Ereignis vor zehn Jahren, als er noch auf dem Hof in Elunde gelebt hatte. Ein Bursche aus der Stadt Farsund, William Jahnsen, war spurlos auf See verschwunden, nachdem er in Irland in See gestochen war, um aus reiner Abenteuerlust mutterseelenallein in einem winzigen Segelboot den Atlantik zu überqueren und damit einen Weltrekord aufzustellen. Die Leute im Dorf schüttelten den Kopf über den jungen Mann, den sie für mutig und dumm zugleich hielten. Die Geschichte beeindruckte den fünfzehnjährigen Frank, der bei seinem Vater auf dem Hof arbeitete. Jahnsens Tod kam ihm heroisch vor, und er bewunderte den jungen Mann.

»So etwas wäre sehr gefährlich«, sagte Frank, plötzlich so ernst wie George. »Wenn es überhaupt ginge.«

»Weiß ich. Aber überleg doch mal, was wäre, wenn wir es schafften. Niemand hat bislang den Ozean in einem Ruderboot überquert, und es gäbe sicher massenhaft Leute in der Stadt, die sich unsere Geschichte anhören würden. Mit den braven Westwinden im Sommer und etwas Unterstützung durch den Golfstrom ließe es sich machen, Frank.«

Frank schwieg, überlegte, ob sein Freund vielleicht in der Hitze übergeschnappt war, und fragte sich gleichzeitig, welche Folgen es hätte, wenn ihnen beiden das Unternehmen gelänge. Soweit er wußte, hatten mindestens zwei Männer unabhängig voneinander die Reise in einem Segelboot unternommen. Sie hatten große Aufmerksamkeit erregt und auf beiden Seiten des Atlantiks Vorträge gehalten. In den Versammlungssälen und kleinen Theatern größerer Städte tummelten sich Reisende, die von ihren Erlebnissen in fernen Ländern berichteten. Da es sonst kaum Unterhaltung gab, waren solche Vorträge sehr beliebt und für diejenigen, die sie hielten, einträglich.

»Man muß es sich gut überlegen«, sagte Frank schließlich. »Aber sag es keinem, George. Sie würden meinen, du wärst nicht mehr ganz bei Trost.«

George lachte in sich hinein. »Sie werden's früh genug erfahren, Frank. Sie werden's alle früh genug erfahren.«

Die Idee ließ die beiden Freunde nicht mehr los, und mit jedem Monat, der ins Land ging, erschien sie ihnen ein bißchen weniger unmöglich. Welche Aussichten hatten sie schon in Amerika? Hunderte hatten sie in das Land der unbegrenzten Möglichkeiten kommen sehen, die dann feststellen mußten, daß sie keine Chance hatten, einen anständigen Lohn zu verdienen und ein angenehmes Leben zu führen. Die meiste Zeit mußten sie zum Wohl ihres Arbeitgebers schuften, und ihnen blieb kaum noch die Kraft, selbst kleine Freuden zu genießen wie etwa einen Spaziergang mit den Kindern oder einen vergnügten Tag auf Coney Island. Für zwei ungebildete Muschelfischer waren die Aussichten auch nicht gerade rosig. Das Land stöhnte noch unter der Depression, und es hatte nicht den Anschein, als hielte die Zukunft etwas anderes für sie bereit als die immer gleiche Plackerei.

George und Frank behielten ihre Pläne für sich und ließen ihren Familien in Norwegen und den anderen Fischern am Strand gegenüber keinen Ton verlauten. Würden sie ihren Plan in die Tat umsetzen, dann würden es alle, wie George gesagt hatte, früh genug erfahren. Erführen ihre Familien bereits jetzt davon, würden sie versuchen, ihnen diese selbstmörderische Idee auszureden, ihre Bekannten würden sie auslachen und behaupten, die Muscheln, die sie fingen, hätten mehr Verstand als sie beide zusammen.

Ende Oktober erhielt George von Anine, die mit Andrew und Louisa bei ihrer Familie in Brevik wohnte, die Nachricht, sie habe am ersten des Monats einen Sohn zur Welt gebracht, den George während eines kurzen Aufenthalts in Norwegen im letzten Winter gezeugt hatte. Er las den Brief immer wieder, aus Freude, mit einem zweiten Sohn gesegnet worden zu sein. Wird Andrew guttun, dachte er. Ein Junge braucht einen Bruder.

Er und Anine hatten sich darauf geeinigt, wenn es ein Junge wurde, sollte er auf den Namen von Fridtjof Nansen getauft werden, den norwegischen Polarforscher, den George wegen seines Mutes bewunderte.

Ein wenig verdüsterte der Gedanke an seinen Sohn seine Stimmung, denn wie nähme Anine jetzt, nachdem Fritz geboren war, wohl seine beabsichtigte Reise auf? Sie hatte nun für drei anstatt zwei Kinder zu sorgen, und das alles ohne Mann. Er wußte, daß es Anine, obwohl sie ihn sehr vermißte, recht war, in Norwegen zu bleiben, solange die Wirtschaftslage in den Vereinigten Staaten sich nicht besserte. Aber der Möglichkeit, ihren Mann bei dem aberwitzigen Versuch zu verlieren, auf einen Schlag reich zu werden, würde sie mit Sicherheit nichts abgewinnen können. Obwohl ihn schwere Gewissensbisse plagten, kam er doch zu dem Schluß, daß ein Mann, wollte er sein ganzes Können ausschöpfen, manchmal auch ein Risiko in Kauf nehmen mußte. Wenn er und sein Freund Erfolg hatten, dann bedeutete das ein besseres Leben auch für seine Familie. Den Brief an Anine über seine Pläne zögerte er so lange wie möglich hinaus.

Frank hatte zwar weder Frau noch Kinder, aber auch er lag viele Nächte lang schlaflos da und starrte auf die Leuchttürme an der Küste von Atlantic Highlands. Seine Familie liebte ihn sehr. Immer wieder hatten ihm seine Eltern eingetrichtert, auf See doch ja vorsichtig zu sein und keine unnötigen Risiken einzugehen. Während er bei der Handelsmarine war, hatten sie stets in der Furcht gelebt, daß er vielleicht nie mehr wiederkehrte. Und sie waren erleichtert, als sie erfuhren, daß er nunmehr in Amerika einem weniger riskanten Gewerbe nachging. Kein Zweifel: Diesem Abenteuer wären sie zutiefst abgeneigt. Während er in die Nacht hinausstarrte, versuchte er sich einzureden, seine Familie würde ihn verstehen. Sie mußte ihm einfach die Freiheit einräumen, sein Bestes zu geben und nach seinem Willen zu handeln, selbst wenn das bedeutete, daß er in einem Ruderboot einen Ozean zu überqueren versuchte, der selbst große Schiffe ungerührt versenkte.

George und Frank arbeiteten mit ganzer Kraft, legten jeden Penny beiseite für die Vorräte und, wichtiger noch, für das Boot, das sie sich als eine nach ihren Wünschen gefertigte Version der Brandungsboote von Nauvoo vorstellten. Sie unterhielten sich des langen und breiten über Fragen der Logistik, den günstigsten Monat für den Start, die voraussichtliche Dauer der Überfahrt und hundert andere Details. Der bloße Gedanke an diese Fahrt beflügelte ihren Geist und verlieh ihrem ansonsten eintönigen Dasein neuen Sinn.

5

Am Franklin Square in Manhattan hatte die *Police Gazette*, eine überregionale Wochenzeitschrift mit großer Auflage, ihren Sitz. Ihre Druckpressen stießen Woche um Woche Millionen rosafarbener Seiten mit Geschichten aus, die die rechtschaffenen Viktorianer öffentlich als Schund bezeichneten, insgeheim aber verschlangen. Die eigentliche Zielgruppe der *Police Gazette* waren jedoch die Arbeiter in Stadt und Land. Sie waren es, um die sich der Eigentümer und Chefredakteur bemühte – mit Hilfe geldgieriger Reporter von New Yorker Tageszeitungen, die für eine Zehn-Dollar-Note, eine Mahlzeit oder eine Flasche fürs Wochenende über alles und jedes zu schreiben bereit waren. Über Mord, Schlammringerinnen und tollkühne Menschen, die von Brücken sprangen oder sich bei Flugversuchen den Hals brachen, über Mode, Klatsch und die aufreizenden Damen vom Theater, deren freizügige Holzschnitte jede Ausgabe zierten. Die treue Leserschaft betrachtete genüßlich die Bilder und las gierig die kurzen Artikel im Telegrammstil. Die ausgefallenen und bizarren Sportarten, über die in den Spalten der *Police Gazette* berichtet wurde, riefen zuweilen Skandale hervor. Rattenfressende Hunde, Stier- und Hahnenkämpfe, sogar Boxkämpfe, in denen ein Mann gegen ein bockiges Känguruh antrat – vor nichts scheute die *Police Gazette* oder ihr Verleger Richard Kyle Fox zurück. Der clevere, gutaussehende und rücksichtslose Fox hatte sich auf geniale Weise eine Zeitschrift zurechtgezimmert, die ihm seit 1876, als er das Blatt dem vorigen Verleger abkaufte und ihm sofort seinen persönlichen Stempel der Geschmacklosigkeit aufdrückte, Millionen Dollar eingebracht.

Fox, ein schlanker, dunkelhaariger Mann mit glänzendem Schnurrbart, saß hinter einem Eichenschreibtisch in der Suite, die er sich in der Redaktion genehmigt hatte, und blätterte Presseberichte anderer Zeitschriften durch auf der Suche nach Ideen, mit denen sich die nächste Ausgabe der *Police Gazette* aufplustern ließ.

Als seine Sekretärin den Raum betrat, blickte Fox vom Schreibtisch auf.

»Ein paar seltsame Vögel möchten Sie sprechen, Sir«, sagte sie. »Fischer von der Bucht drunten. Sagen, sie wollen über den Ozean rudern.«

Fox grinste. Inzwischen warf ihn rein gar nichts mehr um. Verzweifelte Dummköpfe schrieben ihm, sie könnten mehr Wasser schneller saufen als sonstwer, mehr Gewicht mit den Zähnen stemmen, mit Gorillas ringen oder in den sonderbarsten Flugobjekten fliegen – und meist ermunterte er sie und schickte einen Reporter hin. Brach sich einer das Genick, um so besser. Blut bedeutete für seine rosa Seiten immer ein gutes Geschäft. Hatte einer Erfolg, zeichnete er ihn mit der

Goldmedaille der *Police Gazette* aus, deren Münzwert allerdings gering war.

»Sagen sie das, ja?« sagte Fox leichthin. »Schick sie rein.«

Fox lehnte sich in seinem Sessel zurück und musterte ausgiebig George und Frank, die nun vor ihm standen. Ihre Kleidung war sauber, aber aus grober Wolle. Die Filzhüte, die sie zwischen den Händen zerdrückten, hatten bessere Zeiten gesehen. Aber beide blickten ihm geradewegs in die Augen, und das beeindruckte ihn. Obwohl er es genoß, wenn man ihm Hochachtung, gar Ehrfurcht entgegenbrachte, bewunderte er im Grunde seines Herzens Männer und Frauen mit Mut.

»Mr. Fox, mein Name ist George Harbo, und das ist Frank Samuelsen. Wir wollten mit Ihnen über …«

»Meine Seketärin hat es mir schon gesagt«, unterbrach Fox ihn mit einem angedeuteten Lächeln und fixierte die Männer weiterhin mit kühlem, berechnendem Blick. Die beiden rauhen Gesellen stammten offenkundig aus Skandinavien, wie er aus ihrem Akzent schloß, der so stark war, daß man hätte meinen können, sie wären gerade erst der Fähre entstiegen, die von Ellis Island herüberkam.

Fox war zwar selber eingewandert, aber die Neuankömmlinge aus Osteuropa verabscheute er, zumal die Juden, die er mit den Negern auf eine Stufe stellte. Schweden, Dänen und Norweger hingegen gehörten zum selben Teil der Welt wie seine irischen Vorfahren. In seinen Augen waren sie keine Fremden, eher entfernte Nachbarn. Diese Meinung über die Skandinavier teilte Fox übrigens mit den meisten Amerikanern. Die weißen Angelsachsen mit ihrer ans Puritanische grenzenden Arbeitsethik akzeptierten sie fast so uneingeschränkt wie die Deutschen, die als ausgezeichnete Handwerker galten und nur selten der Gesellschaft zur Last fielen.

»Ihr wollt also in einem Ruderboot über den Ozean«, sagte Fox. »Ein ziemlich gewagtes Ding, wenn ihr's überhaupt überlebt.«

»Wir glauben, wir können es schaffen«, sagte George. »Ich habe in der *Police Gazette* gelesen, daß Sie manchmal Leute wie uns unterstützen.«

»Stimmt. Aber nur, wenn ich denke, daß die Sache Leser bringt. Wenn zwei Männer losrudern und nie wieder gesehen werden, dann fürchte ich, gibt das keine große Story her. Kaum die Druckerschwärze wert, meint ihr nicht auch?«

Noch bot Fox den beiden keinen Platz an. »Mir ist klar, daß bisher kein Boot es mit bloßer Ruderkraft, ohne Segel und Steuerruder, auf die andere Seite geschafft hat. Ich verfolge diese Dinge aufmerksam. Bin gewissermaßen Fachmann darin. Warum glaubt ihr, daß ihr es schaffen könnt?«

»George und ich kennen die See. Schon von Kindheit an. Wo wir herkommen, nimmt man, wenn man in die Stadt will, ein Boot und rudert hin. Das Meer kann einen allerdings immer überraschen, sogar wenn man es kennt wie wir«, sagte Frank. »Aber mit dem richtigen Boot ...«

»Man kann's!« mischte sich George ein. »Und wir werden es schaffen.«

»Na ja, wir werden ja sehen«, sagte Fox, von der Entschlossenheit der beiden Skandinavier beeindruckt. Er fand ihre Idee interessant und deutete auf zwei Stühle. »Setzt euch und erzählt mir mehr davon.«

Als George und Frank an diesem Tag im Mai 1896

das Büro von Fox verließen, waren sie um keinen Penny reicher; der Verleger hatte ihnen allerdings versichert, wenn ihnen die Überfahrt gelänge, erhielten sie eine Sonder-Goldmedaille der *Police Gazette*. Unter einer Voraussetzung: Das Boot müsse seinen Namen tragen. Die *Fox* überquert den Ozean ... Das bedeutete weltweite Aufmerksamkeit.

Geschickt spielte Fox auf sicher, indem er die Männer mit dem Versprechen einer Medaille lockte, ihnen aber substantielle Unterstützung erst für den Fall anbot, daß sie die Reise erfolgreich durchführten. Da ihre Fahrt teilweise mit seinem Blatt verknüpft war, würden natürlich die Schlagzeilen in allen Tageszeitungen auch die Medaillen der *Gazette* sowie deren Verleger erwähnen. Gratisreklame wies Fox nie von der Hand, und wenn er sie gar von den angesehenen Tageszeitungen bekommen konnte, dann genoß er das zusätzliche Vergnügen, die Pressebarone und scheinheiligen Redakteure vor seinen Wagen zu spannen.

Was George und Frank anbelangt, so verließen sie die schicken Redaktionsräume der *Police Gazette* beglückt darüber, daß der Verleger ihre Idee unterstützt, einen Weltrekord für möglich gehalten hatte und ihnen, wenn die Überfahrt gelang, vielleicht mehr anbieten würde als bloß die Medaillen. Er hatte irgendwas von einem Barpreis gemurmelt, einer Art Anerkennungsprämie für ihre Tapferkeit. Vorher schon hatten sie bei den wichtigsten Zeitungen der Stadt ihre Runden gedreht, den Redakteuren von ihrer Absicht erzählt, von der Battery nach Le Havre zu rudern, einem mindestens ebenso wichtigen Hafen wie Liverpool, Southampton oder Bristol, und waren überall auf Skepsis oder sogar Gleichgültigkeit gestoßen. Das machte Fox' ermutigende Haltung für sie noch wichtiger. Immerhin: Als sie am 25. Mai ihr kleines Boot aus der Lackierwerkstatt in Brooklyn abholten und über den East River nach Harlem zur Ausstellung bei den örtlichen Ruderclubs ruderten, schickte jedes größere Blatt – anders als deren erste Reaktion hätte erwarten lassen – einen Reporter zur Berichterstattung.

Viele Reporter bezeichneten die beiden Norweger in ihren Artikeln als Narren und potentielle Selbstmörder, Idioten, die ihr Leben riskierten für einen vergänglichen Augenblick des Ruhms und die wenig greifbare Belohnung, einen Weltrekord aufgestellt zu haben, der für die Menschheit rein gar keinen Nutzen besaß. Denn mochte eine solche Großtat auch ungewöhnlichen Mut und Durchhaltevermögen beweisen – welchen realen Wert hatte sie? Wozu eine gotteslästerliche Meisterleistung vollbringen wie ein Kind, das auf den höchsten Baum im Park klettert, einzig um seine Eltern in Angst und Schrecken zu versetzen? Andere bewunderten ihren Mut und ihre Entschlossenheit. Wiederum andere riefen mit erhobenem Zeigefinger empörter Rechtschaffenheit – eben jener Haltung, die Fox so verhaßt war und die er auf jede erdenkliche Weise brandmarkte – nach der Polizei, die die beiden verhaften solle, bevor sie am 6. Juni von der Battery aus losruderten.

Der düstere Ton vieler Presseberichte war wie ein Echo der Befürchtungen der norwegischen Verwandten, die die beiden Männer während der ersten Monate des Jahres, in denen sie das Boot testeten und sich auf ihre lange Ruderfahrt vorbereiteten, mit Briefen bombardierten und anflehten, von dem verrückten Vorhaben abzulassen. Die Versicherungen von Frank und George, das Boot sei das beste, das man sich für eine Atlantiküberquerung überhaupt denken könne, es sei von einem angesehenen Schiffsbauer gebaut worden, der die Flotten von Nauvoo mit Fahrzeugen beliefere, die den schlimmsten Stürmen gewachsen seien, überzeugten die Familien nicht. Einzelheiten über Spezialvorrichtungen wie kräftige Haltegriffe an der Unterseite, mit denen sich das Boot im Falle des Kenterns wieder aufrichten ließ, verstärkten die Sorgen der Angehörigen noch. Sie kannten die endlose Weite des Ozeans und hatten größte Mühe zu verstehen, was in Frank und George gefahren war. Doch Anfang Juni stand fest, daß die beiden die Überquerung wagen würden, und fast jeder, der von der Reise gehört hatte, ging davon aus, daß sie losrudern und nie wieder gesehen werden würden.

Die Fox. *Kurz vor ihrer Abfahrt stellten Harbo und Samuelsen das Boot in mehreren Ruderclubs entlang des Harlem River in Manhattan vor. Die nur fünfeinhalb Meter lange* Fox *war den an der Küste von New Jersey benutzten Fischerbooten nachgebaut. Für die Atlantiküberquerung wurde sie mit zwei wasserdichten Kammern ausgerüstet, die der sicheren Aufbewahrung von Proviant und Reiseutensilien dienten und ihr im Fall des Kenterns zusätzlichen Auftrieb verliehen.* Copyright Spencer Samuelsen

6

Im Juni herrschte im Nordosten der Vereinigten Staaten wechselhaftes Wetter. Die Nordwinde, die Kälte und Nebel brachten, wurden allmählich von den im Sommer vorherrschenden Südwestwinden verdrängt, die die sengende Hitze und die subtropische Feuchtigkeit mit sich führten, die den Menschen im Juli und August so oft zu schaffen machten. Sommerliche Hundstage, in denen die Bewohner der Großstädte soviel Zeit wie möglich mit einem Becher geschabtem Eis und etwas Ahornsirup aus Vermont obendrauf vor ihren Häusern verbrachten und in denen manche auf den Feuertreppen schliefen, weil durch die Straßenschluchten wenigstens abends ein kleiner Luftzug wehte, waren im Juni keine Seltenheit. George und Frank hatten beschlossen, die günstigste Zeit für ihr Auslaufen liege zwischen der extremen Hitze und der extremen Kälte im Übergang von einer Jahreszeit zur nächsten.

Bei einem früheren Start hätten sie mit steifen Ostwinden rechnen müssen, gegen die unmöglich anzurudern war, zudem mit heftigen Stürmen aus Nordost und eisiger Kälte. Bei einer späteren Abfahrt in der Hitze des Sommers und mit den Südwest- und Westwinden im Rücken hätten sie leicht in einen frühen Orkan geraten können, der ihr kräftiges kleines Boot ohne weiteres zu zertrümmern vermochte. Doch auch so konnten sie, wenn Ostwinde sie aufhielten, einem Orkan begegnen, bevor sie die kühlen Gewässer des Nordatlantiks erreichten, in denen Tropenstürme schnell in sich zusammenfallen, weil ihnen Hitze und Feuchtigkeit ausgehen.

Am Samstag, dem 6. Juni 1896, begann es um 5.30 Uhr zu tagen. Als die aufgehende Sonne den Hafen von New York in rötlichen Dunst tauchte, waren George und Frank schon wach. Die nach Osten zum Meer ausgerichteten Gebäudefenster begannen eins nach dem andern kupfern zu leuchten. In immer kürzeren Abständen rumpelten die Züge der nahen Hochbahn donnernd vorbei, während die Stadt langsam erwachte.

»Sieht aus, als würde es schön«, sagte Frank. »Und heiß.« Er kannte den alten Spruch: »Rote Abendsonne, Seemanns Wonne; Morgenrot, Seemanns Not«, wußte aber auch, daß der sich genausooft als falsch erwies wie als zutreffend. Er klopfte George auf die Schulter und schaute zur *Fox* hinunter, die fest vertäut an einem kleinen Schwimmdock nicht weit von Castle Garden lag, wo inzwischen keine Einwanderer mehr abgefertigt wurden. Das sorgfältige Verstauen der tags zuvor bei Rafferty's Canned Goods and Fancy Groceries drüben an der Front Street gekauften Vorräte würde Stunden in Anspruch nehmen. »Bald geht's los«, flüsterte er vor sich hin.

Frank dachte an seine Schwester Karoline, die kürzlich von Norwegen herübergekommen war und ihn zusammen mit seinem Bruder Jake später verabschieden würde. Mit ihren siebzehn Jahren war das hübsche Mädchen mit dem blonden Haar und der gefälligen Figur so voller Hoffnung und Optimismus wie er in ihrem Alter. Sie war mit dem festen Vorsatz nach Amerika gekommen, sich ein Leben aufzubauen, das weit besser war als alles, was ihr der Hof in Elunde bieten konnte, und ließ sich durch nichts entmutigen. Alle Möglichkeiten schienen ihr offenzustehen, und Frank war der letzte, der sie dafür tadeln wollte; er verstand ihre Empfindungen fast noch besser als sie selber, hatte er doch dieselbe Erfahrung gemacht.

Als Karoline von seinem beabsichtigten Abenteuer erfuhr, war ihr jedoch der Schrecken in die Glieder gefahren. So sehr sie glaubte, daß in Amerika nichts unmöglich war, ging ihr dieses Unterfangen entschieden zu weit. Wie Jake war sie überzeugt, die Reise werde böse enden und sei reiner Selbstmord.

Franks Mutter Elisabeth hatte auf seinen Brief, in dem er sie von seinen Absichten in Kenntnis setzte, ähnlich reagiert. Sie flehte ihn an, diese Wahnsinnsidee aufzugeben. Ähnlich sein Vater Emanuel, der ihn aufforderte, beim Muschelfischen zu bleiben. Seinen 1894 geborenen Bruder Sigurd hatte Frank nie gesehen. In ihrem Brief bat ihn seine Mutter inständig, an den kleinen Sigurd, seine drei Schwestern und seine Brüder zu denken. Auch Jake hatte ihm das Unternehmen auszureden versucht, es aber bald aufgegeben. Er sah die Entschlossenheit in Franks Augen, die ruhige Art, wie er seine Verärgerung darüber zum Ausdruck brachte, daß ihm alle Welt, seine Familie inbegriffen, zusetzte und ihn für verrückt hielt.

Im weiteren Tagesverlauf wurde die Hitze fast unerträglich. Der Schweiß troff George und Frank aus den Haaren, während sie Ordnung in ihre Vorräte brachten und Stück für Stück so in dem fünfeinhalb Meter langen, offenen Boot verstauten, daß das Gewicht möglichst gleichmäßig verteilt war. An Bug und Heck besaß das Boot je eine mit rostfreien Eisenbeschlägen versehene, wasserdichte Vorratskammer. Dort hinein kam je ein Faß Schiffszwieback, bräunliches, flaches Brot, das wie Holz schmeckte. Georges Logbuch, Papier und Schreibzeug, Karten, das nautische Jahrbuch und anderes wichtiges Navigationsmaterial sowie Schachteln mit Streichhölzern zum Entzünden der Signallaterne, der winzigen Lampe für den Kompaß und des Brennmaterials für den im Bug befestigten Ölherd, wurden in der Heckkammer verstaut. Besondere Sorgfalt verwendete George auf den Quadranten, eine vereinfachte Form des Sextanten, mit dem sich anhand der Sonne oder der Sterne die Position bestimmen ließ.

Dosen mit Corned beef, Dörrfleisch, gebackenen Bohnen, Schinken und Lachs, Kartons mit Schwarzbrot, Krüge mit Marmelade und Senf, Tüten mit Kaffee, mit Tomaten und grünen Zwiebeln – das alles mußte in der *Fox* untergebracht werden, die nur anderthalb Meter breit war und gut zwei Zentner wog. Unter eine Sitzbank wurde eine Lattenkiste mit Eiern verfrachtet, die mit feuchtem Tang umwickelt waren, damit sie nicht zerbrachen und nicht so schnell faulten. Seifenstücke, Zucker-, Salz- und Pfefferdosen sowie zweihundertzwanzig Liter Trinkwasser in speziellen, in der Bilge befestigten rostfreien Kanistern, sechzehn Flaschen Wein – der schiere Umfang der für mindestens zwei Monate berechneten Vorräte bereitete in diesen letzten Stunden an Land gewaltige Probleme.

Auf dem Schwimmdock warteten drei Paar Ruder aus starker, biegsamer Esche und zwei Paar aus dem weitaus leichteren Kienholz darauf, längs ins Boot gelegt zu werden. Sie waren die eigentlichen Arbeitspferde. Die als Zweier eingerichtete *Fox* würde in flachem Wasser, wenn sich beide Männer kräftig ins Zeug legten, etwa fünf Knoten machen. Ebenfalls unterzubringen waren noch drei Paar Skullriemen und zwei Paar besonders lange Ruder mit erheblich mehr Zug. Der frische Lack glänzte in der gleißenden Sonne. Die Metalleinfassungen der Ruderblätter, die dem Splittern vorbeugen sollten, waren so heiß, daß man sie nicht anfassen konnte. Dort, wo sich die Ruder an der Oberkante des Bootes und in den Dollen rieben, waren sie mit schweren Lederbändern umwickelt.

Zu jeder Stunde schlug die große Turmuhr am nahen Lebensmittel-Großmarkt. Ihr Klang übertönte die Stimmen aus der Menge, die von den Mitteilungen in der Lokalpresse angelockt worden war. Am frühen Nachmittag begannen sich die Leute zu versammeln, zunächst vereinzelt, doch schließlich waren es über tausend Menschen, die den Männern bei der Arbeit zusahen und ihre ungebetenen Kommentare abgaben, wo was zu verstauen war, wie sie das Unternehmen beurteilten und was sie vom Geisteszustand der beiden hielten.

Auch Karoline war da, schweigend, die Augen auf das Boot geheftet, dem sie sich allerdings nicht nähern konnte. Neben ihr stand ebenso wortlos ihr Bruder Jake. Karoline hatte Frank gegenüber zwar kein Wort verlauten lassen, aber es wäre ihr tausendmal lieber gewesen, wenn er George, diesem untersetzten Rotschopf, nie begegnet wäre. Sein anziehendes Äußeres, die scharfgeschnittene Nase und die blitzenden Augen waren nichts als Firnis über einer wilden und unbezähmbaren Natur, die auf Frank, der daneben – obwohl schon sechsundzwanzig – wie ein großer Junge wirkte, einen bösen Einfluß ausübte. Sie verstand immer noch nicht, daß ihr Bruder diese Reise einfach unternehmen mußte und ganz und gar nicht verhext worden war.

Während der Uhrzeiger weiterkroch, schwoll die Menge immer mehr an, wie von der steigenden Flut hergeschwemmt, die auf ihrem Weg durch den Hudson River nach Norden ins zweihundert Kilometer entfernte Albany und ostwärts durch den East River nach Long Island um die Spitze der Battery brodelte und kochte. Einzig die weißen Schaumkronen im Wasser und die Strudel hinter den Dockpfählen deuteten auf die mächtige Strömung hin. George und Frank hatten ihre Abfahrt für den Beginn der Ebbe geplant, die gegen fünf Uhr am Nachmittag einsetzen sollte. Ein früherer Start hätte nutzlose Kraftvergeudung im vergeblichen Kampf gegen die Elemente bedeutet; viel besser war es, sich der Hilfe der Natur zu bedienen und von Anfang an eine gewisse Harmonie mit ihr anzustreben, als sich ihr in tollkühnem, selbstvergessenem Trotz entgegenzustellen.

Doch als alles verstaut war und der rote Bootsrumpf unter der Last so tief einsank, daß nur noch der weiß gestrichene Freibord aus dem Wasser ragte, wurde den beiden das Warten auf die Ebbe lang. Wie bei einem Schauspieler, der in den Kulissen des abgedunkelten Theaters auf seinen Auftritt wartet, machte sich nun bange Erwartung und tiefe Sorge in ihnen breit, und die brütende Hitze erleichterte die Dinge auch nicht gerade. Eine Zeitlang standen sie untätig herum, dann setzten sie sich schicksalsergeben hin. Frank hatte ein paar Worte mit Karoline gewechselt; sie wußten beide oder meinten jedenfalls zu wissen, welche Gefühle den andern bewegten, und die Unfaßbarkeit des Bevorstehenden schien jedes weitere Wort überflüssig zu machen.

George hing seinen Gedanken nach, die zu Anine, Andrew, Annie Louisa und dem neugeborenen Sohn Fridtjof Nansen wanderten. Fast wünschte er sich, seine Familie wäre da, erlebte diesen großen Augenblick in seinem Leben mit und winkte ihm zum Abschied zu, doch als er inmitten der Menge Franks offenkundig aufgewühlte und zutiefst bekümmerte Schwester sah, der Tränen in den Augen standen, wurde ihm klar, daß die Anwesenheit seiner Familie unter den Schaulustigen auf den Docks für alle Beteiligten unerträglich gewesen wäre. Es genügte schon, daß sein Bruder Harold nahe am Ufer stand und alles andere als beglückt dreinschaute.

George seufzte und blickte auf den kabbeligen Gezeitenstrom hinaus, dessen Brodeln nun stetig abnahm. »Wird gut sein, wenn's endlich losgeht«, sagte er leise zu Frank. »Die Warterei geht mir auf den Wecker.«

»Ist bald soweit«, erwiderte Frank nach einem kurzen Blick auf die Uhr.

»Gentlemen«, sagte ein Mann, der an der Spitze eines Trupps gutgekleideter Männer mit ausdruckslosem Gesicht aus der Menge trat. Sie alle trugen feinste weiße Hemden, die allerdings unter den Achseln und am Kragen schweißnaß waren. Trotz der Hitze waren ihre Westen zugeknöpft; die Überzieher hatten sie allerdings über den Arm gelegt. Ihre Zylinder boten kaum Schutz vor der Sonne, im Gegensatz zu den breitkrempigen Hüten, die George und Frank trugen. »Wir nehmen die amtliche Feststellung vor. Ist alles in Ordnung?«

Die Männer, acht an der Zahl, vertraten die größten Zeitungen der Stadt und die örtliche Niederlassung des Telegraphenbüros United Press. Sie wollten nachprüfen, ob die *Fox* tatsächlich weder Mast noch Segel mitführte. Es war die erste einer ganzen Reihe amtlicher Feststellungen, die für die formale Anerkennung eines Rekords unabdingbar waren. W. S. Merwitter von der *New York Times*, John S. Still vom *New York Herald*, Benjamin F. Butler und J. M. Livingstone, beide von den *Daily News*, J. W. Longby von *United Press* sowie zwei weitere Männer untersuchten das Boot. Einige taten es mit gerunzelter Stirn, weil sie wenig Lust verspürten, an diesem Wahnsinn beteiligt zu sein. Andere ließen sich vom Geist des Augenblicks anstecken, schüttelten George und Frank die Hand und wünschten ihnen, nachdem diese das Dokument unterzeichnet hatten, alles Gute.

Endlich, als George und Frank das Warten kaum mehr ertragen konnten, fing die Turmuhr vom Großmarkt an zu schlagen. Jeder der fünf Schläge hing einen Moment lang in der Luft. Die Menge verstummte, die Zeit schien innezuhalten. Als der letzte Schlag verklang, riefen die Menschen hurra, klatschten und drängten sich auf dem Dock um die beiden Männer. Die Polizisten stellten sich so auf, daß sie eine Absperrung bildeten, und durch den so geschaffenen engen Gang rannte nunmehr Karoline. Bei Frank angelangt, klammerte sie sich an ihn. Er umarmte sie, blickte zu ihr hinunter und flüsterte: »Ich muß jetzt los. Mach dir bitte um uns keine Sorgen.«

Karoline hielt ihren Bruder fest und flehte ihn an: »Geh nicht, Frank. Tu das nicht.«

Frank legte ihr seine kräftigen Hände sanft auf die Schultern und schob sie weg. »Es hilft nichts. Ich kann nicht mehr zurück. Ich liebe dich, Karoline« sagte er, wandte sich ab und stieg ins Boot. George saß bereits achtern und hatte die Riemen in der Hand. Als sich Frank noch einmal nach seiner Schwester umsah, war sie verschwunden. Die Rührung hatte sie übermannt, und sie war geflohen. Auch Georges Bruder Jake war in der Menge nicht zu erkennen, die zu einem Gesichtermeer verschmolzen war.

Unter dem Einfluß von Alkohol und Erregung verhöhnten ein paar Zuschauer die beiden und grölten, als wohnten sie einem mißlungenen Zirkusakt bei. Die meisten wähnten die beiden im Seemannsgrab, noch ehe die *Fox* die tiefen Vorküstenschluchten neunzig Meilen vor New York erreichten. Einer der Bootsleute von den Fähren, die Passagiere und Fracht über den Hudson River und den East River beförderten, ein Mann namens Peglegg Connor, witzelte: »Wenn die beiden unbedingt ihren Löffel abgeben wollen, warum tun sie es dann nicht auf anständige Weise und mieten sich ein Zimmer?«

»Ihr habt ein Rendezvous mit Freund Hein«, brüllten viele auf dem Kai.

Georges Miene verfinsterte sich. Er stieß vom Dock ab, wandte sich der Menge zu und rief gellend: »Entweder kommen wir auf der anderen Seite an, oder wir treffen uns mit euch allen im Hades!«

Langsam ruderten die Männer nach Süden, an Governor's Island vobei. Mehrere Schlepper standen bereit, um einen Teil der Menge zu den Narrows zu transportieren. Aber niemand stieg ein. Statt dessen schlenderten die Leute davon, mit sich und der Welt zufrieden, und genehmigten sich noch irgendwo einen Drink.

Der Anblick des geschäftigen Hafens, der Freiheitsstatue, der Piers von Manhattan und Jersey City, rief in den beiden Abenteurern Erinnerungen an ihre ersten Eindrücke von New York wach. Bei George war das über zehn Jahre her, bei Frank erst drei. Beide waren in der Erwartung gekommen, Amerika biete unbegrenzte Möglichkeiten; daß sie mittlerweile einen Punkt erreicht hatten, der in den Augen der meisten Menschen an Verzweiflung grenzte, kam ihnen gar nicht in den Sinn. Für sie war ihr Unterfangen ganz und gar sinnvoll.

Der Gegensatz zwischen dem, wie sie in all den Jahren gelebt hatten, und der vor ihnen liegenden Ungewißheit war ihnen in diesem Augenblick gar nicht bewußt, sie waren zu sehr mit dem Ablegen beschäftigt. Fähren, Schlepper und andere Schiffe ließen ihre Sirenen zum Gruß ertönen. Menschen standen an Deck und winkten, ihre Hochrufe gingen im Lärm unter. Ein elegantes Motorboot, Fox' Privatyacht *R. K. Fox*, näherte sich ihnen.

»Sollen wir euch in den Außenhafen schleppen?« fragte jemand von der Besatzung. »Wozu mehr rudern, als unbedingt sein muß, stimmt's?« Er warf Frank, der dem Bug am nächsten saß, eine Leine zu. Dieser befestigte sie, und gleich danach schäumte das Wasser unter dem Heck der Yacht weiß auf. Strudel aufgewühlten, schmutzigen Salzwassers umgaben die *Fox*, während sich die Leine spannte und die Yacht in schnellem Tempo nach Süden abzog. Als das Ruderboot auf die Narrows und von dort aufs offene Meer zuglitt, entfaltete sich im Fahrtwind die an einem lackierten Pfosten am Heck befestigte amerikanische Flagge.

An der Stelle, wo Fort Wadsworth und Fort Hamilton eine erste Verteidigungslinie für den Innenhafen bilden, verschwanden die Freiheitsstatue und die Insel Manhattan hinter einer Uferbiegung aus ihrem Blickfeld, und es war, als wäre eine Tür ins Schloß gefallen. Einen Augenblick lang waren sie noch zwischen zwei Landzungen gefangen, als wollte die Küste sie in die Zange nehmen und von ihrer Reise abhalten. Aber die Yacht schleppte sie durch die Narrows, die unteren Bereiche der Bucht öffneten sich und offenbarten eine mit Leuchttürmen und unbeleuchteten Bojen gesprenkelte, ausladende Weite seichten Wassers. Dahinter erwartete sie das bereits dunkelnde Meer.

7

Auf der Höhe von Gravesend Bay – einer Bucht auf Long Island nördlich von Norton Point und den Vergnügungsstätten von Coney Island – verlangsamte die *R. K. Fox* ihre Fahrt und stoppte schließlich. Die Sonne im Westen stand tief, der südliche Wind frischte zur mäßigen Brise auf. Nach Nordosten hin verdichteten sich die dünnen Wolkenfetzen, die den Himmel am frühen Nachmittag bläulichweiß gefärbt hatten, und bedeckten allmählich den ganzen Himmel, so daß die Sonne einen blaßgrau schimmernden Hof bekam. George und Frank sahen zu den Leuten an der Reling von Fox' Privatyacht hinauf. In ihrem Sonntagsstaat würden sie nach der Rückkehr in ihrem sicheren, bequemen Zuhause in Manhattan zweifellos ein großzügiges Mahl zu sich nehmen und sich einen Drink nach dem anderen genehmigen. George und Frank vermuteten, daß auch Richard Fox dort oben war, konnten ihn aber nicht ausmachen.

»Jetzt seid ihr dran«, sagte der Käpitän der Yacht und bedeutete dem Mann am Heck, er solle die Leine einholen, die Frank soeben losgemacht hatte. »Viel Glück und toi, toi, toi«, rief der Kapitän. Die Damen winkten mit ihren seidenen Tüchern, die Männer schwenkten ihre Zylinder und Hüte. Die Yacht zog an, drehte ab und dampfte gen Norden auf die Narrows zu. Die Gesichter der Passagiere wurden immer kleiner und verschmolzen schließlich mit der Yacht. Die beiden Männer sahen schweigend zu, wie diese letzte Verbindung zum Land langsam ihren Blicken entschwand. Von Osten her rollte eine lange, sanfte Dünung an und buckelte sich im Gezeitensog, der immer noch durch den eine Meile breiten Durchlaß zwischen Staten Island und Long Island strömte.

Die beiden legten sich in die Riemen, und das Boot glitt, unterstützt durch die Strömung, problemlos durchs Wasser auf Staten Island und die Hauptschiffahrtstraße vor Sandy Hook zu. Sogar ein so kleines Boot wie die *Fox* mußte die Untiefen meiden, die sich vor Staten Island erstreckten und Hoffmann Island mit seiner winzigen Quarantänestation sowie Swinburn Island umgaben. Am Rand der Untiefen tauchte weiter im Süden der Leuchtturm von West Bank auf. Zur Linken brachen sich die Wellen über der Barre nördlich der Romer Shoals, die im Süden fast bis Sandy Hook reichten. Ein noch so robustes kleines Boot konnte leicht kentern, wenn es falsch geführt wurde und in die unvorstellbar starken Strömungen und Wellen an den Untiefen geriet.

Wie oft im Monat Juni löste sich mit der sinkenden Sonne die Tageshitze schnell auf. Trotz der Arbeit an den Riemen begannen die Männer zu frösteln. Frank und George zogen die dicken, groben Ölhosen über. Sie bedeckten ihre wollenen Hemden vorne und hinten ähnlich wie die Overalls, die die Bauern auf dem Feld trugen. Dann legten sie ihre Jacken an, die bis über die Hüften hinunterreichten. Das Ölzeug hielt die Feuchtigkeit von ihnen ab und bot Schutz gegen den gleichmäßig blasenden Wind, der allmählich auf Nordost drehte.

Die Leuchttürme, die am gesamten Außenhafen die Gefahrenstellen markierten, gingen fast alle gleichzeitig an. Das rote Licht von Norton Point blinkte nur noch schwach in der Ferne; es reichte erheblich weniger weit als die weißen, nicht blinkenden Lichter der Türme von West Bank und dem darunter liegenden Old Orchard Shoal. Zusammen ergaben sie eine Linie, an der sich die Kapitäne orientierten, um mit dem Schiff nicht zu weit nach Westen ins Flachwasser zu geraten, und das rote Licht von Romer Shoal warnte sie vor zu starkem Abdriften nach Osten. Das Signalfeuer an der Spitze von Sandy Hook und der Leuchtturm dahinter nahmen sich wie zwei fast auf gleicher Linie liegende weiße Punkte aus. Weiter unten an der Küste markierten die beiden über zwanzig Meilen hinweg sichtbaren Lichter von Atlantic Highlands eine Landzunge und den Zugang zur breiten Bucht westlich von Sandy Hook.

Die in Richtung Atlantic Highlands fahrenden Dampfer, Paketboote, Küstenschoner und Fähren hatten bereits ihre Positionslichter gesetzt, deren rotes und grünes Licht die beiden Seiten der vorderen Schiffsteile beleuchtete. Die Fenster der größeren Schiffe erstrahlten in einladendem Gelb. Nacheinander zogen die Schiffe durch die Hauptschiffahrtsstraße. Eins ums andere überholte die *Fox* und ließ sie mit einer Geschwindigkeit hinter sich, die das Vorankommen mit dem Ruder beinahe schmerzlich langsam erscheinen ließ. Die Sonne sank unter den Horizont, und durchdringende Kälte machte sich breit.

George blickte in Richtung Meer und schüttelte angewidert den Kopf. »Nebel kommt auf, Frank. Sieht aus, als wären wir gleich mittendrin.«

Die Nebelbank, die sich in dem immer noch tiefblauen Zwielicht wie ein dunkler Schatten auf dem Ozean ausnahm, schob sich in den unteren Hafen und löschte die beruhigenden Strahlen der Leuchttürme aus. Schlagartig brach die Nacht herein, als schlüge die Tür eines Kerkers zu. Auf dem Meer herrscht in dichtem Nebel eine seltsame Stille, die jemandem, der sie noch nie erlebt hat, nur schwer zu beschreiben ist. Eine dumpfe Dämmschicht erstickt das Schlagen der Wellen am Rumpf, das Geräusch der Ruderschläge und das Klagen der Nebelhörner. Alles verliert sich, man sieht nichts mehr und ist unfähig, die Richtung genau zu bestimmen, aus der ein Ton kommt. Doch die beiden Männer kannten die desorientierende Kraft des Nebels; sie erschreckte sie nicht. Angestrengt lauschten sie auf die ersten Anzeichen eines nahenden Dampfers, seines Nebelhorns, seiner wischenden Bugwelle. Nur mit Mühe hörten sie das Geräusch der Brecher an den Untiefen von Romer Shoal und das Stakkato-Gebimmel der Nebelglocke an der Spitze von Sandy Hook, die alle zehn Sekunden dreimal anschlug.

Bald gesellte sich zum Nebel leichter Regen. Seine Tropfen verstärkten die Kondensfeuchtigkeit, die auf allem lag. Sie machten den kleinen Schwimmkompaß frei, der unter dem Hecksitz so im Bootsboden verschraubt war, daß der Mann auf dem Bugsitz Kurs halten konnte. Die Kompaßbeleuchtung flackerte in sanftem Gelb.

»Verfluchtes Wetter. Heute morgen sah's noch nach schön und warm aus. Aber die Wolken lügen nie, was, Frank? Können nicht behaupten, sie hätten uns nicht gewarnt«, brummte George, der im Takt mit Frank ruderte, ohne sich nach seinem Freund umzublicken.

»Ist ein gutes Zeichen, dieser Nebel. Ein Omen für unsere Reise. Die See begrüßt uns auf ihre Art, wünscht uns Glück und sicheres Gelingen«, sagte Frank. »Wir sollen uns bloß nicht in der Hoffnung wiegen, sie würde auf der ganzen Strecke irgendwann mal nicht ihren Kopf durchsetzen.«

»Aber ungemütlich als Anfang.«

Das Boot bewegte sich jetzt, da das Wasser seichter wurde, etwas anders, bockiger in der Dünung. Kurz vor ihnen tauchte der rote Schimmer des Lichtes von Romer Shoal aus der Düsternis auf. Rechts glitt der Schatten einer unbeleuchteten Boje vorbei.

»Wir sind aus der Fahrrinne raus«, sagte George. »Ankern wir hier für die Nacht. Am Morgen können wir den Dampfern besser ausweichen und nach dem ganzen Trara heute einen frischen Anfang machen.«

Der Anker bohrte sich in den Sand, die Leine spannte sich, und das Boot drehte sich in Wind und Dünung. Leicht an der Ankerleine zerrend hob und senkte sich der Bug, und immer wieder schlug eine Welle seitlich gegen den Rumpf und sandte etwas Gischt über die Bordwand. Die *Fox* war, was Seeleute »rank« nennen, schwankte also, wenn sie nicht in perfektem Gleichgewicht gehalten wurde, sehr leicht hin und her. Diese Anfälligkeit verstärkte sich noch, wenn das Boot still lag; wenn es Fahrt machte, ließ es sich leichter kontrollieren und war stabiler. Frank bückte sich vorsichtig, um den auf einem quadratischen Holzgerüst an der vorderen wasserdichten Vorratskammer befestigten Herd anzumachen.

»'ne Tasse heißer Kaffee wird uns guttun«, sagte er und schützte das Feuer mit den Händen vor dem Nieselregen. Im Dunkel der Nacht schienen die wärmenden gelben Flammen mit ihren blauen Rändern unglaublich hell. Ihr Licht reichte jedoch nur wenig über Frank hinaus, dessen Schatten sich als dunkler Umriß auf der runden Tür der Vorratskammer abzeichnete. Als Frank den Kessel auf das Holzgestell stellte, wurde der Lichtschein erheblich schwächer. Man konnte kaum den Kessel über dem leichten Glimmen ausmachen. Frank lehnte sich an den Rumpf, jederzeit bereit, die Flammen mit den Händen vor einem plötzlichen Windstoß zu schützen.

»Und was zu essen«, gähnte George. »Hatte ganz vergessen, wie hungrig ich bin. Erst jetzt, wo wir haltmachen, merke ich's wieder.«

Während Frank das Abendessen zubereitete, entfernte George den Stab, der als Flaggenmast gedient hatte, wickelte das feuchte Fahnentuch darum und verstaute beides unter den Ruderbänken. Auf hoher See brauchten sie keine Flagge zu führen. Er packte die Spritzdecke aus, die wie ein flaches Zelt von einer Seite des Bootes zur anderen reichte. Darunter breitete er grobleinene, mit Elchhaar gefüllte Kissen, die ihnen als Matratze dienen sollten. Sofern einem der beiden in den Sinn kam, wie seltsam dieses Tun kaum zehn Kilometer entfernt von ihren warmen, bequemen Betten zu Hause in Atlantic Highlands anmutete, so sagte er es nicht. Ohne daß sie es merkten, legten sich die langen Tage der Planung, die harte Arbeit, bis alles gekauft und verstaut war, die seelische Belastung jetzt als tiefe

Müdigkeit auf sie. Als sie ihr kleines Mahl verzehrt hatten, kuschelten sie sich in vollem Ölzeug und mit den Seestiefeln an den Füßen unter der Decke eng aneinander, um sich gegenseitig zu wärmen, und sanken bald in tiefen Schlaf. Das Schlagen der bronzenen Nebelglocke an der etwa anderthalb Kilometer entfernten Spitze von Sandy Hook und das matte Blinken des Lichts von Romer Shoal waren wie ein akustisches und optisches Wiegenlied, ein Rest Normalität, der dem Geist vorgaukelte, alles sei gut und werde es auch in den kommenden Tagen bleiben.

8

Kurz vor Sonnenaufgang tauchte eine schnellfahrende Schaluppe unter vollen Segeln aus der dichten Nebelbank nicht weit von der Stelle auf, wo die *Fox* in den Wellen vor Romer Shoal schaukelte. Das Großsegel der Schaluppe war weit zur Seite heruntergelassen, um den günstigen Nordostwind voll auszunutzen. Auch der Klüver am Ende des Bugspriets sorgte für Fahrt. Bei jedem Windstoß krängte das Boot und legte den Faulschlamm und die weißen Entenmuscheln gleich unter der Wasserlinie bloß. Abgesehen vom gelegentlichen Rauschen, wenn der Bug durch eine Welle schnitt, glitt es fast lautlos durchs Wasser. An Bord befand sich eine Gruppe reicher Halbwüchsiger im schicken Sonntags-Sportanzug auf dem Weg zum Angeln vor Shrewsbury Rocks.

»Schau mal da drüben! Backbord voraus!« rief einer der jungen Leute und deutete auf das Ruderboot fast unmittelbar vor ihnen. »Sieht ganz so aus, als hätte sich das hübsche kleine Boot aus der Vertäuung gerissen.«

»Geh längsseits«, sagte ein anderer zum Bootsmaat am Ruder. »Schauen wir's uns genauer an.«

Der Maat drehte das Boot in den Wind und ließ die Segel, wie sie waren, um die Luft zu verwirbeln und die Fahrt zu verlangsamen. Die Segel hingen schlaff, während das Boot weiterglitt, nach Lee wegdriftete und fast gegen das Ruderboot schlug. Der Bugspriet rutschte über die *Fox* hinweg. Die Burschen rannten nach vorn, und ihnen bot sich ein unerwarteter Anblick. Das knatternde Geräusch der killenden Segel hatte George und Frank geweckt. Sie zogen die Spritzdecke weg und richteten sich stocksteif auf.

»Was zum Teufel?«

»Da sind ja Leute drin!«

»He, was macht ihr zwei denn hier?« riefen mehrere Jungen gleichzeitig.

»Schert euch weg! Ihr rennt uns ja in Grund und Boden«, schrie George.

»Tut uns leid. Wir dachten, es wäre niemand an Bord«, sagte der Maat. Er wandte das Ruder. »Holt den Klüver über, Jungs. Und jetzt das Großsegel.«

Die Schaluppe verschwand im Nebel.

»Das war knapp«, sagte Frank kopfschüttelnd.

»Die waren ganz schön überrascht, als sie uns sahen. Dachten wohl, sie könnten außer Fischen auch noch ein kleines Vergnügungsboot angeln«, lachte George. »Na ja, kann man ihnen nicht verübeln.«

»Wirklich nicht«, lachte jetzt auch Frank. »Die *Fox* ist schließlich ein mächtig hübsches kleines Boot.«

»Sieht nicht aus, als werde es heute besser als gestern. Aber vielleicht löst sich der Nebel auf.«

»Wie so oft. Warum nicht auch heute. Der geht weg, warte nur«, sagte Frank.

Die beiden hatten es jetzt eilig, weiterzukommen. Sie aßen etwas Brot und Käse und spülten alles mit Wasser hinunter, dem kühlen, herrlich klaren Wasser aus den Bergseen des Staates New York. Mehr als einmal am Tag wollten sie den Herd nicht anmachen, damit ihnen nicht mitten auf dem Ozean das Brennmaterial ausging. Warme Nahrung, eine Kanne mit dampfendem Kaffee – diese alltäglichen Genüsse bekommen auf See, inmitten der überwältigenden Gleichgültigkeit der Elemente, eine Bedeutung, die sich ein Stadtbewohner kaum vorstellen kann – nicht nur für das körperliche Wohlbefinden, sondern ganz einfach, weil ihr bloßer Anblick in einer unwirtlichen Welt Balsam für die Seele ist.

George saß an den Riemen, um Richtung zu halten, während Frank nach vorne ging, langsam die Ankerleine einholte und mit flinken Händen in sauberen Schlaufen übereinander legte. Kaum war der Anker aus dem Schlick gelichtet, drehte der Bug unter dem Wind, der von Long Island herblies, langsam weg. George manövrierte das Heck geschickt so, daß Wind und Wellen von schräg hinten kamen, während Frank die Ankerleine vollends aufwickelte und den Anker mit kräftigem Schwung in die Bilge warf. »Brauchen wir vorläufig nicht mehr«, sagte er und setzte sich gleichfalls an die Riemen. Die *Fox* nahm Fahrt auf.

»Wir halten Ost-Strich-Süd, Frank. Behalt nebenbei den Kompaß im Auge, okay?«

»Sind auf Ost-Strich-Süd. Steht auf gut hundert Grad!«

Sie ruderten kräftig gegen die einsetzende Flut an und hangelten sich mit jedem Schlag der Riemen am Ufer von Sandy Hook vorbei weiter ins offene Meer hinaus. Als die Sonne unmittelbar steuerbord vom Bug aus dem Wasser kroch, war sie zunächst nichts als ein weißer Lichtstreifen am Horizont. Nach und nach färbte sich die Nebelwand um sie herum vollständig weiß, und der nachtschwarze Himmel über ihnen wurde allmählich blau. Der Ozean ringsum war tiefschwarz, die Oberfläche bedeckt mit kleinen, steilen Wellen ohne Schaumkronen. Je höher die Sonne stieg, desto dünner wurde der Nebel, bis ihn schließlich ein warmer Südwind vollends auflöste, der von der Küste herüberwehte und die Stimmung von George und Frank merklich hob. Die von der Kaltluftfront verursachten Wolken verweilten noch ein wenig, ließen aber gegen Mittag immer größere Stücke blauen Himmels durchscheinen, die das Gefühl immenser Distanz in einem grenzenlosen Universum und eine Klarheit des Lichts vermittelten, die man nur spürt, wenn ein Unwetter seine reinigende Wirkung getan und die schwere, feuchte Luft für eine Weile verjagt hat.

Der Rumpf des in der äußersten Zufahrt zum Gedney Channel vor Anker liegenden Feuerschiffs von Sandy Hook leuchtete rot in der Sonne. Die beiden je mit einer Laterne versehenen Masten waren den meisten Matrosen auf dem Weg nach New York ein willkommenes Zeichen, vor allem bei Nacht. Wenn er das Feuerschiff gewahrte, wußte der Steuermann, daß er jetzt nach den auf Pfählen montierten elektrischen Lichtern – den ersten dieser Art im Lande – Ausschau halten mußte, die den Gedney Channel zu beiden Seiten markierten. Während sich das jetzt westlich der *Fox* liegende Feuerschiff und die Hügel der Highlands von der blauen Wasserfläche abhoben, begrüßten die beiden heckwärts blickenden Männer das offene Meer mit dem Rücken. Der letzte Blick auf die hohen Spieren des Feuerschiffs erweckte in ihnen das Gefühl, als falle eine Tür endgültig ins Schloß. Bald würde der schmale, purpurne Streifen Land, gekrönt von weißen Quellwolken, immer tiefer in den indigoblauen Atlantik sinken.

Von nun an umgab sie nur mehr Wasser, eine ebenso unerbittliche Öde wie die Sahara. Doch gleichwie die Wüste war auch die See, so abweisend sie war, niemals völlig leer. Bis weit draußen vor dem New Yorker Hafen pendelten Schiffe. Tagsüber sprenkelten Schwärme von Seevögeln über den Fischkuttern den Horizont, und bei Nacht flimmerten vereinzelte Lichtpunkte im rabenschwarzen Dunkel. Langsam sank nun das Feuerschiff von Sandy Hook unter den Horizont. Gegen vier Uhr nachmittags waren auch die letzten Reste von New Jersey außer Sicht, und die beiden Männer waren allein mit sich, ihrem Boot und dem Meer.

Hin und wieder stürzte ein Tölpel aus dem Himmel und stieß ins Meer, seine unglückliche Beute fixierend. Über ihren Köpfen segelten Möwen. Vögel vom Festland kamen in ihre Nähe, als wären sie müde und suchten nach einem Ort, wo sie sich ausruhen könnten. Doch irgendwann würden auch diese Lebenszeichen immer seltener werden, bis sie dann weit draußen in den eisigen Tälern des Nordatlantiks völlig verschwanden.

George und Frank ruderten schweigend vor sich hin und sahen zu, wie die Sonne langsam sank. Die Dünung, die der Nordostwind hinterlassen hatte, erschwerte das Rudern. Der Südwind versuchte, sie nach Norden abzudrängen, zurück in Richtung Long Island. Als erfahrene Seeleute kannten George und Frank die Nordostküste der Vereinigten Staaten wie ihre eigene Westentasche. Die Küste ihrer Wahlheimat New Jersey verlief zwar von Süden nach Norden, aber ab New York zog sich das Land ostwärts – über Long Island, Cape Cod, den Golf von Maine und immer weiter über den kanadisch-arktischen Archipel zu den gefrorenen Weiten des Baffinmeers und darüber hinaus. Wollten sie der immensen Ausbuchtung des nordamerikanischen Kontinents entgehen, mußten sie sich also erheblich südwärts halten, um in Breiten zu gelangen, in denen sich mit einer gewissen Sicherheit ein Längengrad nach dem anderen überwinden und die verbleibende Strecke bis Frankreich stetig verkürzen ließ.

Der Südwind, den die Kapitäne der Küstenschoner auf östlichem Kurs nach Maine oder die Fischkutter auf dem Weg zur Großen Neufundlandbank so sehr schätzten, hatte sich in den Kopf gesetzt, die beiden Männer von ihrem sorgfältig geplanten Kurs abzubringen. Er wühlte zunehmend häßliche Querseen auf, die sich noch durch den unvorhergesehenen Einfluß einer auflandigen Strömung verschlimmerten, die auf ihrem Weg nach Süden etwa im Halbknotentempo mit den widerwilligen Elementen rang. Außerhalb des unmittelbaren Zugriffs der Küste folgten die Gezeiten einem kreisförmigen Muster, rotierten und oszillierten in einem zeitlosen, aus der Drehung der Erde geborenen Takt; auf ebenso unsichtbare Weise vermischten sie sich mit allem anderen, was das wahrhaft unergründliche Leben der See ausmacht.

Die vom Wind erzeugten Wellen verbanden sich mit den längeren, ausgeprägteren, von einem inzwischen erloschenen Wind hervorgerufenen Seen, einem Wind, der Hunderte, wenn nicht Tausende von Meilen entfernt entstanden war, dort, wo sich das Frontensystem bildete und auf den Weg nach Amerika machte. Die ob der hohen Wellen berüchtigten Wasser vor New Jersey machten sich in ihrer gewohnt unruhigen, fast hinterhältigen Art bemerkbar.

Etwa zur Zeit des Sonnenuntergangs fiel den beiden ein etwas entfernt von ihnen im Wasser tanzender Gegenstand auf. Neugierig manövrierten sie die *Fox* dorthin und stellten fest, daß es sich um eine leere, teilweise zerschlagene Überseekiste handelte, die die Aufschrift trug: »G. S., New York, via Havre.« Sie betrachteten die Kiste und blickten dann einander mit einem seltsamen Gefühl an.

»Hoffentlich verläuft unsere Reise nach Le Havre besser als die der Kiste von dort nach hier«, sagte Frank. »Eigenartig, daß wir ausgerechnet auf dieses Ding stoßen, meinst du nicht?«

»So wie sie aussieht, kann sie noch nicht lange im Wasser gelegen haben.«

Die Kiste mußte aus einem im Sturm gesunkenen Schiff herausgeschwemmt und vom Nordostwind und der Ostdünung hierhergetrieben worden sein, doch keiner der beiden verspürte den Drang, sich weitere Gedanken über den Hergang des vermuteten Unglücks zu machen. Sie stießen die Kiste weg und nahmen ihre Arbeit wieder auf. Aber ihr Fund hatte sie in eine düstere Stimmung versetzt, die durch das Dunkel und die Kälte, die sich nunmehr auf den Ozean senkten, noch verstärkt wurde. Nicht einmal das faszinierende Schauspiel der Sterne – das breite Band der Milchstraße, das Funkeln des Großen und Kleinen Bären, die grünlich schimmernde Venus – konnte sie aufheitern.

Die ersten Schritte eines jeden Abenteuers bringen eine Mischung breit gefächerter Gefühle mit sich, die von der Euphorie, daß ein langgehegter Traum nun tatsächlich Wirklichkeit geworden ist, bis zu Angst und Selbstzweifeln reicht, ob es denn wirklich richtig war, ihn in die Tat umzusetzen. Ist das Ziel erst gesteckt und sind alle Pläne gemacht, dann muß nicht mehr nachgedacht, sondern gehandelt werden, und dieses aktive Tun verlangt Mut und festen Glauben an die eigene Kraft. Beide Männer hegten dieselben Sehnsüchte, hatten dieselbe Vision. Wie sie nun zusammen in einem winzigen Boot an deren Verwirklichung arbeiteten, jeder die Gedanken des andern erratend, wurde ihnen schlagartig die ganze Größe und Gefahr ihrer Reise bewußt. Keiner der beiden neigte zu Nörgelei, Wutausbrüchen oder zum Lamentieren. Beide hatten ein tiefes Gespür für Ehre und Integrität, und es lastete schwer auf ihnen, daß sie ihre Lieben zu Monaten der Ungewißheit, der Qual und Sorge verurteilt hatten und vielleicht niemals wiedersehen würden.

Zum ersten Mal stellten sie jetzt einen Arbeitsplan auf und teilten die Wachen ein. Von acht bis elf und von elf bis zwei Uhr sollte jeweils der eine schlafen oder es jedenfalls versuchen, während der andere das Boot weiter ostwärts trieb. Die restlichen Nachtstunden wurden in zwei zweieinhalbstündige Wachen aufgeteilt. Frank übernahm die Wache von acht bis elf, weil er sein Glück mit dem Schlaf lieber in den frühen Morgenstunden versuchen wollte. Er mühte sich redlich, das Boot gegen die anrollenden Wellen nach vorne zu treiben, die eine Drehung des Windes nach Südosten ankündigten. Er spürte, daß sich das Boot mit jeder Welle verlangsamte und manchmal sogar stehenblieb. Die Wellen waren nicht riesig oder furchterregend, eher eine Aufeinanderfolge ärgerlicher Hindernisse, die es zu überwinden galt.

Die roten und grünen Positionslichter und die feststehenden weißen Lichter auf den hohen Spieren der Dampfer passierten auf ihrem Weg nach New York die *Fox*, tauchten am Horizont auf und verschwanden wieder binnen weniger als einer halben Stunde. Die Männer an den Riemen mußten mehrfach ihren Kurs ändern, um Schiffen auszuweichen. Deren Anblick verstärkte noch das Gefühl der Verlassenheit und der Endlosigkeit des Meeres. Während die Nachtstunden dahinkrochen, lösten sich die beiden zwar beim Rudern ab, mußten sich aber eingestehen, daß sie kaum Schlaf gefunden hatten.

Mit dem Morgengrauen kehrte der Nebel zurück und hüllte sie in einen grauen, nassen, ungemütlichen Kokon.

»Aufwachen, Frank!« sagte George. Es war sieben Uhr, und er war hungrig vom Rudern. Frank grunzte etwas Unverständliches unter der Plane, tauchte aber bald von »unten«, wie sie die Schlafecke nannten, auf und rieb sich den Schlaf aus den Augen. Nur mit großer Mühe war er eingedöst, und das letzte, woran er sich erinnerte, war, daß er in der feuchten Dunkelheit unter der Decke auf dem Rücken lag und ihm die Kondenstropfen ins Gesicht tropften, während nur wenige Zentimeter von seinen Ohren entfernt der stete Schlag der Ruder im Wasser klang.

»Der Nebel ist wieder da, wie ich sehe«, sagte er.

»Kam mit der Sonne«, sagte George. »Wenigstens Wind und Dünung haben etwas nachgelassen.«

Frank übernahm die Ruder, während George den Herd anzündete. Tags zuvor hatten sie kaum etwas gegessen, und jetzt sehnten sie sich nach heißem Kaffee und einer warmen Mahlzeit. Bald verbreitete sich der kräftige Duft frischen Kaffees, in dem George ein paar Eier fürs Frühstück mitkochte. Da immer einer an den Riemen bleiben mußte, um das Boot auf Kurs zu halten, konnten sie sich den Luxus eines Frühstücks zu zweit nicht leisten. Erst aß George, während Frank an den Rudern blieb, dann übernahm George, damit Frank essen konnte. Diese Disziplin war unerläßlich, wenn sie mit dem Ruderboot überhaupt irgendwohin kommen wollten; immerhin lagen noch über fünfeinhalbtausend Kilometer vor ihnen.

Um Mittag war der Wind fast ganz abgeflaut, und der Nebel hing schwer über ihnen. George holte vorsichtig Papier, Bleistift und Karte aus der hinteren wasserdichten Kammer. Er ging schnell seine Berechnungen durch und schätzte, daß sie bei Tag zu zweit rudernd vier Knoten, nachts die Hälfte gemacht hatten, also wegen der Wellen nicht ganz die idealen fünf Knoten. Anfang des Jahres hatten sie vor der Küste von Nauvoo ein paar Tests gemacht, um die Bootsgeschwindigkeit besser einschätzen zu können. Dies war eine wesentliche Voraussetzung, um anhand bloßer Berechnung wenigstens eine ungefähre Ahnung von ihrer Position zu bekommen. George berücksichtigte die Abdrift wind- und seeabwärts, die der Seemann Leedrift nennt, aber wie weit genau die Elemente die beiden wirklich vom Kurs weggeschoben hatten, war nicht auszumachen; alles war eine Frage gekonnten Kombinierens. Indem er die Stunden addierte und mit der geschätzten Geschwindigkeit von einem beziehungsweise zwei Mann am Ruder multiplizierte, erhielt George einen groben Anhaltspunkt für ihre Position. Zu einem genaueren Ergebnis hätte ein klarer Schuß mit dem Quadranten geführt, den konnte er aber nicht vornehmen, weil der Nebel die Sonne völlig verdeckte.

Nach seiner Berechnung waren sie, seit sie Sandy Hook hinter sich gelassen hatten, etwa fünfundvierzig Meilen weit gekommen – das bedeutete ein respektables Tempo. Die Ungewißheit über ihren genauen Standort hingegen machte George Sorgen, doch er schob den Gedanken schnell beiseite, denn er konnte ohnehin nichts daran ändern.

Der Nebel begleitete sie den ganzen Nachmittag und die Nacht hindurch, durchdrang alles mit seiner kalten Feuchtigkeit. Der Südwind kehrte mit wütender Kraft zurück und brachte so schwere Regenschauer mit, daß sich die Wellen glätteten und die steilen Brecher in langgezogene Hügel verwandelten. Der Regen trommelte aufs Deck über den wasserdichten Stauräumen an Bug und Heck und pladderte auf die Spritzdecke. In der Bilge sammelte sich brackiges Wasser, das nach vorne, hinten und zu den Seiten schwappte. Wer keine Wache hatte und auf den durchnäßten Kissen lag, die in der Feuchtigkeit den stechenden Geruch von Elchhaar ausströmten, der meinte, in einer Badewanne zu liegen. Wasserschöpfen brachte nur wenig.

Als der Morgen des 9. Juni graute, rollte schwere See von Süden her an, denn inzwischen hatte der Wind auf Südost gedreht, und nichts ließ auf ein Abflauen schließen. Genau dieses Wettersystem hatten George und Frank befürchtet. Die kleine, nur von der Muskelkraft zweier Männer fortbewegte *Fox* hatte den Elementen, die darauf erpicht schienen, sie an die einsamen Strände von Long Island zurückzuwerfen, nichts entgegenzusetzen. Jenseits der östlichen Spitze von Long Island lauerten noch mehr Gefahren, die Untiefen von Nantucket, ein Dickicht aus Riffen, Felsbänken und sich windenden Sandbänken dreißig oder mehr Meilen vor Cape Cod. Aus demselben Grund, aus dem sie sich gehütet hatten, in die Nähe der Untiefen im Außenhafen von New York zu geraten, mußte die *Fox* jetzt auch genug Abstand zur Küste halten, um diesen Gefahren zu entgehen. Aber selbst bei größter Ruderanstrengung bewegte sich das Boot nicht, wie dringend notwendig, auf Ost-Strich-Süd-Kurs, sondern schlingerte vor sich hin und tauchte kopfüber in die anrollenden Wellen. Die beiden Männer hatten alle Hände voll zu tun, wenigstens in Position zu bleiben und stampfend den Wellenkämmen zu trotzen. All ihre Mühen schienen sinnlos. Beide wußten, daß das Meer sie in der Hand hatte.

9

Im weiteren Verlauf des Vormittags riß die grauweiße Wolkendecke auf und ließ ein wenig Blau erkennen. Vereinzelte Sonnenstrahlen malten glitzernde Flecken auf das grünliche Wasser.

»Kannst du sie im Wind halten, Frank? Ich glaube, jeden Augenblick kommt die Sonne ganz durch. Wir brauchen eine grobe Positionsbestimmung, wenn's irgend geht«, sagte George.

»Wird nicht leicht sein bei dieser See, George. Aber probieren wir's.«

Daß George nicht mehr mit ruderte, bekam Frank sofort zu spüren. Mit nur einem Mann an den Riemen konnte der Wind den Bug, wenn er sich auf eine Welle hob, leichter erfassen und zur Seite drücken, so daß sich das Boot schräg in das nächste Wellental senkte. Da er zudem mit dem Rücken zur Fahrtrichtung saß, mußte sich Frank, um rechtzeitig auf eine Bö reagieren zu können, ganz auf das Kribbeln des Windes auf seiner Haut und das Geräusch des Brausens und Schäumens verlassen: je lauter, desto stärker der Wind. Er mußte das Boot fühlen, fast mit ihm und den Riemen verschmelzen, die als Antrieb und Steuerung zugleich dienten, denn der Rumpf gehorchte den Kräften der Wogen. Er sah, wie George mühsam den Quadranten, Papier und Bleistift sowie das nautische Jahrbuch herausholte, das die für die Berechnung anhand der Sonne nötigen Zahlen enthielt. Das Heck senkte sich tief, wenn das Boot eine Welle erklomm, und ragte beim Abstieg steil nach oben, so daß sich Georges Profil vor dem Grau und Blau des Himmels abzeichnete. Gischt verklebte sein Haar und troff von seinem Schnurrbart. Tiefe Sorgenfalten zerfurchten sein wettergebräuntes Gesicht.

Um Gleichgewicht bemüht, richtete sich George so weit auf wie es ging, ohne daß das Boot Schlagseite bekam. Den Blick fest nach Süden gerichtet, wartete er sehnlichst darauf, daß die Sonne durch die Wolken brach. Es war jetzt fast Mittag. Für eine Breitenbestimmung anhand der Sonne mußte diese möglichst genau im Zenit stehen. Wieder sah George auf die Uhr. Es war fast soweit.

»Da kommt sie, Frank«, schrie George, als die leuchtendweiße Scheibe durch die graugezackten Wolken brach. George visierte die Sonne im Spiegel des Quadranten an, schwang dann ihr Spiegelbild so über den Quadrantenbogen nach unten, daß der unterste Rand auf Horizonthöhe lag. Die Ablesung der Grade auf dem Bogen ergab eine Messung der Sonnenhöhe. Sofort wiederholte er den Vorgang.

Als nächstes nahm George anhand der gemessenen Winkel und der Zahlen, die im nautischen Jahrbuch für diese Jahres- und Tageszeit angegeben waren, seine Berechnungen vor. Er prüfte ein zweites Mal, ob er sich nicht verrechnet hatte, und lächelte zufrieden. Er hatte ihre Breite gefunden. Vor seinem kurzen Abstecher zur Handelsmarine war er in der Navigationsschule in Norwegen ein glänzender Schüler gewesen, und das hatte sich über die Jahre sehr ausgezahlt. Die Beherrschung der Gestirnnavigation, ein gutes Verständnis der Ozeanwinde und -strömungen, die Praxis als Küstenlotse und überhaupt ihr seemännisches Können entschieden heute und in den vor ihnen liegenden Tagen über Leben und Tod.

»Siehst richtig glücklich aus«, sagte Frank, dessen Stimme der Wind nach achtern trug.

»Seit Sandy Hook haben wir rund dreißig Seemeilen südwärts gutgemacht und liegen auf vierzig Grad acht Minuten Breite etwa hundert Meilen weit draußen gleich nördlich von Squan Beach.«

Frank nickte. Auch er lächelte jetzt. Offenbar hatte die See das kleine Boot doch nicht so sehr in der Hand wie befürchtet. Mit schierer Willenskraft und Muskelanstrengung hatten sie ihre Norddrift als Folge des Südwinds überwunden, und diese Leistung war ein gutes Omen für die weitere Reise.

George markierte ihre grobe Position mit einem X auf der Karte. Für eine exakte Positionierung hätten sie auch den Längengrad bestimmen müssen. Aber dazu hätten sie eine sekundengenaue Zeit gebraucht. Die Koordinaten messen sich in Grad, Minute und Sekunde als immer kleinere Unterteilungen eines sphärischen Körpers. Nur eine absolut präzise Zeit erlaubt die grad-, minuten und sekundengenaue Feststellung der Längen- und Breitengrade und ergibt damit an jedem Punkt der Erde den exakten Standort.

Franks und Georges Uhren waren dazu nicht genau

genug; eine perfekte Standortbestimmung war für ein so kleines Boot aber auch nicht unbedingt nötig. Navigationsoffiziere auf Schiffen benutzten ein sündhaft teures, sekundengenaues Chronometer, das nicht einmal alle kleineren Kriegsschiffe besaßen. Auch vielen Handelsschiffen fehlten die für eine exakte Längengradbestimmung nötigen Instrumente. Die Seeleute eruierten ihren Längengrad mittels diverser Berechnungen und Messungen von beobachteten Himmelskörpern, Monddistanzmethode genannt, und kamen so ganz gut ohne Chronometer aus.

Ein so aufwendiges Instrument konnten sich George und Frank weder leisten, noch meinten sie es unbedingt zu benötigen. Solange eine ihrer Uhren einigermaßen richtig ging, wußten sie, wann vor Ort etwa Mittag war, und konnten so ihren Breitengrad berechnen. Mit einer sehr ähnlichen Methode waren ihre Urahnen vor langer Zeit von der Nordsee aus weit gekommen. War die ungefähre Breite bestimmt, blieb das Schiff einfach auf dieser Spur und fuhr einer unsichtbaren Linie folgend über den Ozean. Kurskorrekturen sorgten dafür, daß das Schiff nicht zu weit von der gewünschten Breite abkam, und so konnte der Kapitän in Ost- oder Westrichtung über Tausende Seemeilen auf sein Ziel zuhalten. Weit schwieriger war hingegen eine Fahrt nach Norden oder Süden, weil es damals noch keine Methode für die Längengradberechnung gab. Deshalb hielten sich früher die Schiffe in der Regel in Küstennähe, wo sich die Position anhand von Seezeichen bestimmen ließ.

Die Männer auf der *Fox* brauchten lediglich ihre Breite im Auge zu behalten. Dazu mußten sie den richtigen Breitengrad finden, was ihnen gelungen war, und dann so lange auf derselben Linie bleiben, bis die Gissung ergab, daß es nun angezeigt war, die Fahrtrichtung nach und nach auf eine etwas nördlichere Breite zu verlagern. So würden sie sich unentwegt Stück um Stück durch die Tausende Meilen nach Osten fressen, die sie von ihrem Ziel Le Havre an der Seinemündung trennten, dem Tor zu Frankreichs Hauptstadt.

Als die Navigationsarbeit erledigt war, nahmen die beiden nacheinander eine kalte Mittagsmahlzeit ein. Sie sehnten sich nach einer Tasse Kaffee, einem gekochten Ei, warmem Corned beef oder gebratenem Speck; das alles hatten sie zwar dabei, konnten es aber nicht zubereiten, weil sie bei dem starken Wind rudern mußten. Also begnügten sie sich mit ein paar salzigen Tomatenscheiben, etwas verdünnter Dosenmilch und hauchdünn mit wertvoller Dosenbutter bestrichenem Schwarzbrot.

Das Wissen, daß sie gut vorangekommen waren, hob ihre Stimmung, und als der Hunger gestillt war, legten sie sich kräftig in die Riemen. Die vereinte Kraft der beiden Männer, die jahrelang ein mit dem Tagesfang schwer beladenes, tief im Wasser liegendes Muschelboot gerudert hatten, ließ die winzige *Fox* wie eine Elritze durchs Wasser gleiten, die Wellen hinauf und hinunter und wieder hinauf. Bug und Heck waren genau gleich konstruiert, und das Boot hatte nur etwa fünfundvierzig Zentimeter Tiefgang. Das war ein Vorteil, aber zugleich auch ein Fluch. Ohne tiefen Kiel rutschte es leicht über die Wasseroberfläche, egal, ob es nun vom Wind oder von den Ruderblättern angetrieben wurde. Doch gemeinsam hielten George und Frank es unter Kontrolle. Drei Tage nach dem Ablegen in New York war ihr Leben auf See zur Routine geworden, und sie waren zufrieden, jedenfalls für den Augenblick. Die letzten Wolken verschwanden, und sie wiegten sich in der Hoffnung, wenigstens eine Zeitlang von Nebel und Regen verschont zu bleiben.

Oft nennt man die See eine launenhafte Geliebte, die höchste Wonnen schenken und im nächsten Augenblick schlimmste Schläge austeilen kann. Eine boshafte Bettgefährtin bringt es fertig, einen in Ekstase zu versetzen, zu umgarnen und zu entwappnen, nur um gleich darauf einen um so vernichtenderen Schlag zu führen. Genauso verhält sich auch die See, weshalb die Matrosen sie seit Jahrhunderten abwechselnd lieben und hassen, ihr aber niemals trauen.

Der Tag ging ohne erwähnenswerte Ereignisse zu Ende. Die beiden Männer ruderten gemeinsam bis in den späten Abend hinein. Um die Zeit der Breitengradbestimmung mit dem Quadranten hatte das Thermometer etwa sieben Grad angezeigt. Doch als die Sonne unter dem Horizont verschwand und sie in der feuchten Dunkelheit zurückließ, wurde es zusehends frostiger. Von Wache zu Wache sahen die beiden, wie ein Stern nach dem andern erlosch, aber sie äußerten sich nicht dazu. Wozu auch. Bald schon kam der unvermeidliche Regen.

Mit jedem Ruderschlag setzte die *Fox* ihren Weg Ost-Strich-Süd fort und vergrößerte den Abstand zwischen ihrem Heck und dem viele Meilen weiter östlich liegenden Flachwasser. Während des ganzen nächsten Tages, es war Mittwoch, der 10. Juni, waren keinerlei Anzeichen einer Besserung der Schlechtwetterlage zu erkennen, die die Kaltfront am ersten Tag ihrer Reise mit sich gebracht hatte. Dichter Nebel umgab die beiden, blieb aber nicht, wie so oft in den saftigen Tälern und auf den fruchtbaren Feldern des Festlands, an derselben Stelle. An Land kann es geradezu schön sein, wenn sich Wolkenfetzen herabbeugen, die Erde küssen, eine Zeitlang verweilen, die Fensterscheiben mit kristallenen Perlen schmücken, Haare und Jacken der Landbewohner netzen, Fell und Federn der Tiere besprenkeln. Dann herrscht eine wohltuende Stille, die rauhen Töne der Welt sind gedämpft. Draußen auf dem Ozean aber flog der Nebel unter starkem Südwind und begleitet vom Zischen der Schaumkronen mit zwanzig Knoten an der *Fox* vorbei und schien sich nie mehr auflösen zu wollen. Keine Spur von gelassenem Frieden oder heiterer Schönheit. Hier bedeutete der Nebel nur wachsendes Unbehagen, vielleicht gar Gefahr.

Regen und Nebel wurden hauptsächlich durch Wettersysteme verursacht, die dem kalten Südwind auf seinem Weg hoch in den Norden folgten. Verschlimmert wurde die Lage für die *Fox* noch durch die Nähe des Golfstroms. Dort steigt die Wassertemperatur abrupt an. Seinen Ausgang nimmt der Strom mit einer Temperatur von manchmal mehr als zwanzig Grad in der Sargassosee, dann wandert er von der Floridastraße mit einer Geschwindigkeit, die gut und gerne sechsunddreißig Seemeilen pro Tag betragen kann, Richtung Norden zum Kap Hatteras, wo er sich verlangsamt und verbreitert. Lange, schlangenartige Zweigströmungen entstehen und bilden riesige Strudel, die mit denen, wie man sie an Flüssen beobachten kann, rein gar nichts gemein haben, sondern gewaltige Warmwasser-Querströmungen sind, deren Umfang sich jeder Vorstellung entzieht. Das Wasser kühlt sich zwar ab, nie aber so weit wie die kalten, dichten Wasser des Nordatlantiks. Zieht kalte Luft über die warmen Wasser des Golfstroms hinweg, dann bilden sich gewaltige Nebelbänke, vor allem im Juni.

George hatte eine Begegnung mit dem Golfstrom durchaus eingeplant, sogar darauf gehofft und damit gerechnet, möglichst lange in ihm bleiben zu können. Obwohl sich der von Norden blasende Wind der Strömung auf ihrem Weg nach Nordosten über den Atlantik an die Küsten Englands, Südnorwegens und Frankreichs in den Weg stellen und außergewöhnlich hohe Seen auslösen würde, war es dennoch sinnvoll, die Schubwirkung von mindestens einer halben, wenn nicht ganzen Seemeile pro Stunde auszunutzen. Auf der Höhe von New York wendet sich der Golfstrom abrupt nach Nordosten und fließt auf die Große Neufundlandbank zu, wo er weiter ausstreut. Von da an heißt er Nordatlantischer Strom.

Seit den Tagen des spanischen Konquistadors Ponce de León, der 1513 in der Karibik kreuzte und Florida entdeckte, hatten die Segelschiffkapitäne das Vorhandensein einer Strömung verzeichnet. Wegen ihrer Ähnlichkeit mit einem Fluß nannten sie sie »Golfstrom«. Untersucht wurde die Strömung 1769 erstmals von Benjamin Franklin, nicht zuletzt, weil dieser praktisch veranlagte Mann den Klagen der Siedler auf den Grund gehen wollte, die Post an Bord der Schiffe Ihrer Majestät dauere von England herüber viel länger als dorthin. Die Fischer vor Ort wußten von dem Strom und zeichneten seine Hauptströmung zutreffend auf. Die Seefahrer der nachfolgenden Generationen lernten sich seiner bei der Atlantiküberquerung nach Osten zu bedienen und ihm Richtung Westen dadurch auszuweichen, daß sie sich weit nördlich seines Einflusses hielten. Das Studium des Golfstroms gehörte zu jeder umfassenden Navigationsausbildung, und George wußte genau, welche Bedeutung ihm bei ihrer Reise zukam.

Dennoch, ihnen war jetzt erbärmlich zumute da draußen, und die Müdigkeit machte ihnen allmählich zu schaffen. Sie fingen an, in ihrer Muttersprache Lieder von der Heimat zu singen, leise vor sich hin zwar nur, aber die krächzende Stimme des andern im Einklang mit der eigenen munterte auf und erinnerte die beiden, daß die Überquerung ohne den gemeinsamen Durchhaltewillen nicht zu schaffen war.

Wieder wechselte das Wetter. Auf der Meeresoberfläche flaute der Wind ab und legte sich schließlich ganz. Der Nebel wurde dünner, so daß sie sehen konnten, daß die vorher unter dem Südwind nach Norden treibenden Wolkenfetzen über ihnen ihre Richtung um hundertachtzig Grad gedreht hatten und nun in umgekehrter Richtung flogen.

»Bald kriegen wir einen Nordwester«, sagte Frank und stützte sich einen Augenblick schwer auf sein Ruder, so daß die tropfenden Blätter über der Wasseroberfläche hingen. »Nord um West, das wär's doch.«

»Eine Landbrise von den großen Seen her brächte nach Nauvoo wohl frühsommerliche Wärme. Aber erreicht sie uns auch hier? Könnte ja sein. Was meinst du?«

»Daß uns das so gut täte wie ein Glas von dem Wein, den wir vor der Abfahrt getrunken haben«, sagte Frank. Er brachte seine Ruder wieder ins Wasser und fiel in den Takt seines Freundes ein. Sein Ölzeug begann in der Sonne zu trocknen, aber die unter der wasserdichten Haut eingeschlossene Feuchtigkeit vermengte sich mit seinem Schweiß. Sein Wollhemd juckte, doch das kümmerte ihn nicht.

»Auf den werden wir bald verteufelte Lust haben. Vino Kalafra. Vino Kalafra. Vino, Vino, Vino Kalafra. Klingt richtig poetisch. Ein Gedicht!«

Gewöhnlich machte sich George nicht viel aus Alkohol, ebensowenig wie Frank. Beide waren wie die meisten Norweger in Amerika und zu Hause streng religiöse Lutheraner, obwohl es natürlich Unterschiede gab. George und Frank pflegten ihren Glauben auf stille Weise, machten nie Aufhebens davon. Das hätte gar nicht zu ihnen gepaßt. Dennoch glaubten beide an ein höheres Wesen und daß es in der Welt mehr gab als den schnöden Drang nach Geld, die Liebe zur Familie und das Streben nach persönlichem Glück. Es gab auch die Pflicht zur Rechtschaffenheit, zu ehrbarem, nützlichem Tun.

Nach seiner Ankunft in Amerika hatte sich George angewöhnt, mit seiner Anine in die Gebetsstunden in der Mariners' Church der New Yorker Hafengesellschaft an der Ecke Madison Avenue und Catherine Street in Brooklyn zu gehen. In die Kirche kamen viele Einwanderer sowie Matrosen von den Schiffen im Hafen. An jedem Montagabend um halb acht versammelten sich Schweden, Dänen, Finnen und Norweger zu einer Gebetsstunde in ihrer Muttersprache. Der Kirchenbesuch gehörte zum festen Wochenablauf von George und Anine.

Manches Mal dachte George an diese ersten Jahre mit Anine in New York City vor ihrem Umzug nach Atlantic Highlands, das als Ort religiöser Zuflucht gegründet worden war und sich schließlich zum geschäftigen Hafen wandelte. Er ertappte sich dabei, wie er an sie und die Kinder, besonders an Fritz, den Jüngsten, dachte und sich fragte, wie es ihnen wohl in Brevik ging. Er erinnerte sich auch an seine Segelfahrten mit Andrew in einem winzigen Boot. Sie nahmen ein Lunchpaket mit, segelten zu den geschäftigen Piers bei Fort Hancock auf Sandy Hook, von dort weiter an der Halbinsel entlang, vorbei an den alten Mauern des im Bürgerkrieg errichteten Forts, und gingen schließlich am Strand vor Anker. Das Bollern der Kanonenschüsse vom nahen Schießplatz her jagte Andrew zunächst Angst ein, das legte sich aber bald. Er hatte Andrew geschrieben und ihm versprochen, mit ihm segeln zu gehen, wenn die Familie erst wieder in Amerika vereint war. Manchmal bedrückten ihn diese Gedanken, wenn er im Dunkel der Nacht vor sich hin ruderte und Zeit zum Nachdenken hatte. Doch häufiger noch flößte ihm die Erinnerung an seine Familie und seine Hoffnung für ihre Zukunft neuen Mut ein.

Lange vor Sonnenuntergang kam Nordwind auf, den eine Vorhut aus hoch oben schnell in Richtung Süden fliegenden Wolkenfetzen schon angekündigt hatte. Er drehte, wie George und Frank gehofft hatten, auf Nordwest – sicheres Zeichen für ein neues Frontensystem, das vorteilhafteres Wetter versprach.

10

Viele Seeleute, die heil von einer Fahrt zurückkehrten, landeten erst in der Kneipe und dann im Bordell. Sie schliefen in Seemannsheimen, die für Männer eingerichtet waren, die nichts hatten als die Silbermünzen in ihrer Tasche, und die waren schnell ausgegeben. Diese Männer empfanden das Land bei ihren kurzen Zwischenaufenthalten als Ort ohne wirkliches Leben. An Land jagten die meisten nur belanglosen Dingen nach – anders als auf See. Dort draußen war die Welt erfrischend einfach und hart. An Land gab es für sie kaum etwas anderes als die leiblichen Vergnügungen. Ihr von keiner Liebe zu anderen Menschen beseeltes Gemüt sehnte sich nach dem Meer, damit es die Leere fülle. Das tat es auch, bis es sie eines Tages ins Seemannsparadies entführte, in jene Unterwelt, in der nach der Legende die aller irdischen Bindungen ledigen alten und jungen Seeleute ewig saufen und huren.

Die mit Heim und Familie gesegneten Seeleute hatten es besser; sie saßen warm und gemütlich zu Hause vor einem prasselnden Feuer und spannen Seemannsgarn. Die Kinder lauschten andächtig den Erzählungen von exotischen Häfen, von seltsamen Menschen auf der anderen Hälfte der Weltkugel und von Stürmen. Von den Stürmen vor dem Kap der Guten Hoffnung und vor Kap Hoorn tief in den »Roaring Forties« und »Screaming Fifties« – jenen »brüllenden vierziger« und »kreischenden fünfziger« Breitengraden –, in denen der Wind ungehindert rund um die Erde weht. In jenen Breiten erschreckten die Stürme auch den hartgesottensten Seefahrer und schickten selbst die besten Schiffe auf den Grund. Die Erzählungen der heil davongekommenen Matrosen erfüllten die Landratten mit Angst und Respekt. Die Witwen freilich, die mit kleinen Schritten ihre Dachwohnungen in Neuengland durchmaßen und vergeblich den fernen Horizont nach den Schiffen mit ihren Ehemännern absuchten, die nie mehr wiederkehren würden, fanden wenig Trost in dem Wissen, daß diese Stürme regelmäßig ihre Opfer forderten.

In den Augen eines Festlandbewohners nimmt sich ein Sturm auf dem Meer gewöhnlich aus wie ein Blick in die Hölle: schwarze Wolken, zuckende Blitze, Wind, der den Ozean zu weißem Schaum schlägt, und haushohe Wellen, die wie Wasserfälle übereinander stürzen. Dieses Bild entsteht, wenn ein Seemann seine Geschichte erzählt. Doch wenn man ihn ordentlich bedrängt, gesteht er ein, daß es auch noch eine andere Art Sturm gibt – den Klarwetter-Sturm. Dieser kann genauso schrecklich sein, sogar noch schrecklicher, denn während oben alles blau und klar scheint, wird die See drunten zu einer Hölle, die nicht minder gefährlich ist als jene, die dem nicht mit dem Meer Vertrauten sofort in den Sinn kommt, wenn von Sturm die Rede ist.

Am Morgen des 11. Juni sprang das Thermometer auf der *Fox* von zwölf auf achtzehn Grad. Mit dem Frontensystem, das sich die beiden gewünscht hatten, kam auch der klare Himmel, und ihre Freude beim Anblick der Sonne, die sie seit Tagen vermißt hatten, war groß. Sie legten das Ölzeug ab und ruderten in ihren Hemden, die der aus immer westlicherer Richtung blasende frische Wind trocknete. Die Wellen begannen sich zu türmen, aber da sie von streng achtern kamen und die *Fox* vorne und hinten viel Auftrieb besaß, lag das Boot flach auf und schoß pfeilschnell voran. Mit jeder Stunde ließen sich weitere Meilen abhaken, und Frankreichs Küste rückte näher.

Es war fast wie die berühmte Schlittenfahrt des Walfängers *Nantucket*. Damals wurde ein Fangboot ins Wasser gelassen, und die Besatzung ruderte vorsichtig auf das große Tier zu, das entweder schlief oder sich an der Wasseroberfläche ausruhte. Die Mannschaft kam näher und näher, und schließlich erreichte die Harpune ihr Ziel. Der erschrockene und schwer verwundete Wal versuchte natürlich zu entkommen, und damit begann die Schlittenfahrt. Die Fangleine spannte sich, und die Mannschaft lockerte sie etwas, damit der Wal Bewegungsspielraum hatte. Mit gehobenem Bug flog die Barkasse über die Wellen, bis der Wal ermüdete. Da die *Fox* leichter und runder gebaut war als die Walfang-Barkasse, war sie für diesen Westwind noch besser geeignet. George und Frank nutzten diesen Segen voll aus und ruderten noch kräftiger als je zuvor, achteten gleichzeitig darauf, daß das Heck nicht von einer Welle beiseite gedrückt wurde, denn das hätte Kentergefahr bedeutet. Aber die Bauart des Bootes beugte diesem Risiko auf geniale Weise vor.

Zu Hause in Branchport hatte der Bootsbauer William Seaman des langen und breiten darüber geredet, wie man die *Fox* unsinkbar machen könne. Bootsbauer in Neuengland hatten bei Kleinbooten mit Kork als Schwimmaterial experimentiert, aber das ging in diesem Fall nicht, denn davon hätte man zu viel benötigt, und auf der *Fox* zählte jeder Zoll Raum. Hingegen schienen die wasserdichten Vorratskammern an beiden Enden eine Lösung zu bieten. Als Schutz vor den Elementen wurden sie mit rostfreiem Stahl versiegelt. Damit die Versiegelung auch wirklich dicht war, bedurfte es eines besonders geübten Blechschmieds. Als sie das Boot am Ufer probeweise kentern ließen, waren die Türen jedoch undicht. Vom Temperament her waren weder George noch Frank leicht aus der Fassung zu bringen, aber die undichten Kammern bereiteten ihnen doch große Sorge. Wenn sie sich beim Kentern ganz oder beim üblichen Hineinschwappen eines Brechers ins Boot auch nur zur Hälfte füllten, würde der ganze Kahn vollaufen und möglicherweise wie ein Stein sinken.

Bei weiteren Versuchen erwiesen sich die erneut bearbeiteten Kammern als dicht. Sieben Männer stellten sich auf die kieloben liegende *Fox* und schafften es dennoch nicht, sie unter Wasser zu drücken. Daß sie auch im umgedrehten Zustand sehr stabil blieb, bereitete den beiden Seefahrern allerdings große Sorgen. Ein kieloben treibendes, unsinkbares Boot war ganz und gar nicht das richtige. William Seaman montierte daraufhin an der Unterseite zwei Halterungen, mit deren Hilfe sie das Boot im Falle des Kenterns wieder aufrichten konnten. Als die Familien Harbo und Samuelsen davon erfuhren, waren sie erst recht überzeugt, ihre

Lieben hätten den Verstand verloren. Wozu sich für eine solche Katastrophe rüsten? Am besten ließ sie sich vermeiden, indem man zu Hause blieb. Aber auf George und Frank wirkte diese Vorrichtung tröstlich, als sie nun vor dem auffrischenden Westwind gen Osten sausten.

William Seaman hatte für die Fischer von Nauvoo und Galilee viele schöne Boote gebaut. Als die beiden Muschelfischer zum ersten Mal bei ihm aufgetaucht waren, hatte er sich in seiner mit dem beißenden Geruch von Zedernholz und Rauch aus einem bauchigen Ofen erfüllten Werkstatt an seine Arbeitsbank gelehnt und die Holzspäne auf dem grob behauenen Plankenboden mit dem Fuß beiseite geschoben. Er musterte die Norweger eine Zeitlang und dachte über ihre Worte nach. Mit einem Ruderboot den Ozean überqueren. Das hörte sich an, als wären die beiden Männer übergeschnappt. Aber sie sahen eigentlich nicht wie zwei Irre aus. Im Gegenteil. Am Ende beschloß er, sich keine weiteren Gedanken zu machen. Wenn sie das Geld dafür hatten, würden er und sein Sohn Harold ihnen das bestmögliche Boot für ihren Zweck bauen.

Das Boot war fünfeinhalb Meter lang und anderthalb Meter breit. Für die Beplankung wählte Seaman bestes atlantisches Weißzedernholz, das über die auf klassische Weise hergestellten Steven und Rippen aus Eiche gezogen wurde, wobei jede Planke die nächste leicht überlappte. Dieses Verfahren der Klinkerbeplankung, das vor über tausend Jahren zuerst in Norwegen praktiziert worden war, hatte Seaman wie viele andere Schiffsbauer von seinen Vorfahren gelernt. Leer wog das Boot etwa einhundertfünfzehn Kilo. Seaman hatte es mit relativ geringem Tiefgang gebaut, weil er davon ausging, das Gewicht der beiden Männer und ihrer ganzen Vorräte werde für die richtige Trimmung sorgen und das Boot wie einen graziösen Tänzer im Gleichgewicht halten.

Jetzt zeigte die Mittagsmessung mit dem Quadranten, daß sie weiterhin bei vierzig Grad acht Minuten Nord Kurs hielten. Mit dem Westwind im Rücken verlagerte George den Kurs genau nach Osten, da die Nordabdrängung durch den Südwind hinfällig geworden war. Im Verlauf des Nachmittags frischte der Wind weiter auf, die Wellen wurden höher und höher und damit gefährlicher. Doch die *Fox* kam glänzend voran, und da George und Frank die Chance, rauschende Fahrt zu machen, nicht vertun wollten, trieben sie ihr Boot weiter über den Ozean, der nach und nach fast das Aussehen einer alpinen Landschaft annahm. Bis zu hundert Meter lange Wasserhügel rollten unter dem Boot hindurch. Obendrauf bildeten sich häßliche kleine Brecher, die sich gischtsprühend überschlugen und Richtung Europa strebten. Die Sonne schien die ganze Zeit, kein Wölkchen huschte über den tiefblauen Himmel.

Die Männer ruderten, bis ihre Muskeln förmlich nach einer Pause schrien. Jeder Schlag verlangte Konzentration. Sie riefen einander Kommandos zu, links, rechts, links, rechts, um im Gleichklang zu bleiben und ein seitliches Abrutschen über die Wellenflächen zu verhindern. Langsam wich die Himmelsbläue im Westen einem leuchtenden Rot, das sich vor ihren Augen in dunkles Purpur verwandelte. Die Mittagswärme verschwand nach und nach, und bei Sonnenuntergang fingen sie trotz der schweren Ruderarbeit an zu frösteln.

»Heute nacht gibt's keinen Schlaf, George«, rief

Frank seinem Freund achtern zu. Er mußte schreien, um sich bei dem Wind und dem Röhren der See Gehör zu verschaffen.

»Da magst du recht haben«, rief George zurück. »Nur einer am Ruder wär' wohl nicht das Richtige, bei diesem Seegang.«

»Dann also weiter. Wird das beste sein«, sagte Frank. »Wenigstens kommen wir gut voran. Dafür müssen wir dankbar sein.«

Sie ruderten wie besessen die ganze Nacht hindurch. In der Finsternis konnten sie die ungeheuren Seen nicht sehen, die auf sie zurollten. Sie manövrierten die *Fox* nur nach Gefühl. Hob sie sich auf einen Wellenkamm, dann gaben die beiden an den Rudern leicht nach, um Fahrt wegzunehmen und die Woge durchzulassen; gleich darauf verdoppelten sie ihre Anstrengung, um das Boot den glatten Rücken der Welle hinunter ins Tal und auf der anderen Seite zügig wieder hinauf zu bringen.

Beide schufteten an den Rudern und kämpften gegen die wachsende Müdigkeit an, die jede Bewegung zur Qual werden ließ. Das Stampfen und Rollen des Bootes warf sie hin und her und zerrte an ihren Muskeln. Vom abwechselnden Wasserschöpfen wurden die von der Kälte gefühllosen Hände noch starrer. Sosehr sie sich auch bemühten – die mit Elchhaar gefüllten Kissen und die Decken wurden durchnäßt. Es war, als sollte nichts an Bord der *Fox* je wieder trocken werden.

Am Morgen, als es endlich hell genug war, um etwas zu sehen, schien die Welt um sie herum seltsam aus dem Lot. Der Sonnenaufgang war unbeschreiblich schön; das zarte Rosa, das zunächst nur als dünner Streifen am weißen Horizont erschien, wurde schnell zu einem breiten Band und erfüllte schließlich den wolkenlosen Himmel mit seinem hinreißenden Schimmer. Die Wut der Wellen auf dem Meer strafte die gelassene Heiterkeit droben Lügen, und dieser Gegensatz legte sich schwer aufs geschundene Gemüt. Ein Sturm im hergebrachten Sinne war eindeutig leichter zu ertragen, weil man ihn bereitwilliger hinnahm als diesen widerstreitenden Anblick. Noch mehr bedrückte sie die Gewißheit, daß dies nichts war im Vergleich zu dem, was die See in einem Sturm, in dem es wirklich um Leben und Tod ging, zu bieten hatte.

Wie so oft auf hoher See schlug das Wetter fast schlagartig um. Im Laufe des Vormittags ließ der Westwind nach. Er kreischte nicht mehr in den Ohren und trieb ihnen keinen Gischt mehr ins Gesicht, hatte aber immer noch erhebliche Kraft. Die Wellen wurden zahmer, teilten jedoch wie der Wind weiterhin kräftige Stöße aus. Immerhin hatten sich die Bedingungen so weit verbessert, daß die beiden Männer daran denken konnten, den Herd anzumachen und Kaffee zu kochen. Seit fast vierundzwanzig Stunden sehnten sie sich nach einem warmen Getränk. Da sie auch nichts gegessen hatten, fühlten sie sich von der schweren Arbeit völlig ausgelaugt.

»Etwas Kaffee wird uns aufwärmen«, sagte Frank. »Mit ein bißchen Glück kriegen wir den Herd vielleicht an.«

»Ich hol dir Streichhölzer«, sagte George. Sorgfältig zog er seine Ruder ins Boot, kniete sich vor die wasserdichte Kammer und griff nach der Schachtel. Zu seiner Freude stellte er fest, daß die Kammer trotz der Wassermassen, die ihnen die ganze Nacht um die Füße geschlagen hatten, trocken geblieben war. Er drehte sich zu Frank um, der weiter ruderte, und steckte die Streichhölzer in die Tasche der Öljacke, die sein Freund zum Trocknen auf die Ruderbank gelegt hatte.

»Ich übernehme jetzt, Frank. Will versuchen, sie für dich möglichst stüttig zu halten«, sagte George und griff nach den Riemen.

Frank holte nun seinerseits sorgfältig die Ruder ein und drehte sich auf dem Sitz um. Er zapfte Wasser aus dem vorderen Wasserkanister und füllte den Kessel gerade so weit, daß es für zwei Tassen reichte. Tief über den Herd gebeugt, zündete er ein Streichholz an, das prompt erlosch. Erst nach mehreren Versuchen züngelten kleine Flammen aus dem Brenner, die aber nur deshalb nicht erstarben, weil Frank sie mit Händen und Körper gegen den Wind schützte. Er setzte den Kessel auf.

»Bald gibt's Kaffee!« rief Frank und drehte sich zu George um. Die Freude in seiner Stimme war nicht zu überhören.

Er wandte sich wieder dem Bug zu, um zu verhindern, daß der Wind das Feuer ausblies – und stöhnte vor Entsetzen. Dicke Rauchschwaden verhüllten den Herd, seine Halterung und den Wasserkessel. Noch ehe er reagieren konnte, stiegen Flammen auf. Der Wind entfachte sie zu einem lodernden Brand, der an der Holzverankerung des Herdes leckte und gierig zur wasserdichten Kammer im Bug züngelte.

11

Gelbrote Stichflammen schossen aus dem Herd in die Höhe. Der Lack an Reling und Bugvorratskammer warf Blasen und schmolz weg. Das Boot zog eine schwarze Rauchfahne hinter sich her. Für einen Moment waren die beiden Männer wie gelähmt. Ein Feuer auf einem kleinen Holzboot, fünfhundert Kilometer vom Land entfernt! Wenn es sich ausbreitete …

Frank griff nach seiner Öljacke und warf sie über Kessel und Herd in der Hoffnung, die Flammen ersticken zu können. Die Jacke fing an zu qualmen. Als Frank das sah, riß er sie wieder weg, bevor sie in Flammen aufging. Ohne die Jacke wäre er, da sie keine Ersatzkleidung dabei hatten, schutzlos den Elementen preisgegeben, und das hätte seinen sicheren Tod bedeutet.

Beide griffen nach Eimern und schütteten Wasser auf das Feuer. Die Flammen sprühten und zischten. Neben dem Kessel stieg Dampf auf. Das Feuer erlosch, der Rauch verzog sich.

»Sah einen Augenblick lang ziemlich gefährlich aus«, sagte George und fing an, das Löschwasser aus dem Boot zu schöpfen. Plötzlich lachte er laut auf, obwohl ihm, knapp der Katastrophe entkommen, eigentlich gar nicht danach zumute war. »Weißt du, da haben wir das Boot gerade leergeschöpft, und jetzt holen wir die See grad wieder herein, nur um sie wieder hinauszubefördern. Ist, als könnte sie sich nicht recht entschließen, wo sie hingehört.«

Frank sagte nichts. Er sah sich den Herd und den vorderen Teil des Bootes näher an. Nachdem er festgestellt hatte, daß kein ernster Schaden entstanden war, hielt er den Finger an den Wasserkessel. Er war immer noch heiß.

»Der verdammte Herd hätte uns fast den Garaus gemacht, George.«

»Das blöde Ding versenkt uns noch.«

»Können ja mal probieren, ob der Kaffee heiß genug ist«, sagte Frank, goß eine Tasse für George ein und setzte sich dann mit seiner eigenen hin. Der Kaffee war lauwarm und schmeckte nach Salzwasser.

»Der schlechteste Kaffee, den ich je getrunken habe«, sagte Frank. »Aber über Bord kippe ich ihn trotzdem nicht.«

Sie verzehrten etwas Brot, die letzten Tomaten, Käse und ein bißchen Dosenfleisch. Das warme Getränk und die paar Bissen brachten ihre Lebensgeister zurück. Sie aßen gemeinsam und überließen die *Fox* sich selber.

Der Westwind war es offenbar müde, sie vom Atlantik her anzublasen, und flaute im Verlauf des Nachmittags weiter ab, bis nur noch dunkle Flecken auf den Wellen zurückblieben, die schon lange nicht mehr schäumten. Sie bildeten jetzt eine langgezogene, schwarze, samthäutige Dünung. Gelegentliche Böen kabbelten die Wasseroberfläche noch eine Zeitlang, dann verschwanden auch die letzten Kräusel. Das Thermometer zeigte himmlische einundzwanzig Grad Celsius. Ohne Wind entfaltete die Sonne ihre ganze Kraft. Die beiden zogen die Hemden aus und legten das Ölzeug, die gräßlich stinkenden Elchhaarkissen und die Decken zum Lüften und Trocknen aus.

Das Rudern schien weniger mühsam, und ihre Stimmung war weit besser als in der vergangenen Nacht. Die beiden Männer konnten neue Kraft schöpfen. Zum ersten Mal ging George jetzt leicht nördlich zu Ost auf Kurs und leitete damit den langen Weg in die kalten Breiten oberhalb der Küste von Maine und der unteren Küstenprovinzen Kanadas ein. Die Kompaßnadel zeigte auf vierundachtzig Grad, also Ost mit einem halben Strich Nord. Obwohl sie ihren Längengrad nicht kannten, schätzten sie, daß sie in den letzten vierundzwanzig Stunden mit dem Westwind im Rücken die *Fox* um weitere neunzig Seemeilen vorangebracht hatten, bei den herrschenden Wetterverhältnissen und der Größe ihres Kahns ein beachtliches Stück.

Im Verlauf des Nachmittags flachte der Ozean zu einer fast spiegelglatten Fläche ab, nur ein paar kleine Erhebungen blieben als Nachwirkung des Westwinds übrig. Sanft unterrollten sie die *Fox* und wiegten sie wie eine Mutter ihr Kind. Ein Sturmschwalbenpaar über der *Fox* ließ sich von der unmerklichen Brise tragen. Diese kleinen schwarzen Vögel begleiteten die *Fox* oft, desgleichen Möwen, die bei gutem Wetter hoch in der Luft kreisten und bei schlechtem Wetter knapp über die Wellenkämme schossen. Anders als die Möwen hatten die Sturmschwalben für den Seemann eine besondere Bedeutung. Es hieß, in ihnen lebten die Seelen toter Matrosen und es bringe Unglück, wenn man sie verletze oder töte. Sie trügen ihre Eier unter den Flügeln und suchten niemals die Küste auf. Gelegentlich ließen sich die Schwalben auf dem Wasser nieder und pickten an den Essensresten, die die Männer über Bord geworfen hatten. Auch sie waren Einsame auf hoher See, und bei ihrem Anblick fühlten sich die Männer weniger allein.

George und Frank feierten die ruhige See mit einem Abendessen aus Schiffszwieback mit Butter, einer Büchse weißer Bohnen und einer Dose kaltem Schinken. Den geliebten Kaffee ließen sie diesmal weg, da sie es für besser hielten, nicht wieder den Herd anzuzünden, obwohl das Wetter dafür geradezu ideal war. Vielmehr öffneten sie eine Büchse Kondensmilch und verdünnten sie mit Wasser aus den Kanistern.

»Die Nacht sieht gut aus«, sagte Frank, »besser kann man sie sich gar nicht wünschen.«

»Stimmt. Kann auch keiner behaupten, wir hätten's nicht verdient. Ich freue mich auf den Schlaf. Bin todmüde.«

Frank erbot sich, die erste Wache zu übernehmen und begab sich an seine einsame Arbeit, während George es sich erschöpft, aber zufrieden auf den Elchhaarkissen so bequem wie möglich zu machen versuchte. Bald hörte Frank die langsamen, tiefen und regelmäßigen Atemzüge seines schlafenden Freundes.

Frank suchte die Umgebung laufend nach Anzeichen von Schiffen ab. Zwar diente die Wache in erster Linie dazu, daß die ganze Zeit über wenigstens einer ruderte, damit die *Fox* immer weiter nach Osten vorankam, aber die Gefahr, von einem Schiff überrannt zu werden, war durchaus real. Der Ozean schien zwar leer, eine riesige, leblose Wüste, aber das war er ganz und gar nicht. Seit Mitte des 16. Jahrhunderts, als sich Reisende von Portugal, Frankreich, England und davor schon aus Skandinavien auf der Suche nach neuen Ländern und reichen Fischgründen vor deren Küsten übers Meer wagten, herrschte auf ihm geschäftiges Treiben. In den letzten vier Jahrhunderten hatte der Transatlantikverkehr stetig zugenommen, und alles deutete darauf hin, daß im 20. Jahrhundert immer mehr Schiffe die Wellen pflügen würden.

Doch auch als die letzten Reste des Tageslichts zerrannen, zitterte keine Positionslampe am Horizont; die *Fox* und ihr einsamer Ruderer schwammen allein in einer tintenfarbenen Welt, in der Himmel und Meer miteinander verschmolzen. Das einzige Licht kam von den Sternen – schwach blinkenden, Milliarden Jahre alten Funken. Urplötzlich zerstoben die friedlichen Geräusche – das leichte Plätschern der Ruderblätter in der glatten See, Georges gleichmäßiger Atem, das sanfte Reiben der lederumwickelten Riemen am Holz des Dollbords.

Ein lauter Knall, als habe die *Fox* einen Baumstamm oder irgendeinen harten Gegenstand gerammt, rüttelte Frank auf und riß George aus dem Schlaf. Auf dem Atlantik schwammen ab und zu Dinge, die ihr Boot versenken konnten: Lukendeckel, Holzbohlen, vom Deck überfrachteter Schiffe gespülte Kisten und Kästen; tang- und muschelbedeckte Baumstämme und Äste, die aus weit im Inland gelegenen Wäldern durch Flüsse in Richtung Küste gewandert und von der Gezeitenströmung ins offene Meer gespült worden waren; sogar alle erdenklichen Rundhölzer: Rahen, Winden,

Spieren und Maststümpfe – Überreste gesunkener Schiffe. Jederzeit mußten sie damit rechnen, so einem gefährlichen Rammbock zu begegnen. Stieß die *Fox* in schwerer See mit Wrackteilen zusammen, konnte sie leicht durchbohrt werden und im Handumdrehen sinken. Die beiden Männer kannten diese Gefahr, konnten aber in der Dunkelheit nicht erkennen, ob etwas auf der Wasseroberfläche schwamm.

»Himmel, was war denn das?« rief George, der hochgeschnellt war.

Beide durchbohrten mit den Augen das Dunkel achtern, konnten aber nichts entdecken.

»Ich frag mich bloß, wogegen wir gestoßen sind«, sagte George.

Da erregte ein grünliches Phosphoreszieren wie von Glühwürmchen ihre Aufmerksamkeit. Oft schon hatten sie mit den Rudern winzige Organismen aus dem Meer aufgewirbelt, die ein schwaches Licht verströmten, wenn sie nachts gestört wurden: Wenn die Ruderblätter in die glatte Wasseroberfläche eintauchten, markierte einen Augenblick lang ein phosphoreszierender Flecken die Stelle. Aber jetzt ruderte keiner von beiden, und sie merkten, daß irgend etwas neben ihnen her schwamm – etwas Großes. Sie lehnten sich aus dem Boot und sahen einen riesigen Fisch, gut und gern drei Meter lang. Er umkreiste die *Fox*, rieb sich am Kiel und schlug dann mit der Schwanzflosse gegen den Rumpf.

»Der will ins Boot«, sagte Frank.

»Ich würde das Ungeheuer am liebsten ins Jenseits befördern«, sagte George, »tät es auch, wenn wir ein Gewehr hätten.«

Während der Fisch immer wieder am Boot entlangschrammte, befestigte George das mitgebrachte Beil an einem der Ruder und versuchte, damit auf den Fisch einzuschlagen. Aber das Ungetüm hielt nicht lange genug still.

Da sie den Fisch nicht töten konnten und er offenbar auch nicht die Absicht hatte, ihr Boot zum Kentern zu bringen, legte sich George wieder schlafen, während Frank weiterruderte. Das Phosphoreszieren erschien und verschwand wieder, so daß Frank die Position des Fisches im Verhältnis zum Boot verfolgen konnte. Das Untier blieb so nahe, daß Frank es beinahe beim Rudern traf. Der Gedanke, es könnte sich um einen hungrigen Hai handeln, erschreckte ihn nicht. Solange sie im Boot blieben und der Fisch im Wasser, war alles in Ordnung.

Eine Stunde vor Mitternacht weckte Frank seinen Freund, damit der ihn an den Rudern ablöste.

»Ist der dicke Bursche immer noch da?« fragte George und sah sich um.

»Aber ja, auch wenn ich ihn im Augenblick nicht sehe.«

»Na, dann gönn dir mal etwas Schlaf. Die Nacht ist gut dafür.«

Am nächsten Morgen stellten die beiden fest, daß es sich um einen Hammerhai handelte, der bei Gelegenheit auch Menschen angreift. Der graue Rücken und der weiße Bauch zeichneten sich durchs Wasser verzerrt ab, und die Augen auf beiden Seiten der langen, rechteckigen Schnauze waren schwarz wie Granit und – wie sie wußten – nicht weniger hart. Den ganzen Morgen blieb der Hai beim Boot. Dann, als sich George und Frank gerade an seinen Anblick gewöhnt hatten, entschwand er einfach in der Tiefe.

Das Wetter blieb schön, der leichte Südwind drehte um Mittag auf Ost. Die Temperatur stieg wieder auf einundzwanzig Grad. Eine Zeitlang wenigstens schien der Ozean gezähmt und bot einen schönen Anblick. Als scheinbar unendliche dunkelblaue Fläche erstreckte er sich zum Horizont, wo er sich mit dem azurfarbenen Himmel vermählte, an dem die ersten weißen Zirruswolken erschienen.

Am späteren Nachmittag tauchten am Horizont die dreieckigen Toppsegel eines Schoners auf. Die beiden Männer sahen mit wachsender Erregung, wie nach und nach die unteren Segel in Sicht kamen und schließlich der Rumpf des Schiffes. Wenn es seinen jetzigen Kurs beibehielt, käme es der *Fox* sehr nahe. Sie warteten geduldig, und als klar wurde, daß sich die beiden Boote einander genug nähern würden, daß es die Anstrengung lohnte, ruderten sie auf den Schoner zu.

Es war eines jener unzähligen kleinen Segelschiffe in Privatbesitz, die die Handelsrouten vor der amerikanischen Küste befuhren. Sie transportierten Granit für den Bau von Wolkenkratzern aus Maine nach New York. Ebenfalls aus Maine kamen gewaltige Eisblöcke, die im Winter aus Süßwasserteichen und -seen geschlagen und während des Transports in den Sommermonaten zur Isolierung mit Sägemehl bedeckt wurden. Die Schiffe aus der Karibik, die den Städten an der Ostküste zustrebten, hatten Alkohol und Zuckerrohr geladen. Von den reichen Farmen im Süden der Vereinigten Staaten kamen Tabak und Baumwolle. Auf dem Deck dieses kleinen Schoners türmten sich Stapel von Holzstämmen für New York City, die zu Telegraphenmasten werden würden.

Der Bug des Schiffes zog an ihnen vorüber und verursachte kaum Wellen. Als das Heck passierte, erkannten George und Frank den Namen *Jessie* und Neuschottland als Herkunftsland. Ein kräftiger Seebär, den sie als Käpitän einstuften, lehnte sich über die Heckreling und rief ihnen zu, ob sie Hilfe brauchten.

»Wir sind das Ruderboot *Fox* aus New York. Unterwegs nach Le Havre in Frankreich. Bitte informieren Sie die Zeitungen. Wie ist unsere Länge?« rief George so laut er konnte und in möglichst kurzen Sätzen, damit ihn der Kapitän auch verstand.

Der Mann sagte etwas zu dem Maat neben sich, der daraufhin unter Deck verschwand. Inzwischen hatte sich die gesamte Mannschaft an der Reling versammelt. Die *Fox* schaukelte auf der leichten Dünung nicht weit von dem Schiff entfernt, das jetzt langsam weiterzog.

Die Stimme des Kapitäns ertönte über den wachsenden Abstand. »Ihre Länge ist achtundsechzig Grad vierzig Minuten West. Die letzten zwei Tage hatten wir gutes Wetter. Leicht zu segeln. Gottbefohlen, kleine *Fox*!«

»Danke«, schrien die beiden aus Leibeskräften zurück.

Die *Jessie* setzte ihren Weg nach New York fort. Als die Schlepper sie fünf Tage später sicher zu den Docks von Lower Manhattan geschleust hatten, berichtete der Kapitän, er habe die beiden »verrückten« Norweger und ihren Kahn gesichtet. Sie seien bei guter Gesundheit. Ein paar Zeitungen brachten die Nachricht, und viele Leser verfolgten die Reise mit Interesse, aber zum Stadtgespräch – wie am Samstag, dem 6. Juni, als die *Fox* abgelegt hatte – wurde sie nicht. Aus den Augen, aus dem Sinn. Immerhin: Der Fortgang der Überfahrt hatte sich im Bewußtsein der Öffentlichkeit eingeprägt, was den Verleger Richard Kyle Fox natürlich freute. Er hoffte sehr, daß weitere Schiffe den beiden Einwanderern begegnen würden; ob George und Frank zugrunde gingen, war ihm ziemlich egal, solange es nicht schon bald passierte. Mit jeder neuen Nachricht von ihnen würde das Interesse an ihrer Unternehmung zunehmen – und sich die *Police Gazette* besser verkaufen.

Während Frank weiter gen Frankreich ruderte, berechnete George ihre Position auf der Karte. In acht Tagen hatten sie dreihundertfünfundsechzig Seemeilen Richtung Osten hinter sich gebracht. Gerudert hatten sie in Wirklichkeit diverse Meilen mehr, wenn man die Abdrift mit einbezog. Auch ihre Breitenbewegung hatten sie planmäßig gehalten. Der Durchschnitt von fünfundvierzig Seemeilen pro Tag bedeutete, daß sie für die dreitausendzweihundertfünfzig Meilen bis Le Havre ungefähr zweiundsiebzig Tage benötigen würden. Sie hatten sich für sechzig Tage mit Vorräten eingedeckt, hofften aber, notfalls von vorbeifahrenden Schiffen etwas Proviant erbetteln zu können. Außerdem würden sie mit etwas Glück bald auf günstigen Westwind treffen und damit ihre Fahrt beschleunigen können.

Im weiteren Tagesverlauf verdichteten sich die Wolken. Schäfchenwolken, die dem Himmel ein gesprenkeltes Aussehen verliehen, ersetzten die Zirren. Bald frischte der Ostwind auf. Diese Zeichen wußten die beiden zu deuten. Ein weiteres Frontensystem hatte sich formiert, das diesmal den ganzen, mit Hilfe des rauhen, aber tüchtig schiebenden Westwinds erzielten Fortschritt zunichte zu machen drohte. Um sechs Uhr abends hatte die See ihre vorübergehende Zahmheit verloren.

Die von Natur aus stoischen und in jahrelanger Arbeit auf dem Wasser abgehärteten Norweger kämpften sich weiter. Was half's, sie mußten gegen den Ostwind anrudern und ihre Position halten. Jede Stunde, die sie sich abplagten, bedeutete weniger Verlust beim Vorankommen.

Nach Einbruch der Dämmerung setzte heftiger Regen ein. Die Temperatur sank rapide. Wieder war alles durchnäßt. Um bei Kräften zu bleiben, entschlossen sie sich, ihren Wachplan einzuhalten. So konnte wenigstens der Wachfreie für ein paar Minuten die Augen schließen. Etwa um elf Uhr nachts bemerkte George, der gerade ruderte, das Aufleuchten eines weißen Lichtes direkt hinter der *Fox*. Bei den schlechten Sichtverhältnissen konnte er nicht ausmachen, ob das Schiff quer zur *Fox* lief, aber nach einiger Zeit erkannte er, daß es näher kam. Zwei weitere Lichter tauchten auf, ein rotes und ein grünes, die Positionslichter auf beiden Seiten des Schiffes. Daß beide gleichzeitig sichtbar wurden, konnte nur eines bedeuten: Das Schiff fuhr mit mindestens fünfzehn Knoten geradewegs auf sie zu.

12

Dunkelheit und Regen verhüllten den riesigen Bug des Dampfers und die Lichter auf der Brücke. Nur die schwach sichtbaren Positionslichter offenbarten die herannahende Gefahr. Eine Kollision auf hoher See zählt zu den Alpträumen jedes Seefahrers, denn sie bedeutet fast immer den Tod der Besatzung des kleineren Schiffes.

Entlang der nordamerikanischen Küste sanken regelmäßig Schiffe als Folge einer Kollision. Vor der Georges Bank und der Neufundlandbank schlitzten Passagierschiffe Schoner auf und zermalmten Fischerboote. Zwölf- und mehrköpfige Besatzungen verschwanden sogar in ruhigen Nächten spurlos im dichten Nebel. Bei Wassertemperaturen nahe dem Gefrierpunkt stellte sich binnen weniger Minuten der Tod ein. Aus diesem Grunde lernten viele Matrosen nie schwimmen. Sie wollten ganz einfach den Todeskampf nicht verlängern. Die Feuerschiffe vor Häfen wie New York und an den Untiefen vor Nantucket wurden bei schlechter Sicht regelmäßig gerammt. Manchmal stießen auch große Passagierschiffe zusammen oder kollidierten mit Eisbergen.

Da die *Fox* keine Lichter gesetzt hatte, bestand keinerlei Aussicht, daß die Wache auf dem Dampfer das Boot noch rechtzeitig für einen Kurswechsel sah, denn so ein großes Schiff brauchte mehrere Kilometer, bis es gestoppt war oder abdrehen konnte. George wußte das. Er wußte auch, daß das Passagierschiff höchstens noch zehn Minuten brauchen würde, bevor es mit der *Fox* kollidierte. In klaren Nächten waren die Positionslichter über viele Meilen sichtbar, aber in einer Nacht wie dieser konnten es kaum mehr als zwei oder maximal drei Meilen sein. Natürlich konnte die Bugwelle auf beiden Seiten des Dampfers sie wegschleudern; so etwas war schon vorgekommen. Wahrscheinlicher aber war, daß das Boot entweder in Sekundenschnelle zersplitterte oder in den Sog der Schiffsschrauben geriet.

Sofort wendete er um neunzig Grad Richtung Norden und schrie Frank zu, er brauche ihn augenblicklich an den Riemen. Die *Fox* war fast genau nach Osten in die ankommenden Wogen hineingefahren. Als sie abdrehte, um dem Schiff auszuweichen, kamen die Wellen auf die rechte Bootsseite zugerollt. Während sich Frank zu seiner Bank vortastete und die Ruder einlegte, ergossen sich schwere Sturzbäche über Bord und begannen das Boot zu füllen. Dieses zusätzliche Gewicht verlangsamte die Fahrt der *Fox* noch mehr. Einige Augenblicke lang lag sie reglos auf der Route des nahenden Dampfers.

Die Lichter wurden immer deutlicher. Die beiden Männer wußten, daß ihnen nur noch wenige Minuten zu leben blieben, wenn sie die *Fox* nicht endlich in Bewegung brachten.

»Gib was du kannst, George«, brüllte Frank gegen den Wind an. »Sie kommen schnell näher!«

George bedurfte dieser Aufmunterung seines Freundes nicht. Beide ruderten, was das Zeug hielt, mit mehr Kraft, als sie je für möglich gehalten hatten. Es war schwierig, die Ruder im Wasser zu halten, weil das Boot hin und her schwankte und die Riemen auf der einen Seite hochhob, während sie auf der anderen Seite tief ins Wellental gedrückt wurden. Das Schiff kam immer näher, doch sie hörten weder das Stampfen der Maschinen noch das Schwappen der Bugwelle. Die Passagiere im Dampfer lagen friedlich in ihren Kojen. Im Ballsaal wiegten sich die Nachtschwärmer im Tanz oder schlürften genüßlich Cocktails. Die Schiffsoffiziere standen auf der Brücke, blickten durch die regenverhangenen Fensterscheiben und suchten die Finsternis nach dem verräterischen Glimmen von Positionslichtern ab. Aber außer einem schlechtgelaunten Ozean sahen sie nichts. Die heranrollenden Wogen sandten dichte Gischtladungen gegen den Rumpf, die der Wind empor trug und schließlich achtern in die Nacht hinausschickte.

Unten aber, außer Sicht, kämpften Frank und George. Die roten und grünen Lichter leuchteten immer bedrohlicher – hoch oben über ihnen und sehr, sehr nahe. Sie verdoppelten ihre Anstrengung, und endlich verschwand urplötzlich das grüne Steuerbordlicht.

»Wir sind fast klar«, rief George.

Das rote Licht rückte näher und befand sich nun auf gleicher Höhe mit dem Heck der *Fox*. Vage konnten sie den Umriß des vor ihnen aufragenden Schiffes und ein paar gelbe Lichtpunkte an den Fenstern der oberen Decks erkennen. Dann war das Schiff verschwunden und strebte weiterhin Hamburg, Liverpool, Southampton, Le Havre oder einem anderen europäischen Hafen zu. Als letzten Abschiedsgruß sandte es Kielwasser, das die Schrauben tief unten aufgewühlt hatten. Die fast senkrechten Wellen prallten mit den westlich rollenden Seen zusammen, schlugen gegen die *Fox* und liefen schließlich in einiger Entfernung aus.

Kaum waren sie wieder allein, brachten George und Frank die *Fox* erneut auf Kurs gegen die anrollenden Wellen. Den Luxus, über ihr knappes Entrinnen nachzudenken, konnten sie sich nicht leisten; dafür hatten sie schlicht keine Zeit. Sie reagierten auf den Zwischenfall auf ihre ganz eigene Weise. Es war passiert, und das war's auch schon. Wären sie gestorben, niemand hätte von ihrem Schicksal erfahren.

Der Wind heulte die ganze Nacht hindurch, verstärkte sich auf dreißig, dann vierzig Knoten und erreichte um acht Uhr früh am Sonntag, dem 14. Juni, noch kräftigere Böen. Mit Windstärke acht war es für beide der erste wirkliche Sturm, und während sie weiter ruderten, weil es viel zu kalt war und sie zu durchnäßt waren, um schlafen zu können, machte sich tief in ihrem Innern die Sorge breit, daß die *Fox* ihn nicht überstehen würde. Die Männer ruderten, bis sie völlig erschöpft waren. Sie ruderten und ruderten, kämpften verzweifelt gegen das Wetter und spürten, daß sie mit jeder Minute an Boden verloren.

Die Wellen erreichten vier bis sechs Meter Höhe. Sie überschlugen sich donnernd und besprühten die *Fox* mit Gischt. Das Wasser schien zu einem grauen, formlosen Untier geworden, einer bösartigen Kreatur, wie sie Landratten höchstens einmal von einem Landesteg oder vom Ufer aus sehen, wenn sie ehrfurchterstarrt den entfesselten Naturgewalten ins Auge blicken. Doch so klein man sich auch fühlt, wenn man dem gewaltigen Schauspiel des Ozeans vom Ufer aus zusieht – es ist nichts verglichen mit den Empfindungen weit draußen auf hoher See, Hunderte oder Tausende von Meilen vom Land entfernt.

Die größten Wogen kamen in Dreier- und Vierergruppen angerollt. Griff einer dieser Giganten die *Fox* an – und nicht wenige taten es –, dann mußte einer der beiden Männer das Rudern einstellen, um zwischendurch Wasser zu schöpfen – eine Sisyphusarbeit. Doch sie mußten unbedingt verhindern, daß die *Fox* voll lief und quer zu den Wogen steuerlos auf dem Wasser trieb. In dieser Position würde sie sich wie ein wasserdurchtränkter Balken um und um drehen. Selbst wenn sie dank der Tragkraft der Luft in den wasserdichten Kammern flott blieb, würden doch Vorräte über Bord gehen. Schlimmer noch, einer der beiden oder auch beide zusammen konnten über Bord geschwemmt werden und im strömenden Regen inmitten der grauen, windgepeitschten Wellenberge im nächsten Augenblick die *Fox* aus den Augen verlieren.

Zum ersten Mal wirkten die heftigen Bootsbewegungen auf George und Frank alarmierend. Sie wußten, daß Windböen eine viel bedrohlichere See schufen als ein stetig blasender Wind. Die wechselnden Windgeschwindigkeiten verursachten äußerst unterschiedliche Wellengrößen. Um ihre Sicherheit fürchtend, erschöpft, hungrig, frierend und durchnäßt, gaben sie das Kräftemessen mit dem Ozean auf.

Als sie zu Hause in Atlantic Highlands das Boot ausstatteten, hatten sie auch darüber gesprochen, was in einem Fall wie diesem zu tun sei. Als erfahrene Seeleute wußten sie, daß es einen Zeitpunkt gab, an dem mit dem Festhalten am Kurs die Gefahr einherging, daß sie kenterten oder Heck voraus in eine sich überschlagende Woge gerissen wurden. Gemeinsam hatten sie eine Vorrichtung entworfen, die man Treib- oder Seeanker nennt. Er besteht aus schwerem Segeltuch, hat die Form eines Kegels mit offener Spitze und wirkt gewissermaßen als Bremse. Er wird an einer fest am Bug verzurrten langen, kräftigen Leine befestigt. Der Kegel füllt sich mit Wasser und hält damit den Bug gegen Wind und Wellen. Doch sie hatten seine Fähigkeiten nicht in so rauher See erproben können, und als Frank ihn nun auswarf, schlug ihnen das Herz bis zum Hals.

Kaum war der Treibanker ausgelegt, hob sich der Bug der *Fox* hoch in eine anrollende Welle. Das Boot schwankte, als überlege es sich, ins Wellental zurückzusausen.

Da sie merkten, daß immer noch beträchtliche Gefahr bestand, daß das Boot von einer steilen Woge herunterfiel, kenterte und beide über Bord warf, legten sie die Schwimmwesten an. Bislang hatten sie das nicht für nötig gehalten. Eiligst schnallten sie die mit Elchhaar wattierten und mit Segeltuch wasserdicht gemachten Westen um. Trockenes Elchhaar hat ein noch besseres Schwimmvermögen als Kork, wie sie vor dem Ablegen erkundet hatten. Mit einer dünnen, kräftigen, etwa sechs Meter langen Leine wurden die Schwimmwesten an der Bordwand befestigt. Nachdem sie alles Menschenmögliche getan hatten, damit ihre Nußschale den Sturm überstand, hockten sich George und Frank vor der direkten Einwirkung von Wind und Gischt geschützt auf den Boden. Gegen Mittag sah

Frank aufs Thermometer: sieben Grad Celsius. Etwa um diese Zeit erreichte der Sturm seinen Höhepunkt.

Wenn die Bedingungen so schlimm sind, daß man den Seeanker auslegt, dann vergeht jede Minute so langsam, daß sie einem wie Stunden vorkommt. Die Zeit bleibt buchstäblich stehen. Die Welt wird fremd und unwirklich. Als wäre die Seele ohne jede Hoffnung auf Wiederkehr geradewegs auf dem Pfad zur Hölle. In solchen Zeiten ist schon mancher Matrose verrückt geworden, schon gar in den »Roaring Forties«, wo ein Sturm wochenlang toben kann. Die Kälte kriecht bis ins Mark und stumpft den Geist ab. Durch die heftigen Schiffsbewegungen wird man herumgeworfen, schürft sich die Haut auf und man holt sich blaue Flecken. George und Frank hatten schon früher Stürme erlebt und wußten, welche psychischen und physischen Anforderungen damit einhergingen. Sie wußten, daß es sie womöglich bis über die Grenzen des Erträglichen hinaus strapazieren würde, dem Sturm in einem fünfeinhalb Meter langen Boot ausgesetzt zu sein. Während die Stunden dahinschlichen, sagte keiner der beiden ein Wort. Sie saßen einfach da, ließen über sich ergehen, was die Natur ihnen antat, und sehnten sich danach, daß sich die Wetterbedingungen besserten.

Und ganz allmählich, während der Nachmittag voranschritt, zog die Front über sie hinweg. Die Kämme der größeren Wellengruppen brachen sich nicht mehr. Der Wind brüllte nicht länger, noch raubte er ihnen den Atem, wenn sie das Gesicht nach Osten wandten. Die Bootsbewegungen waren weiterhin stark, aber nicht mehr ganz so heftig wie zuvor. Diese zunächst kaum wahrnehmbaren Anzeichen deuteten auf ein bevorstehendes Ende des Sturms hin. Von Hunger und seelischer wie körperlicher Anstrengung erschöpft, wagten es George und Frank schließlich, eine der wasserdichten Kammern zu öffnen und ein paar Stücke Zwieback, eine Dose Dörrfleisch und eine Flasche Vino Kalafra herauszuholen.

Essen erwies sich jedoch als schwierig. Stieg der Bug der *Fox* auf einen Wellenkamm, so traf er hin und wieder auf eine Schicht aufgewühlten Wassers, das ungewöhnlich viel Luft enthielt. Dann sackte das Boot ins schwerere Wasser, weißer Schaum spritzte übers Vordeck und hüllte sie ein. Augenblicklich kauerten sie sich mit dem Rücken zur anrollenden See, bargen Zwieback und Fleisch in den Händen, um sie möglichst trocken zu halten, und verschlangen sie dann hastig. Abwechselnd tranken sie aus der Weinflasche. Die Wärme des Alkohols breitete sich vom Magen her aus und machte sich sogar in ihren Händen und Füßen wohltuend bemerkbar.

»Sie hat sich gut gehalten, was, George?« sagte Frank und tätschelte die Bordwand.

»Hat sie. Scheint's haben wir mit dem Treibanker richtig gelegen. Wenigstens wurden wir nicht zu weit zurückgeworfen.«

»Meinst du, wir könnten es wieder wagen?«

George blickte über die Reling. Der Wind hatte schnell abgeflaut, und in der Folge fielen die Wellen allmählich in sich zusammen. Sie verloren ihre Form und boten nun ein noch verwirrenderes Bild als zuvor. Die Natur strebt nach Ordnung, aber ohne den Ostwind löste sich nun alle Ordnung auf, während die Wellen nach einer neuen Richtung suchten. Die *Fox* stampfte und hüpfte auf und ab.

»Hier ist kein Weiterkommen. Warten wir noch ein bißchen«, sagte George.

Sie legten sich hin und hielten für den Rest des Tages erzwungenermaßen Sonntagsruhe. Während die Stunden vergingen, dachten sie daran, wie viele Meilen sie in der Zwischenzeit verloren. Aber beide wußten, daß Rudern in so chaotischer See zu nichts führte. Wenn sie mit ihrem Abenteuer Erfolg haben wollten, mußten sie im richtigen Moment Pausen einlegen, um ihre Kräfte nicht unnötig zu verausgaben.

Gegen sechs Uhr abends aßen sie noch einmal etwas Dörrfleisch und Brot und schlürften rohe Eier leer. Während des Essens bemerkten sie, daß der Wind auf Süd drehte; es folgte leichter Nebel. Die See beruhigte sich weiter. Sie holten den Treibanker ein und einigten sich darauf, wer zuerst schlafen und wer rudern sollte, um die verlorenen Meilen wettzumachen.

13

Gegen drei Uhr früh drehte der Wind auf West. Der Nebel verzog sich in Richtung Europa. Mit dem auffrischenden Wind entwickelte sich ein neues Wellenmuster. Über die langgezogene östliche Dünung, die der Sturm hinterlassen hatte, zogen gut einen Meter hohe Roller. Das bewirkte Wellenbewegungen am Horizont, der nun sichtbar wurde, als die Sonne fast unmittelbar vor dem Bug der *Fox* aufging. Die See ist selbst bei absoluter Windstille nie völlig bewegungslos. Immer sorgen irgendwelche fernen Stürme für eine Dünung. Durch die Winde in unmittelbarer Nähe entstehen Wellen. Das Wasser reagiert auf vielerlei Weise und bleibt nur selten länger als ein paar Stunden gleichförmig.

Die *Fox* holte allmählich die während des schweren Sturms verlorenen zwanzig bis dreißig Meilen auf. Mit Temperaturen um sieben Grad war es weiterhin kalt. Zu Hause an Land, in New York City und Umgebung, genossen die Menschen die Wärme des Westwinds, der aus Ohio über das Appalachen-Gebirge in Richtung Küste wehte. Dort herrschten ganz gewöhnliche, angenehme Junitemperaturen. Kaum jemand verschwendete einen Gedanken daran, wie es Hunderte von Meilen weiter östlich aussah, wo derselbe Wind keinerlei Wärme brachte und die Umwelt völlig anders war – öde, feindselig, ja erbarmungslos. Auf hoher See fällt es indes schwer, nicht an die Menschen an Land zu denken, die allerlei Bequemlichkeiten genießen und sich mit Dingen befassen, die, verglichen mit elementaren Problemen, eher unbedeutend sind. Auf See ist einem stets bewußt, wie klein und verletzlich, wie vergänglich der Mensch ist.

Im Laufe des Tages, es war Montag, der 15. Juni, frischte der Wind immer mehr auf. Eine hochgehende See löschte die letzten Überreste der östlichen Dünung aus. Der Ozean hatte wieder Tritt gefaßt. Die langgezogenen, Richtung Europa eilenden Wellen trieben die *Fox* voran. Beide Männer froren, aber sie fühlten sich gut. Sie legten sich kräftig in die Riemen, und gegen Mittag des nächsten Tages hatten sie nach Georges Schätzung seit Sonntagnacht etwa einhundertdreißig Meilen nach Osten hinter sich gebracht. Ihre gute Laune verbesserte sich noch weiter, als der Wind abflaute und das Thermometer auf achtzehn Grad Celsius kletterte. Immer noch war es feucht, waren Kleidung und Kissen durchnäßt. Die Sonne stand an einem wolkenlosen Himmel und ließ alle Feuchtigkeit verdunsten, so daß sich auf dem Boot und auf allem, was sich darin befand, eine Salzkruste bildete. Weit hinten am Horizont entdeckten sie ein Segelschiff. Es bewegte sich quer über die Erdwölbung, ohne daß der Rumpf auftauchte, und entschwand dann langsam aus ihrem Blickfeld. Der ganze Dienstag verlief ohne besondere Vorkommnisse.

Das Leben von George und Frank bestand mittlerweile aus einer Abfolge von Prüfungen, zwischen denen sie hin und wieder aufatmen konnten. Es war, als wollte das Meer sie auf die Probe stellen. Mit jedem Mal faßte es sie härter an, warf ihnen größere Hindernisse oder Gefahren in den Weg, ließ dann wieder von ihnen ab, damit sie für die nächste Prüfung Kraft schöpfen konnten, und so ging es unentwegt weiter. In den Augen der beiden ihr trotzenden Männer war die See wie ein lebendiges Wesen, grausam und wohlwollend zugleich.

Bei leichtem Westwind und ruhigem Wasser kam die *Fox* während der ganzen Nacht von Dienstag auf Mittwoch gut voran. Für die beiden Männer war das Rudern zur Routine geworden. An Händen und Gesäß hatten sich dicke Schwielen gebildet. Ihre Haut war braungebrannt. Salzkristalle hingen an Georges Schnurrbart. Angesichts des ruhigen Wetters wagten sie es zum ersten Mal seit dem Feuer vor sechs Tagen wieder, den Herd anzumachen. Sechs Tage ohne Kaffee! Das war ihnen schwergefallen, und sie sehnten sich nach dem heißen Getränk.

Vorsichtig machte Frank Feuer im Herd. Keinen Moment lang ließ er ihn aus den Augen. Er saß da, sah aufmerksam zu und rechnete jeden Augenblick mit einer Stichflamme. Es kam aber keine, und als er George eine Tasse dampfenden Kaffees und ein darin gekochtes Ei reichte, huschte ein Lächeln über sein Gesicht.

»Ah, himmlisch«, meinte George nach einem tiefen Schluck. »Hoffentlich macht uns der Herd keinen Ärger mehr. Ohne ihn würde die Überfahrt noch härter.«

Frank war derselben Meinung und sagte, nach dem

Kaffee und dem Ei fühle er sich so gut wie seit Tagen nicht mehr.

Es hatte ganz den Anschein, als würde der Tag genauso ereignislos verlaufen wie der vorherige, aber gegen neun Uhr sichteten sie mehrere Meilen voraus die hohe Wasserfontäne eines Wals. Am Horizont entdeckten sie weitere Fontänen. Dutzende. Bald war ihnen klar, daß die Walschule direkt auf sie zuschwamm. Binnen weniger Minuten war die *Fox* eingekreist.

Die Tiere waren achtzehn bis vierundzwanzig Meter lang. Die Männer sahen ihre riesigen schwarzen Rücken aus der Tiefe auftauchen. Minutenlang blieben sie an der Wasseroberfläche und sandten aus ihren Spritzlöchern sechs Meter hohe Blas-Fontänen gen Himmel. Ihre dreieckigen Rückenflossen schnitten durchs Wasser, und ihre weißen Unterseiten, die unter Wasser zu erkennen waren, bildeten einen scharfen Kontrast zu ihren dunklen Oberseiten. Auf das vor ihnen auf dem Meer tanzende Ding schienen sie nicht neugierig, obwohl die Männer die riesigen Köpfe der Wale jetzt genau erkennen konnten. Die Augen gleich oberhalb des gewaltigen, auf der rechten Seite weißen und auf der linken Seite schwarzen Kiefers sahen fast menschlich aus. George stellte fest, daß es sich um Bartenwale handelte.

Aus Sorge, die Wale könnten sich etwas für sie Gefährliches einfallen lassen, änderten George und Frank ihren Kurs. Beim Versuch, den Tieren auszuweichen, kamen sie einigen jedoch gefährlich nahe. Obwohl es aussah, als sei die *Fox* den Walen gleichgültig, hatten die beiden Männer das deutliche Gefühl, daß ihre Anwesenheit wahrgenommen worden war, die

Wale sie tolerierten und ihnen so lange Durchlaß gewährten, wie sie es für richtig hielten.

»Wenn wir einen der großen Burschen berühren, dann gute Nacht«, sagte George leise. Er erinnerte sich an einen alten Seemannsspruch, der an sich tröstlich gemeint war, im Augenblick aber wenig Trost versprach: Wenn du den Wal nicht berührst, tut er dir auch nichts. Beide Männer spürten, wie sie feuchte Hände bekamen und ihr Puls schneller wurde. Sie waren von mindestens fünfzig riesengroßen Walen umgeben. Ringsum tauchten sie auf und wieder unter und pusteten beim Ausatmen Meerwasser gen Himmel.

Die Männer ruderten, was das Zeug hielt, um sich aus der Umzingelung zu befreien. Bei jedem Eintauchen des Blattes ins Wasser sahen sie genau hin, jederzeit bereit, das Ruder hochzuziehen, wenn es einen Wal zu berühren drohte. Einer der Wale tauchte gleich neben dem Boot auf und blies. Sie spürten seinen heißen Atem, rochen einen eigenartigen, nicht ganz fischartigen Geruch, und eine dampfende Ladung aus den Lungen des Wals bespritzte sie. Eine seltsame, aber durchaus passende Taufe. In Gegenwart dieser größten Säugetiere der Erde fühlten sich die beiden Männer sehr klein. Zwar kannten sie den Walfang aus ihrer Heimat, aber in all ihren Jahren auf See waren George und Frank noch nie in einem so kleinen Boot so vielen Walen auf einmal begegnet.

Nach einer Weile hatten sie die *Fox* in sicheren Abstand zu den Walen gebracht, die vorbeigezogen waren, ohne den beiden Menschen in dem Ruderboot die geringste Beachtung zu schenken. Die Wale folgten Jahr für Jahr demselben Pfad; im Frühjahr tummelten sie sich in der warmen Karibik und zogen dann für den

Sommer in die kälteren nördlichen Gewässer. Dort ernährten sie sich von Heringen und anderen Kleinfischen sowie von Krill, aus fünf bis sechs Zentimeter langen Leuchtkrebsen, Ruderkrebsen und kleinen Ruderschnecken bestehendem tierischem Plankton, das den Bartenwalen zeitweise als Hauptnahrung dient, von dem sich aber auch kleine Fische ernähren. Die Wale, die eben vorbeigezogen waren, befanden sich sicherlich auf Nahrungssuche. Sie spielten ihre Rolle in einer zeitlosen Nahrungskette.

An der Spitze dieser Nahrungskette stand der Mensch. Ein Landsmann von George und Frank hatte eine sehr wirksame Harpunenkanone erfunden, die den Walfang revolutionierte. Die einstigen hölzernen Walfangschiffe mit ihren mitgeführten Walfangruderbooten waren nun veraltet. Der technische Fortschritt machte auch vor dem Walfang nicht halt: Die Methoden wurden immer effizienter.

Zum ersten Mal hatten die beiden Norweger nun in ihrem Kahn weit draußen auf dem Ozean die Wale in einem anderen Licht gesehen – im Naturzustand, ohne Angst vor Verfolgung – und bemerkt, wie graziös und zugleich furchterregend ihre Größe und Zerstörungskraft wirkte. Doch sie hatten nichts zerstört. Im Gegensatz zum Hammerhai hatten sie nicht einmal versucht anzugreifen, sondern waren aufgetaucht und friedlich wieder abgezogen.

Nachdem sie die Walschule hinter sich gelassen hatten, brachten die Männer die *Fox* wieder auf Kurs. Immer noch zeigte die Kompaßnadel auf etwa vierundachtzig Grad. Ihr langer Weg in die höheren Breiten hatte nun endgültig begonnen. Das Thermometer stand auf einundzwanzig Grad Celsius. Die Sonne wärmte ihre

Haut und trocknete ihre Sachen. Sie hielten sich streng an ihren Zeitplan und ruderten den ganzen Tag über zu zweit; in der Nacht lösten sie sich dann wieder ab. Trotz leichten Regens und klammer Kälte in den frühen Morgenstunden blieb die See weiterhin ruhig. Die körperliche Anstrengung war fast angenehm, als ruderten sie durch die Bucht von Sandy Hook zu ihren Muschelbänken. Offenbar hatte der Ozean beschlossen, ihnen Zeit zum Entspannen zu schenken und sie etwas vorankommen zu lassen.

Bei Tagesanbruch am Donnerstag, dem 18. Juni, hörte der Regen auf und machte schönem Wetter Platz. Die beiden waren bester Stimmung. Sie sangen beim Rudern und erzählten sich Witze. Das Band zwischen ihnen war stärker als je zuvor. Viele Leute hatten sie gewarnt, es könne auf See zu Reibereien kommen, das enge Beisammensein auf kleinstem Raum könne ihre Freundschaft auf eine schwere Probe stellen. Doch bislang war alles gut gegangen, und sie waren zuversichtlicher denn je, ihr Ziel zu erreichen.

Bei einem Blick über die Schulter nach Osten bemerkte Frank ein Schiff, das schnell auf sie zukam und aus dessen drei hohen Schornsteinen schwarzer Rauch quoll. Er und George beobachteten es eine Zeitlang, um eine eventuelle Kollisionsgefahr auszumachen. Doch es sah so aus, als würde das Passagierschiff etwa im Abstand von einer Viertelmeile an ihnen vorbeifahren. Sein stumpfer Bug schnitt durch die Wellen und wühlte weißen Schaum auf, der sich vom schwarzen Rumpf abhob. Als der Dampfer näher kam, entfaltete George die amerikanische Flagge. Er steckte die Fahnenstange, von der der Lack allmählich abging, achtern in die Halterung.

»Auf diese Weise melden sie uns vielleicht und kommen auch nicht auf die Idee, daß wir in Schwierigkeiten stecken«, sagte George.

»Das Schiff gehört zur Hamburg-Amerika-Linie«, sagte Frank, »und bringt Post nach New York. Hoffe, sie halten wegen uns nicht an.«

Einen Dampfer, der Post beförderte, wollten sie auf keinen Fall aufhalten. Für die Empfänger zählte jede Stunde, und das galt erst recht für die Reeder, die in hartem Wettstreit um die Aufträge der amerikanischen Regierung konkurrierten, die an die schnellsten und verläßlichsten Schiffe vergeben wurden. Damals betrieben die wichtigsten Reedereien insgesamt fünfundachtzig Transatlantikdampfer. Die deutschen Schifffahrtsunternehmen hatten mit einer wachsenden Flotte schnittiger Schiffe, die den Neid nicht weniger Schifffahrtsmagnaten erregten und denen viele den Untergang wünschten, einen Großteil des Wettbewerbs für sich entschieden.

»Sie zeigen Flagge«, sagte Frank.

Am Achtermast hinter den Hauptaufbauten ging die deutsche Flagge hoch und flatterte im Fahrtwind, während das Schiff an ihnen vorbeizog. Auf der schönen Heckrundung stand der Name *Fürst Bismarck* – eines der schönsten Schiffe auf den Ozeanen, ein wahrer Windhund der Meere. Das 1890 fertiggestellte Schiff hatte seine Jungfernfahrt von Southampton nach New York bei einer Durchschnittsgeschwindigkeit von zwanzig Knoten in sechs Tagen und vierzehn Stunden zurückgelegt. Aus dem Kajütendeck ragten Luftschächte in den Himmel, die fast halb so hoch waren wie die als Zeichen der Geschwindigkeit nach rückwärts geneigten Schornsteine.

»Schau mal, sie drehen bei. Wissen wohl nicht, wer wir sind«, sagte George und ärgerte sich insgeheim, daß sie den Dampfer nun doch aufgehalten hatten.

Als das Schiff nach links drehte und etwa zwanzig Minuten später fast längsseits kam, winkten beide hinauf. Ein Mann in der typischen makellosen Uniform der deutschen Reedereien lugte weit oben über die Reling und rief: »Seid ihr Schiffbrüchige?«

»Nein, wir rudern nach Le Havre«, rief George zurück.

»Ihr *was*??« fragte der Schiffsoffizier, der meinte, den stiernackigen Rothaarigen da unten falsch verstanden zu haben.

George wiederholte: »Wir sind das Ruderboot *Fox* aus New York auf dem Weg nach Le Havre.«

»Nach Frankreich in dem Boot? Schafft ihr nie. Laßt euch wieder nach New York mitnehmen. Da geht's euch besser«, sagte der Offizier. Der Ton seiner Stimme verriet, daß er sie für verrückt hielt. Anscheinend glaubte er, sie hätten einen Sonnenstich.

»Nein, danke«, rief Frank. »Uns geht's hier ausgezeichnet.«

»Wir möchten Sie nur bitten, uns in New York den Zeitungen zu melden, wenn Sie dort sind«, sagte George.

Während dieses Wortwechsels füllte sich das Deck. Passagiere standen in Zweier- und Dreierreihen an der Reling, und immer noch traten welche aus den Kabinentüren, um einen Blick auf die beiden in ihrem Ruderboot zu erhaschen. Der Dampfer neigte sich schon bedenklich nach links. Die mehreren hundert Passagiere an der Backbordreling brachten das Schiff aus dem Gleichgewicht. Der Kapitän bemerkte die

Krängung natürlich, hielt sie aber bei der ruhigen See nicht für allzu gefährlich. Die Skipper kleinerer Schiffe allerdings mußten ihre Passagiere auffordern, unter Deck zu bleiben, wenn sie in den New Yorker Hafen einliefen. Sonst hingen die Menschen unweigerlich wie eine Traube an der linken Seite, um sich die Freiheitsstatue anzuschauen. Auf diese Weise konnte ein kleines Schiff schnell seine Stabilität verlieren und womöglich kentern.

»Na ja, dann tut's mir leid«, sagte der Offizier. »Wir müssen weiter.«

Die Passagiere brachen in Hochrufe aus und winkten den beiden zu, während die *Fürst Bismarck* ihre Maschinen wieder auf Touren brachte und langsam davonzog. Der Klang der vielen Stimmen rührte die zwei Männer. Sie erinnerten sich lebhaft an die Gesichter der Passagiere auf der *R. K. Fox*, als diese sie am Abend des 6. Juni verlassen hatte, um zu den Narrows zurückzukehren. Und an die Massen, die sich an der Battery gedrängt hatten. Frank dachte an seine Schwester Karoline und fragte sich, wie wohl seinen Eltern zumute war. Sie machten sich Sorgen um ihn, daran bestand kein Zweifel. Aber jetzt bekämen sie wenigstens Nachricht von ihm, denn Karoline würde ihnen schreiben, Frank und George seien erneut als wohlauf gemeldet worden. Am Küchentisch in der kleinen Kate sitzend würden sie den Brief aufreißen, nicht wissend, ob er gute oder schlechte Nachrichten enthielt, und wären dann für kurze Zeit erleichtert.

Auch George dachte an seine Familie. Anine und die Kinder waren bei ihren Eltern in Brevik gut aufgehoben, bis er die Atlantiküberquerung hinter sich gebracht hatte. Dann würde er überglücklich Fritz in die Arme schließen, und Annie Louisa und Andrew. Er hatte sich geschworen, sich nie wieder von seinen Lieben zu trennen. Endlich könnten sie dann gemeinsam in Amerika leben, und ihre Zukunft wäre gesichert. Hatten er und Frank erst einen Weltrekord aufgestellt und durch Vorträge und Ausstellungen eine hübsche Summe verdient, dann würden sie zwar weiterhin arbeiten müssen, aber insgesamt doch ein weit weniger beschwerliches Leben führen als zuvor.

Nachdenklich sahen die beiden zu, wie sich die *Fürst Bismarck* entfernte. Keine halbe Stunde später war der Dampfer unter dem Horizont verschwunden. Sie waren wieder allein, und diesmal spürten sie es mit aller Deutlichkeit. Der Wunsch, bei der Familie zu sein und sie sorgenfrei zu wissen, war für einen Moment übermächtig. Unwiderstehlich drängte sich der Gedanke auf, wie leicht sie die Überquerung hätten abbrechen und heimkehren können.

Doch dann nahmen sie ihre Ruderarbeit wieder auf. Während sie die Riemen durchs Wasser zogen, die fast ein Teil ihrer selbst geworden zu sein schienen, zugleich verabscheute und geliebte hölzerne Verlängerungen ihrer Arme, blickten sie auf das Kielwasser der *Fox*. Jeder Ruderschlag brachte sie dem Ende ihrer Reise näher, und so ruderten sie stetig voran, zogen Meile um Meile weiter, jede ein Schritt in der richtigen Richtung, hin zu einem Abschluß und einem Neuanfang.

14

Der Erfolg jeder großen Unternehmung setzt eine gehörige Portion Glück voraus. Hätte unablässig starker Ostwind geweht, so wäre den beiden Männern nichts anderes übriggeblieben, als nach New York zurückzukehren. Wären sie in einen wirklich gewaltigen Sturm geraten, hätte die See ihr Gefährt leicht überwältigen können. Die Männer selbst verfügten über eine alles andere als alltägliche Beherrschung von Körper und Geist; sie besaßen zudem die Fähigkeit, wie ein Mann zu arbeiten. Tag für Tag zu rudern, was immer auch kam, verlangte eine Ausdauer, die die meisten Menschen für unmöglich gehalten hätten.

George und Frank wurden zu automatisch funktionierenden Wesen, denen der eigene salzige Schweiß die Sicht nahm und in den Augen brannte. Sie wurden von Muskelschmerzen geplagt, vor allem in den Händen und Armen, am Rücken und in den Beinen. Bei der schnellen Fahrt der *Fox* war es sogar bei ruhigem Wetter riskant aufzustehen, bei Seegang unmöglich. Da sie ihre Beine nur ausstrecken konnten, wenn sie wachfrei hatten, bekamen sie Krämpfe. Vor allem der großgewachsene Frank sehnte sich danach, endlich einmal wieder an Land weit ausschreiten zu können. Die ständig den Elementen ausgesetzte Haut auf den Handrücken brannte, schälte sich und blutete nicht selten. Ihre Nasen waren wie rohes Fleisch, schmerzten bei jeder Berührung und schienen sich im Gegensatz zu ihren Gesichtern bräunen zu wollen. Nur selten trockneten ihre Körper unter den Kleidern, so daß ihre Haut ein milchig weißes, runzliges Aussehen annahm. Dennoch ruderten sie immer weiter. Eine Zeitlang gewährte ihnen das Meer leichte Passage, so daß die physischen Belastungen etwas erträglicher waren.

Nach dreizehn Tagen voller Abenteuer und Mißgeschicke wurde das Leben an Bord der *Fox* richtiggehend eintönig. Das schöne Wetter hielt – außer am Dienstag, dem 23. Juni – weitere neun Tage lang an. Meist südliche und westliche Winde brachten hin und wieder Nebel, ansonsten strahlte die Sonne. Das Meer bäumte sich von Zeit zu Zeit auf, legte sich aber bald darauf wieder. In diesem relativ stabilen Wettersystem lagen die Temperaturen zwischen fünfzehn und einundzwanzig Grad – ideale Bedingungen, um gut voranzukommen. Zwischen Donnerstag, dem 18., und Sonnabend, dem 27. Juni, schaffte das Boot rund vierhundertfünfundfünfzig Meilen. Dank des ihnen wohlgesonnenen Wettergottes machte die Mannschaft der *Fox* durchschnittlich vierzig bis fünfzig Meilen am Tag, an einigen Tagen sogar mehr.

Als George seine Mittagsmessungen durchging und ihre Position errechnete, stellte er besorgt fest, daß sie zu weit nach Norden geraten waren. Bis zum 20. Juni waren sie fast einen ganzen Breitengrad von ihrem Kurs abgekommen, den sie seit Sandy Hook einhielten, nämlich auf einundvierzig Grad und fünf Minuten Nord.

Die Große Neufundlandbank mit der hinterhältigsten und rauhesten See des Nordatlantik lag nördlich von ihnen. Der tiefe Ozean wird dort plötzlich untief, daher der Name. In der Eiszeit sank der Meeresspiegel um nicht weniger als hundert Meter. Die Brandung schlug gegen den Festlandsockel, und die Sandbänke waren knochentrocken. Die heutige Küste von Maine lag mehrere hundert Meilen im Landesinnern. Die Klimaveränderungen, mit denen die Eiszeit zu Ende ging, verursachten in geologisch gesehen kürzester Zeit eine Anhebung des Meeresspiegels kaum vorstellbaren Ausmaßes. Der Ozean forderte die Spalten und Täler zurück und verwandelte sie in reiche Fischgründe. Über neunzig Prozent aller Fischbestände des Meeres leben im relativen Flachwasser, das mit dem ansteigenden Meeresspiegel entstand, während die Tiefsee eine wahre Wüste darstellt, in deren eisiger Schwärze kaum Leben anzutreffen ist.

Die Neufundlandbank bildet gewissermaßen einen gewaltigen Damm. In ihr stauen sich die von Wind und Ozean erzeugten Strömungen und vermengen sich zu unsichtbaren Flüssen, die an der Oberfläche nur anhand der allgegenwärtigen kabbeligen See und der hohen Wellen zu ahnen sind. Diese Strömungen wirbeln Nährstoffe auf, deren lebenserhaltende Mischung für die Fortsetzung der Nahrungskette sorgt. Die Neufundlandbank ist ein Ort fruchtbaren, üppigen Lebens. Doch zugleich ist sie ein Ort des Todes, für die Jäger nicht minder als für die Gejagten. Eines der von Fischern am meisten gefürchteten Gebiete ist die Gegend um Sable Island, einer langgestreckten, schmalen Sandbank, die wie eine Insel aus den Wellen ragt. Hier liegen die Überreste vieler Schiffe begraben. Die meiste Zeit ist die ganze Region in Nebel gehüllt. Wegen des starken Schonerverkehrs und der Dampfer, die häufig dort entlangfahren, wollte George nicht in ihre Nähe kommen. Er korrigierte seinen Kompaßkurs stärker südlich auf fünfundneunzig bis hundert Grad.

Die *Fox* hielt mehrere Tage Kurs und blieb ziemlich genau auf einundvierzig Grad Nordbreite, etwa auf gleicher Höhe wie Cape Cod weit hinter ihnen im Westen. Die südlichen Winde drängten sie zwar nach Norden ab, aber durch die Kursänderung wurde die Abdrift ausgeglichen. Am Dienstag, dem 25. Juni, schloß George aus seinen Berechnungen, daß sie seit ihrer Begegnung mit der *Jessie* um mehr als achtzehn Längengrade vorangekommen waren. Wenn seine Gissung stimmte, befanden sie sich jetzt auf fünfzig Grad zwanzig Minuten West. Längenmäßig also genau auf Höhe der Neufundlandbank, allerdings gut südlich der Fischgründe und der dort lauernden Gefahren sowie der Dampferrouten. In letzter Zeit hatten sie auch nur wenige Schiffe gesichtet. George änderte den Kurs auf Ost-Strich-Nord in der Meinung, damit problemlos von der Neufundlandbank klarzukommen und sich den Golfstrom zunutze machen zu können. Alles in allem hatten sie fast ein Drittel ihres Weges über den Atlantik hinter sich.

Das einzige Schiff, das sie während der schnellen Fahrt in der Schönwetterperiode sichteten, war ein Dreimaster, der am Dienstag, dem 21. Juni, auf zwei Meilen an die *Fox* herankam. Der Wind blies mäßig von Westen mit etwa zwanzig Knoten, und die See war nicht übermäßig bewegt. Auf seinem Nordwestkurs krängte das voll getakelte Segelschiff kräftig unter dem Wind und warf am Bug weißen Schaum. Alle dreieckigen Stagsegel zwischen den drei Masten waren flach ausgefahren, um den Wind einzufangen, und dasselbe galt für das breite Besansegel. Die trapezförmigen Rahsegel waren gerefft, da sie keinerlei Zugwirkung entfalten konnten, weil das Schiff fast genau in die Richtung fuhr, aus der der Wind kam. Der Anblick dieses großen Schiffes freute vor allem Frank, der Segelschiffe liebte. Erfahrene Seeleute wie Frank wußten, daß die Tage der Rahsegler gezählt waren, und viele, die auf ihnen gearbeitet hatten, sagten dem Meer endgültig ade. Sie fanden Arbeit in den Häfen oder setzten sich ins Inland ab.

Falls die Wache auf dem Dreimaster die *Fox* gesehen hatte, hielt sie es nicht für nötig festzustellen, ob die Insassen des Ruderboots Hilfe benötigten. Die hätten sich sehr gewünscht, das Segelschiff hätte, und sei es nur kurz, gestoppt, damit sie nach ihrer genauen Längenposition fragen konnten. Die Ermittlung ihrer Position beruhte auf reiner Berechnung und war somit fragwürdig, wie George ohne zu zögern Frank eingestand. In Wirklichkeit hatten sie keinerlei Möglichkeit, genau festzustellen, wo sie sich befanden. Sie vertrauten aber darauf, daß der berechnete Breitengrad stimmte, und für den Augenblick mußte das reichen. Mehrere Tage lang hatten sie Büschel braunen und gelben Seetangs im Wasser treiben sehen, ein Zeichen dafür, daß tatsächlich der Golfstrom sie voranschob. Der Seetang hatte mit der jetzt nur noch schwachen Strömung von der Sargassosee her Tausende von Meilen zurückgelegt.

Die Eintönigkeit der Tage empfanden sie allmählich

als belastend. Für George brachten wenigstens die Mittagsmessungen eine Unterbrechung, aber für Frank gab es nichts als rudern. Den Herd benutzten sie nur selten, aus Angst vor einem Mißgeschick. Außerdem wurde das Kerosin knapp. Der Verzehr von kaltem Dosenfleisch, das Ausschlürfen von Eiern und das Hinunterspülen der Nahrung mit wasserverdünnter Kondensmilch hob ihre Stimmung nicht gerade. Ein gelegentlicher Schluck Vino Kalafra half ein bißchen und erinnerte sie an die immer weniger real erscheinende Zivilisation. Als sie am Donnerstag, dem 25. Juni, im Meer einen schwarzen Gegenstand erblickten, nutzten sie die Gelegenheit nach Kräften, um sich wenigstens ein paar Minuten lang etwas Abwechslung zu verschaffen.

Sie manövrierten die *Fox* an die Stelle, wo das Ding schwamm, und entdeckten, daß es sich nur um einen alten Baumstamm handelte. Während sie hinruderten, waren ihnen die wildesten Vorstellungen durch den Kopf geschossen; im Meer kann man auf alles mögliche stoßen. Sie stießen mit den Rudern gegen den Baumstamm und drehten ihn um. Eine dicke Schicht Entenmuscheln bedeckte die ganze Länge des verfaulten Unterteils. Sie fingen an zu raten, woher er wohl gekommen sein könnte. Die Äste des riesigen Stamms waren offenbar als Vorbereitung für dessen Verarbeitung in einer Sägerei abgehackt worden. Wahrscheinlich hatten ihn die Launen von Strömungen, Wind und Wellen die fast tausend Meilen von Kanada hierherbefördert. Es hieß zwar, eine in Kap Hoorn ins Meer geworfene Flaschenpost könne überallhin auf der Welt gelangen, aber in diesen rauhen Breiten traf man wohl kaum auf sie.

Unter dem Baumstamm befand sich ein Schwarm winziger gestreifter Fische, die, von der Ankunft der *Fox* erschreckt, aufgeregt hin und her schossen.

»Sie halten uns wohl für einen großen Fisch, der sie fressen will«, lachte Frank.

»Ich glaube, es sind Lotsenfische«, sagte George.

Sie schauten den kleinen Tieren zu. Normalerweise hätte der Anblick eines Fischschwarms sie nicht besonders interessiert, höchstens als Köder. Aber seit Tagen hatten sie fast nichts Lebendes gesehen, jedenfalls nicht so nahe. Sie verfolgten das Treiben der Fische wie Kinder.

Schließlich stießen sie den Baumstamm weg und begannen wieder zu rudern.

»Schau dir das an«, lachte George, »sie leisten uns Gesellschaft!«

Die Lotsenfische begleiteten die *Fox* etwa einen Tag lang. Hin und wieder hielten die Männer beim Rudern inne, um ihnen zuzusehen. Im Schatten des Bootes bildeten sie Lichtblitze. Dann verschwanden sie ebenso spurlos wie der Hammerhai, als er sein Interesse an ihnen verloren hatte.

Am Freitag, dem 26. Juni, war das Wetter weiterhin klar, aber der Wind änderte andauernd die Richtung, was ihnen Sorgen bereitete. Erst blies er von Osten und frischte gegen Mittag beträchtlich auf. Während George den Quadranten auf die Sonne ausrichtete, murrte er über den Gegenwind.

»Ostwind können wir nicht brauchen, Frank. Wäre schlecht, wenn er wieder längere Zeit von dort blasen würde«, sagte er.

Frank schenkte sich einen Kommentar zu dieser Binsenweisheit. Als George fertig war und die Karteneintragung vorgenommen hatte, fragte er nach der Position.

»So um einen halben Grad weiter nördlich. Kein Anlaß zur Sorge.«

Der Wind ließ nach und schwenkte auf Süd. Für kurze Zeit blies er dann aus Norden, als könne er sich nicht recht für eine Richtung entscheiden, drehte dann abrupt wieder auf West und weiter auf Süd. Derartige Windverhältnisse auf hoher See sind ein sicheres Zeichen, daß sich bald ein deutlicheres Wettermuster entwickelt. Die Frage war nur, woher der Wind als nächstes wehen würde. Diese Sorge bemächtigte sich ihrer und belastete sie beim Rudern. Der Wind spielte eine entscheidende Rolle bei ihrem Unternehmen. Blies er lange aus Gegenrichtung, dann würden ihnen, längst bevor Land in Sicht kam, die Vorräte ausgehen. Sie waren sehr auf die Gunst des Windes angewiesen, konnten ihn aber natürlich nicht beeinflussen; sie mußten sich mit dem abfinden, was ihnen zuteil wurde.

Wie nicht anders zu erwarten, änderte sich im Laufe der Nacht allmählich das Wetter. Im einen Augenblick ruderte Frank problemlos auf einer fast spiegelglatten See. Im nächsten Moment traf ihn ein Windstoß aus Südwest an der Wange. Danach kehrte die sanfte Liebkosung des Südwindes wieder, verschwand aber gleich darauf und wich einem kräftigeren Blasen aus Südwest. So ging es eine Zeitlang hin und her, bis schließlich der Südwestwind seinen schwächeren Vetter aus dem Feld schlug. Als der Morgen graute, wehte er stetig mit etwa zwanzig bis fünfundzwanzig Knoten und schäumte die See auf.

»Sieht aus, als hätten wir's mit einer neuen Front zu tun«, sagte George, als er Frank ablöste, damit dieser sein karges Frühstück aus Milch und Zwieback zu sich nehmen konnte.

Zwischen zwei Bissen sah Frank auf die Wolken links achtern am Horizont. »Es wird regnen, George. Ich rieche es.«

»Ich sehe es.«

In den ersten Tagen ihrer Reise hatten sie es als unangenehm empfunden, wenn sie der Regen durchnäßte, es jedoch als unvermeidliche Härte hingenommen. Jetzt aber jagten ihnen Regen, schlechte Winde, widrige Strömungen und die hohen Wellen, die sie zum Lenzen zwangen, Angst ein. Dieser seelische Druck äußerte sich jedoch nicht in irgendwelchen Auseinandersetzungen zwischen den beiden. Wenn ihnen die Überquerung gelingen sollte, dann brauchten sie sich gegenseitig. An Bord der *Fox* war kein Raum für Verärgerung, kleinliche Verstimmung oder Egoismus.

Kurz nach Mittag setzte der Regen ein. Die Sonne war schon lange hinter den Wolken verschwunden, so daß George den Quadranten nicht zum Einsatz bringen konnte. Die Seetangbüschel wurden weniger. Die *Fox* befand sich am Rande eines Strudels des Golfstroms, konnte sogar in eine der Gegenströmungen geraten, die sich abspalten und nach Süden ziehen. Das würde ihre Arbeit erheblich erschweren. Sie versuchten, diese negativen Gedanken zu verscheuchen, was viel Willenskraft erforderte. Ihre unausgesprochene Enttäuschung wuchs.

Der Südwestwind gewann an Stärke und blies die ganze Nacht hindurch. Der Regen prasselte auf sie herunter, und die Nässe weichte die Schwielen an ihren Handflächen und Fingern auf. In der zunehmenden Kälte wurden ihre Muskeln steif. Der Morgen dämmerte grau und erbärmlich, die Windböen erreichten dreißig Knoten, die Wellen türmten sich auf drei bis fünf Meter Höhe.

»Schau mal aufs Thermometer. So kalt, wie es sich anfühlt, kann es unmöglich sein«, sagte George.

Frank suchte nach dem kleinen Behälter, in dem das Thermometer steckte, fand ihn aber nicht am gewohnten Ort. Als er ihn in der Bilge entdeckte und öffnete, entrang sich ihm ein Seufzer. Die winzige Glasröhre war zerbrochen. Über die Filzauskleidung hüpften kleine Quecksilberkügelchen.

»Das verdammte Ding ist kaputt, George. Muß sich irgendwie gelöst haben, und dann ist wahrscheinlich einer von uns in der letzten Nacht draufgetreten.«

Ein paar Minuten lang starrten beide wortlos auf das Behältnis. Das Thermometer zu verlieren, war nicht dramatisch. Obwohl es angenehm war zu wissen, wie warm oder kalt es gerade war; das vermittelte ihnen einen Eindruck, wie es in Wirklichkeit um sie stand – verglichen mit dem, wie sie sich fühlten, denn oft genug kam es ihnen kälter vor, als es wirklich war. Einen Augenblick lang blickten sie einander an.

Frank seufzte und warf den Behälter über Bord. »Das war's dann also.«

»Frage mich, wie es kaputt ging. Haben wohl beide nicht genug aufgepaßt. Aber so was passiert nun mal.«

»Wir werden allmählich müde, das ist alles«, sagte Frank.

»Kein Wunder, wenn man tausend Meilen oder so gerudert hat.«

»Genau tausend Meilen.«

»Und zweitausend haben wir noch vor uns.«

»Vielen Dank für die Aufmunterung, George.«

Wieder sahen sie einander an, wobei sie nur halbherzig ruderten. Dann fingen sie an zu lachen.

»Nun sieh mal an. Da sitzen wir mitten im Ozean und lamentieren wegen eines kleinen Thermometers!« sagte George. »Als wär's sein Gewicht in Gold wert.«

In Wahrheit bedeutete das Thermometer Normalität, war eine Verbindung zum Leben an Land, das sie schmerzlich vermißten. Da noch zweitausend Meilen zu bewältigen waren, mußten sie darauf achten, daß sie bei Laune blieben. Wenn sie in Schwermut verfielen, weil sie sich von allem abgeschnitten fühlten, dann würden sie unweigerlich Fehler machen, und das konnte weit schlimmere Folgen haben als der Verlust eines quecksilbergefüllten Röhrchens.

Der Wind blies weiter steif aus Südwest, und der Regen ließ erst am frühen Nachmittag nach. Unter dem braven Wind, der fast direkt von achtern kam, schoß die *Fox* dahin. In ihrer Nähe entdeckten sie einen langen Streifen fast weißen Wassers, der auf eine Brandungswelle hindeutete. Auch an anderen Stellen, an denen die Wellenkämme fast aneinander stießen, zeigten sich weiße Streifen. George wurde mulmig. Solche Strömungen konnten bedeuten, daß er sich in der Breitenberechnung verrechnet hatte. Es war durchaus möglich, daß sie an den äußeren Rand der Neufundlandbank geraten waren, und das bereitete ihm Sorgen. Er teilte seine Gedanken Frank mit, der sich ebenfalls besorgt äußerte.

Im weiteren Verlauf des Nachmittags drehte der Wind schnell auf Südost und fing an zu heulen. Auf einem Segelschiff hätte erst die Takelung zu summen begonnen, und dann wäre das Geräusch von einem anfänglichen Ächzen in ein dumpfes Kreischen übergegangen, doch bei ihnen geschah dies übergangslos. Dennoch verursachte das wachsende Tosen einen Klang, der George und Frank sattsam bekannt vorkam.

An diesem Tag setzte die Dämmerung früh ein. Gegen sieben Uhr waren die beiden zu müde und zu hungrig, als daß sie die *Fox* noch sicher auf Kurs hätten halten können. An die Stelle des relativ einheitlichen Wellenmusters, das der Südwestwind hervorgerufen hatte, traten zornige Querseen. Die aus Südwest kommenden Wellen marschierten nicht mehr in wohlgeordneten Reihen voran, sondern kollidierten jetzt mit den aus Südosten heranrollenden Wogen. Manchmal vereinigten sie sich und wurden dabei doppelt so hoch wie normale Wellen. Diese ungeheuren Brecher sind äußerst gefährlich, weil sie aus dem Nichts auftauchen und oft aus einer völlig anderen Richtung heranbrausen als ihre kleineren Verwandten. Sie sind kurzlebig und ersterben bald, können einem aber in den Minuten, in denen sie sich über alle anderen Wellen erheben und über Hunderte Meter brechen, Angst und Schrecken einjagen.

»Diesen Wellen möchte ich in der Dunkelheit nicht begegnen, nicht heute nacht, überhaupt nie«, brüllte George. »Laß uns mit dem Treibanker treiben, bis das vorüber ist.«

Im Dämmerlicht blickten sie achtern auf die Wellen, warteten, bis eine zusammengehörende Gruppe sie passiert hatte, und legten sich dann mit aller verbliebenen Kraft in die Riemen, um die *Fox* mit dem Bug gegen die anrollenden Wellen zu richten. Eine Reihe noch größerer Brecher schwappte über sie hinweg und füllte das Boot teilweise mit Wasser. Aber es gelang ihnen, die *Fox* zu den Wellen zu drehen. Hastig warf Frank den Treibanker aus, bevor die nächsten Ungetüme sie überrollten. Die *Fox* stampfte heftig und schien ausbrechen zu wollen, aber für den Augenblick wenigstens waren sie sicher. Während sie auf dem Boden zusammengekauert lagen, fragten sie sich, wie lange der Sturm diesmal anhalten würde.

15

»Ich glaube, der Wind läßt etwas nach«, rief Frank George zu.

An Schlaf war nicht zu denken. Wasser schwappte ihnen ins Gesicht und übers Ölzeug und füllte ihre Seestiefel bis zum Überlaufen. Übers Dollbord schickte der Wind Gischtschauer ins Boot, der Bug stieß immer wieder tief in die Wellen und schaufelte grünes Wasser herein.

»Glaube ich auch. Klingt nicht mehr ganz so bedrohlich.«

»Lassen wir heute nacht den Schlaf ausfallen und versuchen weiterzukommen, okay?«

Sie beschlossen, die ganze Nacht durchzurudern und aus ihrer unangenehmen Lage das Beste zu machen. Wenn eine der riesigen, unberechenbaren Wellen sie erwischte, müßten sie versuchen, irgendwie damit fertig zu werden. Die Vorstellung, noch länger bei den widrigen Wetterverhältnissen herumzusitzen, ging ihnen auf die Nerven. Sie wollten nur eines: auf die andere Seite des Atlantiks, und das würden sie nie schaffen, wenn sie im Boot kauerten und Kälte und Nässe ihre Kräfte aufzehrten. Langsam quälten sie sich an ihre Plätze.

»Fertig, George«, rief Frank.

»Fertig!«

George setzte seine Riemen ein und fing kräftig zu rudern an, während Frank den Treibanker lichtete. In der Dunkelheit konnten sie die Wellen nicht erkennen. Nur die weißen Schaumköpfe waren dort zu sehen, wo Ozean und Himmel zusammenstießen. Frank wartete, bis eine besonders hohe Welle unter dem Boot durchgezogen war und holte dann schnell den Treibanker ein. Gemeinsam wendeten sie die *Fox* um hundertachtzig Grad, und los ging's in Richtung Europa. So schwer das Rudern auch fiel, schon das geringste Vorankommen besserte ihre Stimmung. Untätigkeit war ihr Feind, das wurde ihnen jetzt klar. Sie mußten weiter. Sie hatten keine andere Wahl.

Wieder drehte der Wind auf Südwest und brachte diesmal dichten Nebel mit. Sie fühlten, wie die feuchte Kälte sie umhüllte und in ihre Lungen eindrang. Weil der Wind so häufig umsprang, wurde die See immer rauher. Die Höhe der Wellenberge überzeugte George, daß sie versehentlich in den Bereich der Neufundlandbank geraten waren, und er war froh, daß sie auf ihrer Fahrt nach Osten jetzt schnell von den Untiefen wegkommen würden. Wie eine Insel mitten im Ozean war die Neufundlandbank nur jenen tröstlich, die mit sicher in eisgekühlten Behältern verstauter Fischladung das Weite suchten.

Der nächste Tag verlief weitgehend wie der vorherige; weder flaute der Wind ab, noch beruhigte sich die See. Der Nebel verbarg alles vor ihnen. Gelegentlich allerdings riß er auf und gewährte einen Blick auf das tobende Meer. Auf allen Seiten wüteten die Wellen und verloren sich dann wieder in den Nebelschwaden. George und Frank fühlten sich wie Schauspieler in einem Stück, in dem sich ein grauer Vorhang vor einem sadistischen Publikum unablässig hob und senkte. Einmal, als eine Bö den Nebel in ihrer unmittelbaren Umgebung zerriß, sahen sie erschrocken einen Schoner geradewegs auf sich zukommen. Das kleine Schiff hatte nur eine Sturmfock gesetzt; das riesige Großsegel war gerefft. Sein Bug grub sich tief in eine Welle, und grünes Wasser bedeckte es fast völlig. Schwer beladen kämpfte es gegen den Sturm. Waren Rumpf, Masten und Takelung im Winter mit einer dicken Eisschicht bedeckt, dann konnte es passieren, daß ein Schoner tief eintauchte und nie wieder an die Oberfläche kam, um sich der nächsten Woge zu stellen.

»Sieht aus, als ging's denen noch dreckiger als uns«, schrie George gegen den Wind an.

»Wenn sie Glück haben, sind sie bald zu Hause. Jedenfalls einiges früher als wir«, gab Frank zurück, der keinen Ruderschlag ausließ.

Das Wetter blieb unverändert schlecht. Es war kalt, und der Südwestwind blies mit dreißig bis vierzig Knoten; allmählich drehte er auf West. Die Wellen türmten sich sechs und mehr Meter hoch. An Essen, Schlafen oder Trinken war nicht zu denken. Ließ auch nur einer der beiden einen Augenblick beim Rudern nach, schoß die *Fox* zur Seite geneigt eine Welle hinunter und drohte, sie über Bord zu schleudern. Es bedurfte der ganzen Kraft beider Männer, um das Boot in Bewegung und auf Kurs zu halten. Sie ruderten und ruderten und wollten auf keinen Fall aufhören, solange sie der Wind schnell nach Osten trieb, es sei denn, das Wetter verschlechterte sich noch mehr.

Endlich, am Mittwoch, dem 1. Juli, flaute der Wind etwas ab, und die Wellen wurden zahmer. George und Frank waren dankbar dafür, denn es gab ihnen Hoffnung, daß sie bald die dringend nötige Pause einlegen und etwas zu sich nehmen konnten.

Der Wind wurde erträglich, und die Sonne brach durch die graue Wolkendecke, die sich von Horizont zu Horizont erstreckte. Die letzten silbrigen Nebelfetzen lösten sich auf. Die beiden Männer aßen abwechselnd und ruhten sich aus. Derjenige, der gerade Pause machte, legte sich auf den Bootsboden und starrte hinauf in die Sonne. Der Wind trug zwar den größten Teil der Wärme fort, aber ein wenig blieb doch übrig. Außerhalb seines Zugriffs, erlöst vom Rudern und von der verkrampften Sitzposition an den Riemen, gingen die Gedanken des Ruhenden auf Wanderschaft. Wie für Häftlinge war es auch für sie wichtig, sich zuweilen an einen anderen Ort und in eine andere Zeit zu versetzen. Damit entzogen sie sich vorübergehend der rauhen Umgebung, der zu trotzen sie sich in den Kopf gesetzt hatten und der sie so lange ausgeliefert waren, bis sie das andere Ufer erreichten.

»George, ein Fischkutter voraus. Etwa vier Meilen, würde ich sagen. Auf Südkurs.«

George richtete sich auf, blickte hinüber und legte sich dann wieder hin.

Etwa eine halbe Stunde später sichtete Frank einen weiteren Schoner, ebenfalls auf Südkurs. Und noch eine Stunde später einen, bei dessen Kurs die Chance bestand, Kontakt aufnehmen zu können. Er kam mit vollen Segeln auf sie zu und war bald in Rufweite.

»Sie müssen uns doch sehen«, sagte Frank.

»Sieht leer aus. Fast wie ein Geisterschiff.«

Sie ruderten die *Fox* noch näher heran, um den Schoner auf seinem Weg zur fernen Ostküste der Vereinigten Staaten abzufangen.

»Ahoi«, brüllte George. »Schoner ahoi!«

Inzwischen war ein einzelner Mann sichtbar geworden. Er stand am Ruder und sah aus wie eine Statue. Doch durch den Zuruf aufgeschreckt, rannte er zur Reling und starrte zu ihnen hinunter. Männer in einem kleinen Boot bei der Neufundlandbank anzutreffen, war nichts Ungewöhnliches. Die Schoner schickten ganze Flotten von Dorys mit zwei bis drei Mann Besatzung zum Auslegen und Einholen der Kurrleinen, die manchmal eine Meile lang waren und an denen unzählige kürzere Leinen mit Köderhaken befestigt wurden. War die mit fast einer Tonne zappelnder Kabeljaus beschwerte Leine in mühseliger Arbeit endlich in die Dorys gezogen, säuberten die Mannschaften an Bord des Mutterschiffs die Fische und verpackten sie in Eis. Die *Fox* sah freilich ganz und gar nicht wie ein Dory aus, sondern ähnelte eher einem Rettungsboot. Deshalb starrte sie der Mann auf dem Schoner so verwundert an.

»Ahoi!« rief er und rannte zur Kajütstreppe. Minuten später waren dreiundzwanzig Fischer, die vermutlich gerade beim Abendessen gesessen hatten, auf Deck versammelt und betrachteten die *Fox*. Die schwere See pflügend passierte der Kutter das Ruderboot. George und Frank wendeten und ruderten hinter das Schiff, weil sie befürchteten, daß es zu nahe kommen und sie mit dem Heck zerschmettern könnte. Der Kutter hieß *Leader*, kam aus dem kanadischen Hafen Lunenburg und gehörte zu einer Fangflotte, die an der Neufundlandbank fischte.

Frank legte beide Hände an den Mund und schrie: »Wie ist eure Breite und Länge?«

Der Westwind entführte seine Worte.

»Sagt uns, wo wir sind«, brüllte George wieder. Der Kutter entfernte sich bereits langsam von ihnen.

Der Käpitän rannte nach unten und erschien wenige Minuten später wieder auf Deck. »Fünfundvierzig Grad dreißig Minuten Nord, fünfzig Grad fünfundzwanzig Minuten West«, rief er.

Das überraschte George ein wenig, denn es bedeutete, daß sie in den letzten vier Tagen um mindestens vier Grad nach Norden gerutscht waren. Das hielt er zwar für unwahrscheinlich, aber unter dem Einfluß von Wind und Strömung in Verbindung mit eventuellen Fehlberechnungen war es immerhin möglich. Jedenfalls hatte er keinen Anlaß, die Angaben des Käpitäns anzuzweifeln. George fischte den Bleistiftstummel aus der Tasche seiner Öljacke und schrieb die Koordinaten auf die Reling.

»Was machst du da?« fragte Frank.

»Ich darf die Zahlen auf gar keinen Fall vergessen. Bis ich trockenes Papier aus der Kammer geholt habe, bleiben sie lesbar.«

»Seid ihr schiffbrüchig?« rief ihnen der Käpitän zu. Er hatte den Kutter etwas enger zum Wind gedreht, um Wind aus den Segeln zu nehmen und die Fahrt zu verlangsamen.

»Nicht gerade«, antwortete George. »Wir sind das Ruderboot *Fox* auf dem Weg von New York nach Le Havre in Frankreich.«

Der Skipper reagierte fast genauso wie der Offizier

auf der *Fürst Bismarck*. Allerdings mit dem Unterschied, daß der Kutterkapitän große Neugier bekundete und fragte, wie sie sich in der rauhen See der letzten zwei Tage hatten behaupten können.

»War so stürmisch, daß wir überhaupt nicht fischen konnten«, sagte er.

»Wir hatten auch Probleme«, sagte George.

»Und ihr habt den ganzen Weg ohne Segel zurückgelegt?«

»Nur mit den Riemen«, sagte Frank.

Der Kapitän schüttelte ungläubig den Kopf. »Kommt näher, damit wir uns euer Boot genauer ansehen können!«

»Nein, danke. Die See ist zu rauh, und es wird schon dunkel. Bitte meldet uns den Zeitungen, wenn ihr zu Hause seid«, bat George.

»Machen wir. Glückliche Reise!«

»Danke«, riefen George und Frank wie aus einem Munde.

Die beiden Schiffe trennten sich und setzten ihre Fahrt auf entgegengesetztem Kurs fort. Bald waren in der hereinbrechenden Dämmerung nur noch die Segel des Schoners zu erkennen. Das kurze Gespräch mit den Seeleuten hatte den beiden gutgetan, das Gefühl von Einsamkeit etwas gemildert. Wieder kam mehrere Meilen entfernt zur Linken der *Fox* ein Schoner in Sicht.

»Ist ja jede Menge los hier«, sagte George. »Um ihre Arbeit beneide ich die Seeleute nicht. Ich glaube, wir sind sicherer als die Dory-Besatzungen. Wir haben reichlich Vorräte und zudem ein Boot, das auch ein Kentern übersteht.«

»Sie haben's wirklich schwer«, sagte Frank. »Wir leiden ja jetzt schon unter der Kälte. Stell dir mal vor, wie's erst im Winter aussieht, wenn die im Dory in einen Schneesturm geraten. Und wie man sich fühlt, wenn man die Verbindung zum Mutterschiff verliert. Im Vergleich dazu ist es bei der Handelsmarine geradezu gemütlich.«

Das Schicksal vieler Fischer an der Neufundlandbank wurde dadurch besiegelt, daß sie im Sturm vom Mutterschiff getrennt wurden. Eine in den Tavernen der Fischerdörfer, an den Piers und in den Seemannsheimen von Neuengland und den mittelatlantischen Staaten am häufigsten erzählten Geschichten war die von Howard Blackburn, dem vielleicht zähesten und berühmtesten aller Dory-Fischer. Zweimal hatte er den Atlantik in einem kleinen Segelboot überquert, und im Januar 1883 waren er und sein Dory-Kamerad in einem schweren Sturm vom Kutter *Grace L. Fears* getrennt worden; dabei waren ihm sämtliche Finger und Zehen abgefroren. Die beiden Atlantiküberquerungen, die Blackburn ziemliche Beachtung einbrachten, waren nichts im Vergleich zu den Gefahren, die die Arbeit an der Neufundlandbank im Winter mit sich brachte.

Die *Grace* befand sich vor der Burgeo Bank, mehrere Tagesreisen von Neufundland entfernt. Blackburn und sein Kamerad Thomas Welch hatten vom Kutter abgelegt, um die Kurrleine einzuholen. Sie lokalisierten die Wimpelbojen der Leine und wollten diese eben einholen, als sie feststellten, daß der Fang enttäuschend war. Der Kutter kreuzte eine halbe Meile entfernt bei aufkommendem Nebel und zunehmendem Südwestwind. Die beiden Männer waren zwar nicht allein, aber das Klagen der Nebelhörner rings umher vermittelte ihnen ein Gefühl der Verlassenheit. Schneeböen stürmten von Nordosten heran, und bei immer höherem Seegang verloren sie die *Grace L. Fears* schließlich aus den Augen.

Trotz aller Mühe schafften es die beiden nicht, zurück zum Mutterschiff zu rudern. Aus den Schneeböen wurde ein ausgewachsener Sturm, und die Wellen schlugen ins Boot. Die Männer froren erbärmlich, während sie unentwegt lenzten, ruderten und das Eis abschlugen, das sich überall auf dem Dory bildete und es mit seinem Gewicht zu versenken drohte. Welch geriet ins Delirium und erfror schließlich. Blackburn, der seine Fausthandschuhe verloren hatte, ließ seine Hände absichtlich an den Riemen festfrieren und ruderte durch den Sturm in Richtung Neufundland. Er wußte, wenn er aufhörte zu rudern, bedeutete das den sicheren Tod. Er ruderte fünf Tage ohne Unterbrechung. Schließlich erreichte er einen kleinen Hafen am Little River in Neufundland, aber der erbarmungslose Winter hatte ihm den Freund geraubt und ihn selbst zum Krüppel gemacht.

Die *Fox* fuhr die Wogen hinauf und hinunter. Von den Wellenkämmen aus hatten die beiden Männer fast einen Panoramablick. Frank sichtete ein Dory voraus. Er machte George darauf aufmerksam, aber als dieser hinsah, konnte er es nicht mehr sehen, denn beide Boote befanden sich mittlerweile im Wellental. In einem spontanen Bedürfnis nach Geselligkeit beschlossen die beiden Männer, zu dem Dory hinzurudern. Vielleicht konnten sie mit dessen Besatzung noch reden, bevor die Nacht anbrach. Sie warteten, bis das Dory auf einem Wellenkamm erschien, und ruderten zu ihm hinüber.

»Guten Abend«, sagte George, als die *Fox* nahe genug herangekommen war.

Die drei Männer im Dory hatten schwere Bordjacken an. Die beiden an den Rudern trugen zum Schutz ihrer Hände dicke Wollfäustlinge. Der einzige Wetterschutz, den George und Frank besaßen, war ihr Ölzeug und ein Paar Fausthandschuhe für beide, die sie abwechselnd überstreiften.

»Was haltet ihr vom Wetter heute?« fragte George.

»Na ja«, erwiderte einer, »sieht heute abend ganz gut aus.«

»Ist kalt hier draußen, obwohl wir doch eigentlich Sommer haben«, sagte Frank. »Ist es hier im Juli immer so kalt?«

»An der Bank ist's die meiste Zeit kühl«, sagte ein anderer. »Hier gibt's keinen Sommer.«

Die Männer fragten, was George und Frank an der Neufundlandbank suchten, da sie nicht fischten. Als George und Frank ein weiteres Mal ihre Geschichte erzählt hatten, luden die Dory-Leute sie ein, auf ihren Kutter *Volunteer* zu kommen, der ebenfalls aus Lunenburg in Kanada stammte.

»Da kriegt ihr ein richtiges Abendessen«, sagten sie. »Muß lange her sein, daß ihr was Warmes hattet.«

Aber obwohl es sie nicht wenig reizte, lehnten die beiden das Angebot ab. Sie fürchteten, ein paar Stunden unter Deck und ein warmes Essen könnten sie dazu verleiten, sich ernsthaft zu fragen, ob sie weiter nach Osten rudern sollten. Außerdem würde ihnen dann nur noch deutlicher vor Augen geführt, wie sehr sie dem Meer ausgeliefert waren. Die Ablehnung fiel ihnen alles andere als leicht.

Die beiden Boote trennten sich, und die Männer verloren sich schnell aus den Augen in der Dunkelheit, die nun, da die blasse Sonne unter den Horizont gesunken war, rapide einsetzte. Da die Sonne erst deutlich nach zehn Uhr unterging, waren die Julinächte in diesen hohen Breiten glücklicherweise kurz. Doch wenn die Dunkelheit einsetzte, war es jedesmal, als beträte man eine Höhle. Während George und Frank wie üblich nacheinander eine kleine Mahlzeit zu sich nahmen, wurde es fast unerträglich kalt. Da sie wegen der Kälte nicht schlafen konnten, ruderten sie, getragen vom Südwestwind, beide die Nacht hindurch und hielten auf ihrem östlichen Kurs leicht nach Süden, um die Norddrift auszugleichen.

Am folgenden Tag half ihnen ein leichter Westwind voran, so daß die *Fox* von der Neufundlandbank weg in einen Teil des Ozeans gelangte, von dem sie wußten, daß sie dort abgesehen von einem gelegentlichen schnellen Dampfer viele Tage lang kaum auf ein Schiff treffen würden. Sie verabschiedeten sich von einer Welt, die – mochte sie an der Neufundlandbank auch noch so trostlos und rauh sein – mit der Menschheit wenigstens schwach in Kontakt stand. Nun war das Wasser mehrere Meilen tief und reichte bis in den dichten Urzeitschlick hinab. Die Meeresoberfläche nahm eine schwarze oder bedrückend bleierne Farbe an. Sie hatten einen Ort erreicht, den kaum je ein Mensch anders erlebte als von einem großen, bequemen Passagierschiff aus. Nie war die *Fox*, dieses winzige Pünktchen im zeitlosen Wogen des Nordatlantik, der Zivilisation ferner.

16

Während des ganzen Freitags, es war der 3. Juli, kämpfte die *Fox* gegen vier bis sechs Meter hohe Wogen an bei einem Südwind von nahezu dreißig Knoten. Entlang der Küste sprach der Matrose dann von steifem Wind oder Windstärke sieben. Jenseits der Neufundlandbank war dies Normalzustand. Erst wenn sich die Windgeschwindigkeit fünfzig Knoten näherte und die Wellen bis zu neun Meter Höhe erreichten, begannen die Kapitäne von einem schweren Sturm zu sprechen. Doch auf dem Ruderboot führten bereits die vielen Tage hohen Seegangs im Verein mit Kälte, Wind, wenig Schlaf und Nahrung zu einer gefährlichen Lage. Müdigkeit beeinträchtigt die Urteilsfähigkeit und strapaziert die Nerven, führt zu verzögerten Reaktionen und tiefer Niedergeschlagenheit. George und Frank mußten nicht nur den Atlantik bezwingen, der sie mit absoluter Nichtachtung strafte, sondern zudem ihre eigene Schwäche überwinden.

Sie drehten den Bug der *Fox* nach Südost in den ankommenden Wind und die Wellen. Abgesehen von den Wendungen um zehn bis fünfzehn Grad, die sie vornehmen mußten, um sich im Zickzackkurs durch die schlimmsten Wogen zu kämpfen, rollten die Wellen in einem Winkel von etwa vierzig Grad auf den Bug zu. Sie mußten die *Fox* unbedingt vorantreiben, denn auf jeder südöstlich geruderten Meile wurden sie ein Stück nach Norden abgedrängt. Sie wollten nach Le Havre, also südlich an Irland und Großbritannien vorbei. Keinem der beiden behagte der Gedanke, irgendwo an der irischen Küste anzukommen und erst noch gegen den dort anherrschenden Wind südwärts um die Inseln herumrudern zu müssen, bevor sie in den Ärmelkanal gelangten.

In der Nacht kam kräftiger Nordwind auf und brachte starken Regen mit. Sie waren jedoch so erschöpft, daß sie, wenn sie sich – im Wechsel – endlich auf die durchnäßten Kissen legen durften, dem Himmel für die Ruderpause dankten und sich fast wunderten, daß der Kamerad am Ruder überhaupt noch die Kraft hatte, die *Fox* auf Kurs zu halten. Die nasse Spritzdecke über sich, auf die Regen und Gischt trommelten, fanden sie nie wirklich Schlaf. Es war eher ein Dahindämmern am Rande des Bewußtseins.

Der steife Nordwind brachte einen klaren, kobaltblauen Himmel. Das Licht erlangte jene dem Seemann so vertraute Klarheit, in der sich alles – die Wellen, das Tiefdunkel der im Schatten liegenden Wellentäler, das Boot, der Horizont – scharf abzeichnete. Keine unscharfen oder ausgefransten Konturen. Nur harte Farbkontraste. Ab Mittag drehte der Wind auf Nordost und erreichte nur mehr zehn Knoten. Die beiden empfanden es als Geschenk des Himmels.

»Heute ist der 4. Juli, das müssen wir feiern«, sagte George. Er holte die Flagge hervor, wrang sie aus, entfaltete sie achtern und setzte sie. Da sie salzgetränkt war, konnte sie gar nicht trocknen, aber das war auch nicht nötig. George und Frank wollten den Unabhängigkeitstag begehen. Hatten sie in Amerika auch nicht das vor ihrer Ankunft erträumte Leben vorgefunden, so bot das Land doch scheinbar unbegrenzte Möglichkeiten. Zumindest die Chance, etwas nicht Alltägliches zu wagen. Voll Begeisterung hatten sie sich mit dem Land und seinen Idealen identifiziert. Jetzt dachten sie an die Feierlichkeiten, die in ganz Amerika abgehalten wurden. An die Picknicks, das mit Ahornsirup übergossene Speiseeis, die Limonaden und die saftigen Steaks. Am Abend würden Feuerwerke den Himmel erleuchten, im ganzen Land Kirchenglocken und Hochrufe ertönen. Heute nacht würde auf allen Straßen getanzt und gesungen.

»Eine richtige Party wird's wohl nicht werden, Frank. Aber wir könnten uns waschen und ein leckeres Abendessen zubereiten.«

»Meinst du, wir haben ein wenig Frischwasser übrig?«

»Vielleicht einen halben Liter. Ja, ein halber Liter, das ginge.«

Beide legten Ölzeug und Hemd ab und seiften sich ordentlich ein. Sorgfältig wuschen sie Gesicht und Oberkörper. Ihre von der Sonne fast schwarz gebrannten Gesichter und Hände sahen aus, als wären sie mit Ruß geschwärzt. Das Trinkwasser löste die dicke Salzschicht von ihrer Haut und verschaffte ihnen ein angenehmes Gefühl, das ihnen ins Gedächtnis rief, daß gerade die einfachsten Dinge im Leben die größte Lust bereiten.

Das schöne Wetter am 4. Juli verbesserte ihre Stimmung ganz beträchtlich. Es wiegte sie in der trügerischen Hoffnung, der Atlantik habe sie auf die Probe gestellt und einer ähnlichen Atempause für würdig befunden, wie es die lange Zeit relativ problemlosen Ruderns gewesen war, die fast ein Drittel des vorigen Monats ausgemacht hatte. Die ganze Nacht hindurch blieb der Wind auf Nordost und schwach. Zum ersten Mal seit Tagen konnten George und Frank in ihren wachfreien Stunden richtig schlafen. Sogar ihre Sachen trockneten etwas. Der Morgen des 5. Juli brach sich als grandioses Gemälde aus Rot, Rosa und Purpur Bahn. Die Dünung war kräftig wie immer, aber der Wind blieb schwach. Die *Fox* kam gut voran. Es war Sonntag, und die Welt schien in Ordnung.

Die Mittagsmessung ergab, daß die *Fox* gut Kurs gehalten hatte. Sie waren nicht merklich nach Norden gedriftet. Nach Georges Berechnung befanden sie sich genau auf dem fünfundvierzigsten Breitengrad, und er schätzte, daß sie in den letzten sechsunddreißig Stunden einhundertfünfzehn Meilen nach Osten zurückgelegt hatten; ihre durchschnittliche Tagesleistung lag bei vierzig bis fünfzig Meilen, selbst während des stürmischen Wetters an der Neufundlandbank.

Als sich die Sonne über dem Heck der *Fox* wieder dem Horizont näherte, drehte der Nordostwind abrupt auf Südost und kam nun genau von vorne. Gegen ihn anzurudern, hätte sie nur unnötig ermüdet. In ihren Herzen erwachte die quälende Frustration wieder. Wann endlich würde ihnen die See freie Fahrt gewähren? Sie schien sich gegen sie verschworen zu haben; erst ließ sie Hoffnung aufkeimen, nur um sie dann, kaum daß sie Wurzeln geschlagen hatte, um so gnadenloser wieder zu zermalmen. In solchen Augenblicken verleiht man dem Meer allzuleicht menschliche Züge, und so betrachteten die beiden es voller Verachtung wie eine bösartige Frau.

Bei Einbruch der Dämmerung trieben ausgefranste Wolkenfetzen am Himmel. Die Ränder tauchte die sinkende Sonne in lichtes Weiß, das Innere erschien kohlefarben. Am südlichen Horizont bildete sich eine dunkle, bedrohliche Wolkenbank, Wind kam auf und peitschte die See. Das überraschte sie nicht. Notgedrungen fanden sie sich mit dieser neuerlichen Prüfung ab, merkten aber, daß ihre Geduld allmählich zu Ende ging. Ein Mann an den Riemen konnte bestenfalls die augenblickliche Position halten. An ein Vorankommen war nicht zu denken.

Wind und Wellen nahmen die ganze Nacht über an Stärke zu. Aber vielleicht hatte das Meer schließlich doch von der *Fox* Notiz genommen und wollte ihr eine Atempause gönnen, denn der starke Wind drehte allmählich auf Südwest, gegen Mittag dann sogar ganz auf West. Noch ein Geschenk des Himmels! dachten beide und legten sich mit wiedergefundener Kraft in die Riemen. Die *Fox* schoß geradezu über die Wellen ihrem Ziel Frankreich entgegen. Das einzig Beunruhigende war die Dünung. Schon während des ärgerlichen Nordostwinds hatten sie sie bemerkt. Sogar als der Wind immer weiter auffrischte, hatte er die hohe Dünung nicht besänftigt. Seit über vierundzwanzig Stunden begleitete sie sie jetzt schon. Was das bedeutete, war klar. Nur ein heftiger Sturm konnte eine solche Dünung ausgelöst haben, und er kam auf den Fersen des Westwinds, der eben noch solche Freude in ihnen ausgelöst hatte, geradewegs auf sie zu.

»Das gibt riesige Roller, fürchte ich«, sagte George.

Der bugwärts sitzende Frank blickte über seinen Freund und das Heck hinweg auf die anrollende Dünung. Die Wasserhügel hoben das Boot sanft an und erstreckten sich auf beiden Seiten über gut hundert Meter. Oben auf dem Rücken der Dünung schäumten und fauchten die dort entstehenden Wellen. Bei aller Trostlosigkeit ein unglaublicher Anblick. Die *Fox* schaukelte über die Wellenkämme und rollte und stampfte dann dahinter ins tiefe Wellental, wo der Wind kaum zu spüren war, weil ihm die nächste Welle den Zugang versperrte.

»Wenn die Burschen erst brechen, dann gnade uns Gott. Sie steigen glatt neun Meter hoch«, sagte Frank mehr zu sich selbst als zu George. An Bord der Rahsegler, auf denen er in der Handelsmarine diente, hatte er eine solche Dünung schon früher erlebt. Sie war alles andere als normal. Vielmehr war sie Vorbotin wirklich schlechten Wetters, das sich noch unter dem Horizont verbarg. Wenn sich die Wetterfront etwas Zeit ließ, konnten sie die *Fox* vielleicht außer Reichweite bringen. Diese Hoffnung ließ beide mit aller Kraft gen Osten rudern. Bei der Fahrt ins Wellental surfte die *Fox* geradezu. Um den Bug spritzte Gischt, und achtern folgte eine ausgeprägte Heckwelle. Es bedurfte größten Rudergeschicks, um das Heck auf die Seen gerichtet zu halten.

Keine Meile voraus tauchten zwei Dampfer auf. Da Frank und George mit dem Rücken nach Osten saßen, sichteten sie sie erst, als ihr Boot auf einen besonders hohen Wellenkamm geriet. Danach waren die Schiffe fünf Minuten lang nicht zu sehen und wurden erst vom nächsten Wellenkamm aus wieder sichtbar. Der Bug des einen Dampfers bohrte sich eben in eine Dünungswelle, wobei ein Drittel des Schiffs im schwarzen Wasser versank. Gischt überschwemmte die Brücke, dicht und weiß wie ein Wasserfall.

»Die armen Passagiere. Möchte wetten, daß es denen dreckig geht«, brüllte George. »Sieh bloß, wie sie stampft!«

Der Anblick war überwältigend. Taucht ein so langes Schiff fast völlig in die Wellen ein, dann wird erkennbar, daß auf See schiere Kraft und Größe nicht immer ein Gewinn ist. Die Dampfer konnten nicht auf der Dünung und den Wellen reiten. Sie mußten sich durch sie hindurchkämpfen. Noch war der schwere Sturm nicht da, und schon quälten sie sich ab. Die seekrank im Bett liegenden Passagiere waren sicher in Weltuntergangsstimmung, während die Kapitäne allmählich nervös wurden. Die Maschinen mußten so weit gedrosselt werden, daß es gerade noch für die Steuerung reichte. Verschlechterten sich die Bedingungen rapide, dann mußten die Dampfer kehrtmachen und vor dem Sturm laufen. Doch so weit war es noch nicht. Die Dampfer kämpften sich hartnäckig voran, denn sie hatten Termine einzuhalten. Bald waren sie außer Sichtweite.

Im weiteren Tagesverlauf empfanden George und Frank den Zustand des Meeres zunehmend als alarmierend. Noch brach sich die Dünung nicht. Aber sie war höher geworden und hatte sich allmählich den Wogen zugesellt. Das Meer hatte einen Zustand erreicht, der wahrlich furchterregend war. Die *Fox* schoß zu schnell übers Wasser. Jedesmal, wenn sie auf einem Wellenrücken ins Tal ritt, drohte sie sich zu drehen und wie ein Baumstamm quer zu den Wellenkämmen zu legen. Zum ersten Mal auf ihrer langen Reise gingen die Männer voll auf Gegenkurs. Sie überließen es dem Wind und den Wellen, sie anzutreiben, und verwendeten ihre ganze Muskelkraft darauf, Heck voraus nach Osten zu halten. Auf diese Weise konnten sie Fahrt wegnehmen und das Boot besser steuern.

Nach Einbruch der Nacht wurde das Manövrieren mit den Riemen immer schwerer. Dennoch ruderten die Männer, durch jahrelange Erfahrung auf See abgehärtet, mit allerletzter Kraft gegen die anrollenden Wellen an. Doch um Mitternacht tauchten die ersten Brecher auf. Zwar waren sie in der Dunkelheit nicht zu sehen, dennoch wußten die beiden, daß sie nahten, denn wenn eine zehn bis vierzehn Meter hohe Woge bricht, dann erzeugt sie ein Getöse wie ein Gewitter oder ein vorbeifahrender Güterzug.

»Ich glaube, es ist Zeit beizudrehen«, sagte George fast beiläufig.

Angesichts dieser scheinbaren Gelassenheit hätte Frank fast gelacht, aber ihre prekäre Lage erstickte die kurze Anwandlung. Er warf den Treibanker aus. Wie erwartet, beruhigte sich die *Fox* etwas. Die beiden Männer entspannten ebenfalls ein wenig.

Da erscholl über das Tosen von Wind und See hinweg ein Geräusch, das ihnen Schauer über den Rücken jagte: das unverwechselbare Gebrüll übereinanderstürzender Tonnen von Wasser. Es wurde lauter und lauter. Im nächsten Augenblick begrub ein gewaltiger Sturzbach den Bug der *Fox* unter sich und warf sie heftig zur Seite. Gleichzeitig ertönte ein Knacken, als bräche der Ast eines Baumes. Die *Fox* legte sich schlagartig auf die Seite und lief voll.

17

»Die Leine ist gerissen! Der Treibanker ist weg!« schrie Frank.

George und Frank reagierten sofort. Die *Fox* konnte jeden Moment kentern. Hastig fuhren sie die Riemen aus und ruderten wie wild. Sie legten sich mit aller Kraft links ins Zeug, um den Bug direkt auf eine weitere anrollende Mammutwelle zu richten. Die zweite Woge schien das von der ersten begonnene Werk vollenden zu wollen.

Die *Fox* schlingerte. Das Gewicht der eingelaufenen Wassermengen drückte das Boot fast bis zum Rand ins Wasser. Jetzt hob sich der Bug. Hoch über den Männern begann der Wellenkamm ganz langsam zu brechen. Wieder gewährte das Meer der *Fox* eine Gnadenfrist. Das Boot schoß über den Kamm und auf der anderen Seite wieder hinunter, bevor der Kamm endgültig brach. Die dritte Welle rollte unter dem Boot durch, ohne weiteren Schaden anzurichten.

Während sie in den Sturm hineinruderten, nagte der

Verlust des Treibankers an den beiden Männern. Sie hatten das Gefühl, auf ihn angewiesen zu sein. Wenn sie zu müde geworden waren, hatten sie sich dank seiner ausruhen können, ohne zu sehr abgetrieben zu werden, und bei schwerem Wetter bot er Schutz vor den Elementen. Jetzt aber hing die Sicherheit der *Fox* einzig von den zwei Männern ab, und wenn sie ausfielen ... Diese Gedanken schossen ihnen wie Blitze durch den Kopf. Wenn wir ausfallen, was dann?

Rings umher brachen jetzt die Seen. Wie groß sie waren, konnten George und Frank nicht erkennen. Durch die dicken Wolken lugte kein einziger Stern, das Dunkel war undurchdringlich. Platzregen prasselte auf sie herunter, aber nicht einmal er vermochte die Wogen zu besänftigen.

Die beiden ruderten mit letzter Kraft, trieben die *Fox* voran. Sie hatten die Schwimmwesten angelegt für den Fall, daß eine Welle sie über Bord schwemmte oder das Boot kenterte. Sie mußten kämpfen, sonst holte sie die See. Wie lange würden sie das Boot noch in den Brechern halten können, bis sich das Wasser seiner bemächtigte, es quer legte, über die Seiten schwappte und es vollschlug? Die Männer verfluchten das Wetter, die Wellen, den Wind und vor allem das unablässige Wasserschöpfen – es nahm kein Ende. Während die Wellen übers Dollbord in die *Fox* schlugen, stand sie aufrecht. Ein so vollgelaufenes Boot zu lenzen, verlangte größte Ausdauer und einen zähen Überlebenswillen. Während der eine den Bug mit den Rudern zum Wind hielt, schöpfte der andere in wilder Hast. Kaum war es halb geschafft, kam schon die nächste Welle und schlug das Boot wieder voll. Die Gewalt des Wassers riß dem Rudernden die Riemen aus der Hand und über

Bord. Nur der kräftigen Vertäuung war es zu verdanken, daß sie nicht verlorengingen.

Bei Tagesanbruch, es war Dienstag, der 7. Juli, hatten unzählige Brecher die *Fox* völlig unter Wasser gesetzt. Die Männer waren zerschlagen, zerschunden, hungrig und froren bis auf die Knochen. Ihre Zungen waren angeschwollen, ihre Lippen aufgesprungen. Die Arbeit an den Riemen hatte die Hornhaut in ihren Handflächen durchgescheuert. Die Haut an ihren Nasenspitzen hatte sich gelöst, und jede Berührung schmerzte höllisch. Als die beiden im fahlen Morgengrauen zur Besinnung kamen, brachten sie kein Wort heraus. Der Ozean gab sich wilder und zorniger denn je auf dieser Fahrt, und während ihres ganzen Lebens auf See hatten sie derartiges nur selten gesehen. Immer noch brachen sich die Wellen, aber zur grenzenlosen Erleichterung der beiden nicht mehr ganz so oft.

»Was für ein Glück, daß wir in der vergangenen Nacht nicht noch mehr verloren haben«, sagte George. Zwei der Zusatzkanister, die die Wasservorräte in den Tanks ergänzten, hatten sich aus der Vertäuung gerissen und waren über Bord gegangen. Der Verlust des Trinkwassers war zwar notfalls zu verkraften, aber die bloße Tatsache, daß die kräftigen Zurrleinen hatten reißen können, deprimierte sie zusätzlich.

Gegen acht Uhr hatte George das Gefühl, die Schotten der Heckkammer gefahrlos öffnen zu können. Seit vierundzwanzig Stunden hatte er keinen Eintrag mehr ins Logbuch vorgenommen. Er holte auch ein paar Stücke Zwieback heraus, die die beiden sofort verschlangen. Der Wind ließ nach und drehte wieder auf Nordost, aber die Seen rollten, fast so hoch wie vorher, weiterhin von Westen her an. Während des Tages schliefen die Männer abwechselnd und versuchten, neue Kräfte zu sammeln.

Am folgenden Tag drehte der Wind wieder auf West. Die Seen waren immer noch hoch; nach dem Wetter zu schließen, hatte sich der Sturm keineswegs ausgetobt, sondern nur neu gesammelt. Vielleicht auch lauerte unter dem Horizont ein noch stärkerer Weststurm. Die hoch laufende Dünung ließ darauf schließen, daß jenseits der unmittelbaren Umgebung der *Fox* der Teufel los war, wie in diesen Breiten üblich. Da sie das Schlimmste befürchteten, machten sich George und Frank daran, einen neuen Treibanker herzustellen, den sie dringend benötigten, wenn der Sturm noch wütender als zuvor zurückkehrte. Daß er sich etwas gelegt hatte, brachte einiges für ihre Sicherheit. Hätte er tagelang ununterbrochen getobt, dann hätte das sehr wohl das Ende des Bootes bedeuten können, wie sie sich eingestanden.

»Wir wären viel zu müde, um noch irgend etwas zu tun«, sagte Frank. »Dann kentert sie koppheister oder seitlich, und wir sind endgültig erledigt.«

»Ich weiß nicht, ob wir genug Material für einen wirkungsvollen Treibanker haben. Aber du hast recht, wir müssen alles versuchen, bevor der Wind wieder auffrischt.«

Vom Bau des ersten Treibankers war noch etwas Segeltuch übrig, drei oder vier Stücke, jedes etwa taschentuchgroß, aber das mußte genügen. Sie nähten sie zu einem etwas unförmigen, am einen Ende offenen Kegel zusammen und befestigten ein langes Tau daran. Desgleichen verzurrten sie die Ruder mit zusätzlichen Leinen. Beim mehrmaligen Vollschlagen hatten die Ersatzruder beinahe das Weite gesucht. Sie schwammen auf dem Wasser im Boot und hatten sich nur durch ein Wunder nicht losgerissen. Die Lederummantelung mehrerer Riemenpaare war inzwischen durchgescheuert, die Ränder der Metalleinfassung an den Blättern, die ein Splittern verhindern sollte, zeigten erste Risse.

Im weiteren Verlauf des Nachmittags drehte der Wind auf Südwest und kam schließlich wie eine führerlose Lokomotive von Süden angebraust. Bei seiner Mittagsmessung stellte George fest, daß die *Fox* fast bei zweiundvierzig Grad Nord lag. Er wollte keinesfalls riskieren, daß der Wind sie noch weiter nach Norden trieb. Sie probierten also ihren neuen Treibanker aus und hofften, damit die Abdrift einigermaßen unter Kontrolle zu bekommen. Der kleine Anker hielt die *Fox* mit der Nase zum Wind, allerdings nur knapp. Hin und wieder tauchte der Bug unter einer Bö in die kabbelige See.

Als es gerade so aussah, als hätten sie fälschlicherweise einen erneuten Weststurm befürchtet, drehte der Wind wiederum, diesmal auf West. Bei Einbruch der Dämmerung am Donnerstag, dem 9. Juli, beschlich beide das seltsame Gefühl, als hätten sie dieselbe Situation schon einmal erlebt. Sie ruderten mit den Wellen und dem Wind und schossen wie bereits zu Anfang derselben Woche Heck voraus nach Osten.

Während sie in die Nacht hineinfuhren, wurde die Luft plötzlich kalt, viel kälter als üblich. Dichter Dunst wehte über sie hinweg – kein richtiger Nebel, oder jedenfalls keiner, wie sie ihn seit langem gewohnt waren. Der Dunst schien erfüllt mit winzigen Eiskristallen, die ihnen in Gesicht und Hände stachen, wirbelte rund herum und verdunkelte die ohnehin schwarze Nacht noch mehr. Sie schauten sich angestrengt um; Angst vor dem Ungewissen bemächtigte sich ihrer. Wären sie abergläubisch gewesen, dann hätten sie die Schwingen des Todesengels gespürt.

»Was ist das?« fragten sie einander.

Von einem Moment auf den anderen war die See vollkommen still. Kein Wind heulte mehr. Das dumpfe Rollen einer Brandung erreichte ihr Ohr. Dieses sattsam vertraute Geräusch auf hoher See zu vernehmen, beunruhigte sie sehr.

»Klingt wie Brecher an einer Untiefe«, sagte George.

»Du hast recht. Aber hier gibt es keine Untiefen. Vielleicht eine Sinnestäuschung. Nur: Warum ist die See so glatt?«

Immer noch umgab sie der eisige Dunst. Sie schauderten, denn sie hatten zu rudern aufgehört, und ohne körperliche Anstrengung drang ihnen die Kälte in Mark und Bein.

»Ein Eisberg! Großer Gott, wir sind im Windschatten eines Eisbergs!« rief George plötzlich.

Seine schrille Stimme erschreckte Frank. Das Ganze war unheimlich: das Brandungsgeräusch, der Dunst, das ruhige Wasser. Das alles paßte nicht zusammen, und der Gegensatz zwischen dem, was sie noch vor wenigen Minuten durchgemacht hatten, und dem jetzigen Zustand hätte größer nicht sein können. Sie starrten angestrengt ins Dunkel und versuchten vergeblich zu erkennen, was um sie herum geschah. Keine hundert Meter entfernt trieb – in der Finsternis unsichtbar – der Westwind einen riesigen Eisberg auf sie zu, den ein Gletscher weit oben im Norden gekalbt hatte. Hoch ragte er vor der *Fox* auf und schuf sich leeseits ein eigenes Wetter.

Wie weit er entfernt war, wußten sie nicht, und dafür

waren sie dankbar. Allemal beängstigend nahe. Während die Minuten verrannen, fragten sie sich, wann er aus der Tiefe der Nacht auftauchen und die *Fox* überrennen würde. In Sekundenschnelle konnte er das Boot zermalmen und die beiden Männer in die Tiefe reißen. Nun gesellte sich Nebel dem Dunst zu. Immer noch erhob sich keine Welle. Das Herz schlug ihnen bis zum Hals.

»Dreh nach Norden ab, Frank. Wir können ihm ausweichen, da bin ich sicher.«

Die kleine Kompaßbeleuchtung flackerte schwach. Die Kompaßnadel drehte von Ost zum Magnetpol. Die Minuten schlichen dahin, und immer noch erhob sich kein Sturm. Doch dann kehrte er mit seiner ganzen Wut zurück. Es war, als wären die Männer durch ein geheimnisvolles Meer gedriftet und nun aus seinen Nebeln urplötzlich in die Wirklichkeit zurückgekehrt, die sie die ganze Zeit tosend umgeben hatte.

George und Frank hatten damit gerechnet, am Morgen einen mit weißen und tiefblauen Eisinseln gesprenkelten Ozean zu sehen, wie sie ihn aus den nördlichen Breiten ihrer Heimat kannten. Aber das trübe Morgengrauen offenbarte nichts als die dunklen Wasser mit ihren weißen Strähnen und Gischtbärten, einen bleiernen Himmel und rabenschwarze Wolken.

18

Packeis gibt es in den hohen nördlichen Breiten zu manchen Zeiten mehr, zu anderen weniger. Die Packeisplatten treiben stets nach Süden, brechen dann auseinander und bilden große, flache Treibeisinseln. Die entscheidende Frage lautet, wie weit sie nach Süden gelangen. Die Grönlandgletscher kalben Eisberge ungeahnter Größe, die in den Sommermonaten bis unter den vierzigsten Breitengrad im Süden von Neufundland schwimmen können. Im Verlauf der Jahrhunderte haben Packeis und in geringerem Maße Eisberge die Transatlantikrouten abwechselnd versperrt und wieder freigegeben und die Zeitpläne und den Erfolg der großen Entdeckungsreisen nachhaltig beeinflußt.

Im Jahre 325 v. Chr. segelte der griechische Mathematiker Pytheas vom Mittelmeer durch die Straße von Gibraltar, fest entschlossen, die unbekannten Weiten des Meeres im Westen zu erkunden. Er gelangte mit seiner Mannschaft bis weit in den Nordwesten und entdeckte Island. Nach den antiken Schriften soll er es fast bis nach Grönland geschafft haben; dann aber blockierte Packeis seinen Weg. Damals hatte sich das Klima auf der nördlichen Halbkugel drastisch abgekühlt. Die Temperaturen lagen im Durchschnitt mehrere Grade niedriger als in den Jahrtausenden zuvor, so daß sich in den hohen nördlichen Breiten riesige Eisschichten bildeten und im Nordatlantik gewaltige Eiswüsten entstanden. Eine Westüberquerung des Ozeans wurde dort praktisch erst wieder möglich, als sich das Klima um 200 n. Chr. erwärmte; ihren Höhepunkt erreichten die Temperaturen zwischen 800 und 1200 n. Chr.

Mit der ansteigenden Durchschnittstemperatur des Wassers zog sich das Eis nach Norden zurück, und der Ozean wurde leichter befahrbar. Desgleichen führte das wärmere Klima zu einem rapiden Anstieg der Bevölkerung in den nordischen Ländern, wo insbesondere die Norweger eine blühende Seefahrerkultur entwickelten. Diese als Wikinger, das heißt Söhne der Fjorde Altnorwegens, bekannten Abenteurer erforschten Städte wie Paris, Kiew, Hamburg, London, Lissabon und Cadiz, die sie nicht selten auch plünderten. Desgleichen machten sie sich auch auf den Weg nach Westen in langen Rundkielbooten mit Klinkerbeplankung, die ganz anders aussahen als die drachenbewehrten Kriegsschiffe, die man jahrhundertelang den Wikingern zuschrieb.

Als der 950 n. Chr. geborene Erik der Rote wegen Totschlags aus Island verbannt wurde, segelte er nach Westen und stieß nirgendwo auf das Eis, von dem Pytheas berichtet hatte. In den letzten Jahren vor dem Jahrtausendwechsel errichtete er die erste altnorwegische Kolonie auf Grönland. Die Siedler stießen auf Wälder und reiche Fischgründe. Sie bebauten das Land und führten ein einfaches, aber keineswegs unangenehmes Leben. Auf den Bericht eines Händlers namens Bjarni Herjulfsson hin, der angab, er habe noch weiter westlich Land gesichtet, machte sich Leif Eriksson, Sohn Eriks des Roten, auf den Weg und entdeckte Vinland, von dem man annimmt, daß es sich um das heutige Neufundland handelt.

All das ist weitgehend den in jenen Jahrhunderten vorherrschenden milderen Klimabedingungen zu verdanken. Doch das Klima änderte sich erneut, und langsam breitete sich das Eis wieder nach Süden aus. Schließlich wurde Grönland zu einer Einöde, die in nichts mehr an die einstige Wirtlichkeit erinnert. In den Tagen der Frühbesiedlung wurden die Toten tief im Erdreich begraben. Im Laufe der Zeit machte der Dauerfrost dies unmöglich. Die Gräber lagen immer näher an der Oberfläche, bis schließlich, als die norwegische Bevölkerung zusammenschmolz, die Toten überhaupt nicht mehr begraben, sondern über der Erdoberfläche unter Steinhaufen bestattet wurden. Die letzte bekannte Leiche eines altnorwegischen Grönländers wurde 1540 entdeckt.

Zu der Zeit hatte sich das Klima auf der nördlichen Halbkugel wieder merklich abgekühlt; es war noch kälter als drei bis vier Jahrhunderte zuvor, als der Niedergang der altnorwegischen Bevölkerung auf Grönland eingesetzt hatte. Etwa um 1450 begann die vier Jahrhunderte dauernde sogenannte Kleine Eiszeit. In Skandinavien und Kanada schoben sich Gletscher über vorher bebautes Land. Die Winter waren härter und dauerten länger; in der Gegend von New York gab es sogar im Juni gelegentlich noch Bodenfrost. Aber weiter oben im Norden war es viel extremer.

Die Kleine Eiszeit hielt sich bis 1850, in nördlicheren Breiten sogar bis ins letzte Jahrzehnt des vorigen Jahrhunderts. Unter dem Einfluß der Strömungen und Strudel sowie des Windes wanderten die Eisberge weit nach Süden. Der Eisberg, dem die *Fox* begegnete, war alles andere als ungewöhnlich. Das niederträchtige Wetter ebensowenig. Die beiden Männer konnten nicht wissen, daß sie den Ozean zu einem besonders gefährlichen Zeitpunkt mit dem Ruderboot überqueren wollten und ihre Vorfahren mit weitaus milderem Wetter gesegnet gewesen waren. Faktisch wirkten die von Westen kommenden Stürme zu ihren Gunsten, denn sie trieben die *Fox* vor sich her. Voraussetzung war freilich, daß sie sie überstanden.

In den letzten vierundzwanzig Stunden hatte keiner von beiden geschlafen oder etwas gegessen. Die *Fox* am Kentern zu hindern, beanspruchte ihre gesamte Kraft und Aufmerksamkeit. Sie liefen mit halsbrecherischem Tempo vor dem Sturm, so lange es ging, wendeten dann die *Fox* in die ankommenden Wellen und fuhren Heck voraus. Der gesunde Menschenverstand hätte fast jeden Matrosen dazu gebracht, den Treibanker auszuwerfen und den Sturm auszusitzen. Aber die Männer an Bord der *Fox* waren mittlerweile wie besessen. Das endlose Ringen kostete sie alle Kraft, und dennoch stürmten sie voran, getrieben vom Westwind, weiter, nur weiter nach Osten. Bei jedem Brecher, der das Boot überschwemmte, war die *Fox* dem Kentern nahe. Doch ihr Glück hatte Bestand, sie kenterten nicht.

Die Nacht verlief weitgehend wie die vorige, mit Brechern, die sie wie Ungetüme durchs Dunkel jagten. Auch der nächste Morgen, es war Freitag, der 10. Juli, brachte keine Besserung; die Wogen, die während der letzten fünfzehn Stunden wenigstens nicht höher geworden waren, hatten offenbar eine neue Kraftspritze erhalten. Daß sie sich nun neun oder zehn anstatt wie bisher nur sieben bis acht Meter hoch türmten, besagte nichts anderes, als daß der Westwind weiter zugenommen und die volle Wucht des Sturms die *Fox* noch gar nicht erreicht hatte. George und Frank blickten mit wachsender Sorge nach Westen.

Um Mittag kreischte der Wind wie Hexen auf dem Scheiterhaufen, daß es den beiden eiskalt über den Rücken lief. Das kochende Meer schleuderte ihnen weißen Gischt ins Gesicht. Dem Wind zugewandt blieb ihnen der Atem im Halse stecken. Selbst aufrecht sitzen konnten sie nur mit größter Mühe. Windböen rasten mit sechzig, siebzig Knoten über die riesigen Wogen und rissen ihnen die Kronen ab. Sahen die Männer eine besonders gefährliche See anrollen, versuchten sie ihr rudernd auszuweichen. Manchmal gelang es, manchmal nicht. Die körperliche und seelische Belastung war kaum noch auszuhalten. Seit zwei Tagen hatten sie kein Auge zugetan und praktisch nichts gegessen. Unter dem Schlingern und Stampfen des Bootes, das beide unablässig an den Riemen forderte, war an Essen nicht zu denken. Aber sie kamen in Richtung Osten voran, und das wenigstens war tröstlich. Nach Georges Schätzung hatten sie unter dem neuesten Ansturm des Westwindes gut und gerne zweihundert Meilen zurückgelegt, und an diesen Gedanken klammerten sie sich.

Der Sturm frischte den ganzen Tag über weiter auf. Am Spätnachmittag hatte es kurz den Anschein, als ließe das Toben wenigstens etwas nach, und schon keimte in ihnen die Hoffnung auf ein Ende ihrer Qual.

Doch nach kurzem Innehalten steigerte sich der Wind noch mehr. Dieses Katz-und-Maus-Spiel der See machte ihnen schwer zu schaffen. Ein Sturm, der unentwegt und ungebrochen tobte, bis er sich endlich legte, wäre leichter zu ertragen gewesen als dieses ewige Hin und Her, von dem man nie wußte, wie es weiterging und ob es nicht noch viel schlimmer wurde.

Kurz vor Einbruch der Dunkelheit wogte die See höher als je zuvor auf ihrer Reise, und obwohl beide Männer in all den Jahren auf See wahrlich furchterweckende Wellen erlebt hatten, nahmen die heranrollenden Brecher aus ihrer Perspektive in der *Fox* nachgerade irreale Proportionen an. Im Windgeheule und Getöse der niederklatschenden Wasser konnte keiner die Rufe des anderen hören, obwohl sie kaum einen Meter voneinander entfernt saßen. Sie ruderten und ruderten und versuchten, den größeren Wellengruppen auszuweichen. Doch das einzige, was sie mit letzter Kraft schafften, war, den Bug in den wütenden Sturm zu halten.

Bugbackbord türmte sich noch in einiger Entfernung eine mächtige Welle über alle anderen auf. Sie wurde höher und höher, bis sie schließlich selbst dann den gesamten Horizont verdeckte, wenn die *Fox* auf einem Wellenkamm ritt. Entstanden war sie durch die Vereinigung mehrerer großer Wogen, die plötzlich zusammengetroffen waren und sich im Gleichschritt voranbewegten. Wie Soldaten, die in geschlossener Linie im Gleichschritt marschieren, setzt auch die Vereinigung mehrerer Wellen unvorstellbare Naturkräfte in Gang. Der Wellenhang war so tiefschwarz und undurchdringlich wie der Weltraum. Die fast senkrechte Mauer schob sich immer höher, bis ihr oberer Rand den

Halt verlor und sich über die unteren Teile des Hangs hinwegschwang. Während sich die Wellenschulter auf einen halben Kilometer verbreiterte, kochte am Kamm weißer Schaum. Unaufhaltsam näherte sich die Woge der *Fox*, konnte jeden Augenblick brechen.

Frank schaute sich über die Schulter nach seinem Freund im Heck um. Ihre Blicke trafen sich, und sie nickten einander in schweigendem Einverständnis zu. Jeder wußte, daß die Welle gleich zuschlagen würde und ihre Größe und Gestalt bedeutete, daß es keine Hoffnung gab. Weder konnten sie ihr ausweichen, noch über sie hinwegreiten. Mit erstaunlicher Klarheit bildete sich in ihren Köpfen der Gedanke an die sehr reale Möglichkeit, daß die *Fox* die Wellenwand hinaufsteigen und kopfüber hinunterstürzen würde.

Die Männer spürten noch, wie die *Fox* die Welle hochzusteigen versuchte. Sekunden später war alles um sie her schwarz. Der Lärm der brechenden Wasser übertönte sogar das Tosen des Windes. Plötzlich hörte die heftige Bootsbewegung auf, denn beide wurden aus dem kleinen Kahn ins Herz der Welle geschleudert. Sie spürten das Straffen der Leinen an ihren Schwimmwesten, kaltes Wasser drang ihnen in Mund, Nase, Augen und Ohren. Jeder kämpfte mutterseelenallein um sein Leben, strampelte mit den Beinen, die von den Seestiefeln nach unten gezogen wurden, ruderte mit den durch die schwere Kleidung und das Ölzeug behinderten Armen. Nur wenige Meter waren sie voneinander entfernt, und doch schienen sie einander so unerreichbar wie die Sterne.

Hustend und keuchend kamen sie windabwärts der *Fox* an die Wasseroberfläche, den Kopf fast bedeckt von einer dicken Schaumschicht, die wie ein Teppich auf dem Wasser lag. Selbst kräftige Schwimmer, die in einem wütenden Sturm von Bord gespült wurden, sind schon in dieser Schaumschicht, wo Luft und Wasser sich mischen, ertrunken. George hielt den Blick fest auf die kieloben treibende *Fox* gerichtet und schwamm auf sie zu. Ihm fiel auf – in diesem Augenblick ein höchst seltsamer Gedanke –, daß am Kiel fast keinerlei Entenmuscheln und Algen hafteten. Ein guter, sauberer Kiel. Die *Fox* ist in guter Verfassung, dachte er.

Obwohl unentwegt Wellen über ihnen zusammenbrachen, gelang es ihnen, sich mit Hilfe der Rettungsleinen zur *Fox* zu ziehen. Die am Boot vertäuten Ruder schwammen längsseits. Sie hingen an einer der Verstrebungen, die der Bootsbauer am Mittesteven angebracht hatte. Gemeinsam zerrten die beiden Männer an den an der Unterseite angebrachten Halterungen, aber die *Fox* wollte sich nicht aufrichten. Sie nahmen alle Kraft zusammen und zogen noch stärker, und endlich drehte sich, auch mit Hilfe der Wellen, das Boot. Frank schwamm zur anderen Seite hinüber. Dann kletterten sie gleichzeitig, um die *Fox* am erneuten Kentern zu hindern, von beiden Seiten hinein. Die wasserdichten Kammern waren bis knapp unter dem oberen Rand unter Wasser. Schaum und Gischt flogen ihnen um die Ohren, stachen ihnen wie Bienen ins Gesicht, nur daß sie keinen heißen Schmerz empfanden, sondern den kalten Biß des Todes.

Schwer um Atem ringend spuckten die Männer das Salzwasser aus, während der eine schöpfte und der andere das Boot in Sturmrichtung hielt. Jede Anstrengung, jede Bewegung schmerzte ihre geschundenen und blutenden Körper. Ganz allmählich verringerte sich mit dem Lenzen die Wassermenge in der *Fox*, so daß sie wieder besser schwamm. Jetzt ließ sie sich viel leichter und schneller bewegen. Gekonntes Gegensteuern und kräftiges Rudern hinderte sie am erneuten Kentern.

Nachdem sie das Boot wieder einigermaßen in der Gewalt hatten, sahen sich George und Frank das Chaos an, das der Brecher angerichtet hatte. Erschrocken stellten sie fest, daß über die Hälfte der verbliebenen Vorräte verloren war. Überall hingen lose Vertäuungen. Das Meer hatte sich den Kochtopf, die Bratpfanne, das Geschirr, einen Wasserkanister und einen der geflochtenen Sitze, die bei langem Rudern den Schmerz am Gesäß linderten, sowie den neuen Treibanker samt Tau einverleibt. Ihr ganzes Elend brach über sie herein. Da hatten sie nun mehr als die halbe Strecke hinter sich gebracht, waren erschöpfter als je zuvor, und nun fehlten ihnen die Nahrung und das Trinkwasser, um es vollends zur anderen Seite zu schaffen. Die auf einen Rekord bedachten Seefahrer waren zu Schiffbrüchigen geworden, auf Gedeih und Verderb dem Ozean ausgeliefert.

19

Keiner der beiden brachte ein Wort über die Lippen. Es wäre ohnehin aussichtslos gewesen, den Sturm überschreien zu wollen. Schweigend, jeder mit seiner Verzweiflung allein, griffen sie zu den Riemen und ruderten die *Fox* durch den tobenden Sturm. Mit Einbruch der Nacht schwand auch die letzte Hoffnung, und als die Finsternis sie vollends einhüllte, wurden sie in der durchnäßten Kleidung von Kältekrämpfen geschüttelt. Mit jeder Minute schmerzten die geschundenen, steif gewordenen Muskeln mehr. Ihre die Ruder umklammernden Hände wurden taub und drohten auf ewig ihre Klauengestalt zu behalten. Immer wieder brach sich eine Welle über dem Boot; schöpfen und rudern, rudern und schöpfen, das war das einzige, was sie tun konnten. Der Drang aufzugeben, die *Fox* der See zu überlassen, wenn sie sie denn wollte, überkam sie für einen Moment. Wenn der Mensch unvorstellbaren Naturgewalten ausgeliefert ist, blättert eine menschliche Schicht nach der anderen ab, bis schließlich nur noch die schiere Reaktion des Fleisches übrigbleibt, das sich zu sterben weigert. In der Erschöpfung stiehlt sich alles Denken davon, der Körper bewegt sich nur noch mechanisch.

Der Bergsteiger, der einen Gipfel erklimmt, wo der Sauerstoff dünn wird, weiß, welche Prüfungen die Natur aufbieten kann. Die kalte, durchdringende Schönheit des blauen Eises und der grauen Felsen, die Klarheit des Himmels, dessen Sonnenstrahlen jegliche Wärme verloren haben, sind stärker als der gewaltige Drang, über die steilen Grate nach unten zu flüchten, sich in Sicherheit zu begeben. Die Grenzerfahrung des Vordringens in eine Welt, die nichts mehr mit dem gemein hat, was der normale Mensch je erlebt, erfaßt den Kletternden, treibt ihn auf die höchsten Gipfel. Der Tanz mit der Gefahr wird zur Sucht. Ebenso ergeht es dem Wüstenreisenden. Gleichwie die Wogen des Meeres entblößen die Sanddünen in Teilen der Sahara ihn aller menschlichen Attribute, reduzieren ihn auf die nackte Existenz. Auch die Polarregionen üben einen solchen Zauber aus. Die Härten sind unsäglich, und dennoch bleibt die in der Eiswüste verbrachte Zeit unvergeßlich.

Die *Fox* stampfte und schlingerte durch die endlose Nacht. Immer noch hielten die Männer den Bug in die anrollenden Seen. Sie ruderten geradewegs nach Osten und warteten sehnsüchtig auf die ersten Anzeichen des kommenden Tages. Mochte er auch grau und kalt sein, so würde doch wenigstens das Licht räumliche Orientierung zurückbringen und ihnen etwas Erleichterung verschaffen. Im Osten zeichnete sich allmählich der Horizont ab. Wolken und Wellen wurden sichtbar. Der neue Tag enthüllte einen wild gewordenen Ozean.

Die Stunden schlichen dahin, und die Männer verfluchten Meer und Wind. Halt ein! schrie es in ihrem Innern. Halt ein, halt ein, halt endlich ein! Seit drei Tagen hatten sie kein Auge zugetan. Fast hatten sie den Punkt erreicht, an dem es sie nicht mehr kümmerte, was aus der *Fox* und ihnen selber wurde.

Der Orkan raste auf Europa zu. Etwa um Mittag begann der Wind ihr Flehen zu erhören. Ganz langsam ließ er nach. Die Wellen taten es ihm nach, brachen sich nicht mehr ganz so wild und häufig wie vorher.

George und Frank nutzten die Gelegenheit. Während der eine weiterruderte, entledigte sich der andere seiner Kleider. Langsam, denn jede Bewegung schmerzte. Erst wurde die Ölhaut in die Bilge gelegt, damit sie nicht wegflog. Als nächstes kam das Hemd dran und wurde ausgewrungen, danach wieder angezogen. Es folgten Hose, Unterwäsche und Socken. Das alles brachte wenig, aber zumindest waren die Kleidungsstücke nach dem Auswringen nicht mehr triefend naß.

»Die letzten drei Tage mit dem Sturm fühlen sich an wie sechs Wochen an Land«, sagte George. »Eine Zeitlang dachte ich, wir würden's nicht überleben.«

Beim Anblick des schmerzverzerrten Gesichts seines Freundes, seiner abgezehrten Züge und tiefliegenden Augen erbot sich Frank, die erste Wache zu übernehmen. »Ich schaff's noch ein Weilchen. Leg du dich zuerst hin, George.«

Dankbar kauerte sich George wie ein Häufchen Elend auf den Boden des Bootes und sank binnen Sekunden in den Schlaf. Allein an den Riemen, blickte Frank auf die See rings umher. Demut beschlich ihn, während er darüber nachdachte, wie nahe sie am Rande des Abgrunds gestanden hatten. Hätte sich auch nur eine der Rettungsleinen an ihren Schwimmwesten losgerissen, ihr Schicksal wäre besiegelt gewesen. Keiner der beiden hätte die Kraft gehabt, allein weiterzurudern. Doch ohne ausreichende Verpflegung war der Ausgang ihrer Fahrt ungewisser denn je, und Frank befürchtete Schlimmes.

Frank sah auf die Uhr, um festzustellen, wie lange er noch durchhalten mußte, bis er George für die Ablösung wecken konnte. Die Zeiger waren bei neun Uhr stehengeblieben. In dem Moment muß uns die Welle erwischt haben, dachte er. Einen Augenblick hielt er beim Rudern inne, schüttelte die Uhr und versuchte, sie aufzuziehen. Unter dem Glasdeckel befand sich Wasser. Die Uhr war kaputt. Er seufzte und ruderte weiter, so lange er konnte. Als er das Gefühl hatte, nun sei genug Zeit vergangen, weckte er George.

Als der Franks Stimme hörte, schreckte er aus einem traumlosen Schlaf. Am ganzen Körper schaudernd, versuchte er, die Augen zu öffnen, und stellte fest, daß er kaum etwas sah. Die Augenlider waren so stark geschwollen, daß er sie kaum heben konnte. Sein ganzer Körper tat ihm weh. Er hätte schreien können. Er versuchte, sich zu bewegen, brachte es aber nicht fertig.

»Mein Gott, ich bin steif wie ein Brett«, sagte er.

»Wir wurden mächtig herumgestoßen, als das Boot kenterte. Und die Kälte und Nässe machen es auch nicht gerade besser«, sagte Frank. »Meine Beine fühlen sich an wie Baumstümpfe.«

Schließlich brachte George seine Arme und Beine dazu, ihm zu gehorchen. Er mußte zur Ruderbank kriechen, während Frank sich bemühte, das Boot möglichst ruhig zu halten. George umklammerte die Ruder und versuchte anzuziehen. Jeder Nerv reagierte mit stechenden Schmerzen.

»Kannst du sie halten?« fragte Frank. Seine Stimme war leise und schien von ganz weit weg zu kommen.

»Ich glaub schon. Schlaf du jetzt erst mal. Wird schon alles gut werden.«

Frank sah seinen Freund an. Noch nie hatte er George in einem so erbärmlichen Zustand gesehen. Bei jedem Ruderschlag biß er sich vor Schmerzen auf die Lippen. Seine inzwischen langen roten Haare klebten wirr an seinem Schädel. Sein buschiger Schnurrbart leuchtete wie eine frische Wunde in dem trotz der tiefen Bräunung fahlen Gesicht.

»Als wir letzte Nacht über Bord gingen, ist meine Uhr stehengeblieben«, sagte Frank.

George sah auf seine Uhr und stellte fest, daß auch sie nicht mehr ging. Ohne Zeitmesser würde es noch schwieriger für sie werden. Die Feststellung des richtigen Zeitpunkts, um die Sonne zu schießen, falls sie je wieder schien, verlangte einige Anstrengung. Auch die Wacheinteilung bedurfte sorgfältiger Arbeit, denn sie mußten sicherstellen, daß beide etwa gleich lang ruderten und sich ausruhten. Immer noch völlig übermüdet saß George an den Riemen und ignorierte die Schmerzen, so gut es ging. Frank, dem jetzt, nachdem er zu rudern aufgehört hatte, eisige Schauer über den Körper krochen, blieb nichts anderes übrig, als sich darauf zu verlassen, daß George wirklich bei Kräften blieb. Er legte sich hin und schlief ein.

Den ganzen Tag über schliefen die beiden abwechselnd. Wer Wache hatte, hielt die *Fox* auf Ostkurs und beobachtete den Horizont genau, denn wenn ein Schiff nahe genug kam, wollten sie es abfangen. Die Männer fürchteten schon, der Sturm könnte sie aus den Transatlantikrouten verjagt haben; dann hatten sie kaum eine Chance, neuen Vorrat aufzunehmen. Nirgends ein Zeichen von Leben, nicht einmal ein Seevogel. Das Meer war ihr einziger Gefährte. Das einsetzende Dunkel bei Sonnenuntergang war ein Spiegelbild ihres seelischen Zustands.

Am folgenden Tag, es war Sonntag, der 12. Juli, kam ein weiterer Sturm von Westen angebraust. Gegen Mittag fing es an zu regnen. Als sollte das Elend der beiden nie ein Ende nehmen. Wie lange konnten sie noch standhalten? Immer noch gingen die Wellen hoch, aber es war nicht ganz so schlimm wie während des vorigen Sturms. So relativ war alles geworden. Eine See, die bei Beginn der Reise noch hoch dünkte, war jetzt nur noch Durchschnitt. Doch dann bemerkten sie, daß sich die Wellen allmählich ungewöhnlich verhielten. Sie wurden steil und nahmen die Form von Pyramiden an – eindeutiges Zeichen für eine widrige Strömung.

»Sieht aus, als bekämen wir es mit einer Gegenströmung zu tun«, sagte Frank bedrückt.

George nickte. »Vielleicht läuft sie auch in unserer Richtung. Wollen's jedenfalls hoffen. Darf gar nicht dran denken, daß wir zurückgeworfen werden könnten. Bloß das nicht.«

Am späten Nachmittag erhielt die Besatzung der *Fox* ein erstes Zeichen, daß vielleicht doch noch Hoffnung bestand und ihr verzweifelter Optimismus nicht völlig unbegründet war. Südlich von ihnen tauchten die Aufbauten eines Dampfers auf, der sich gegen die schwere See nach Westen kämpfte. Der Wind ergriff den schwarzen Rauch aus den Schornsteinen und verwehte ihn augenblicklich. Das Schiff war zwar zu weit weg, als daß sie sich ihm hätten bemerkbar machen können, aber sein bloßer Anblick nährte in ihnen die Hoffnung auf andere, vielversprechendere Begegnungen. Offenbar hatte sie der Sturm doch nicht aus den Schifffahrtsrouten vertrieben. Ein Strohhalm nur, aber die Männer klammerten sich daran.

Georges Optimismus blieb verhalten. Wie groß ist die Chance, daß ein Schiff so nahe an uns vorbeikommt, daß wir es anrufen können? dachte er. Sehen würde ein Wachoffizier die *Fox* bei diesem Seegang niemals. Die Aussicht, ein Schiff anhalten zu können, war etwa so groß wie die, einen Bären auf große Entfernung mitten zwischen die Augen zu treffen. Den ganzen Montag über ließ George die Flügel hängen. Sogar die Tatsache, daß der Wind deutlich abflaute und auf Nord drehte und die See ruhiger wurde, konnte ihn nur wenig aufheitern. Frank, der ruhigere der beiden, nahm eine sphinxhafte Haltung an; seine Gesichtszüge verhärteten sich zu schierer Entschlossenheit, während er ruderte. Finster starrte er auf die See, deren andauernde Angriffe er gründlich satt hatte. Weder er noch George trauten dem jetzigen Frieden.

Am Dienstag nachmittag beobachtete Frank, wie George, der wachfrei hatte, vorsichtig das Logbuch aus der Heckkammer holte. Er riß ein Stück Papier ab und fing an zu schreiben. Als er fertig war, steckte er das Papier in einen Umschlag, der in der Kammer wie durch ein Wunder trocken geblieben war. Ein Brief mitten auf dem Atlantik? Drehte George langsam durch? Wo in aller Welt wollte er einen Brief aufgeben? Dann fing George an, einen zweiten Brief zu schreiben. Frank ruderte weiter und betrachtete seinen Freund fast so sorgsam, wie er den Horizont nach den Anzeichen eines

Schiffes absuchte. Er sagte aber nichts zu dem seltsamen Ritual. Wenn das Hinkritzeln von ein paar Worten, egal aus welchem Grund, dem Freund Erleichterung verschaffte, dann konnte er so viele Briefe schreiben, wie er wollte.

Der Wind blieb weiterhin schwach und drehte auf Süd. Ohne Sturm, der die Wellen hochpeitschte, beruhigte sich die See beträchtlich. Die lange Westdünung verwandelte sich in Hügel mit kabbeligen Wellen obendrauf. Langsam gewannen die Männer etwas Kraft zurück. Wer wachfrei hatte, schlief problemlos ein und wurde selten gestört. Ihre Muskeln taten weniger weh, auch wenn die Schmerzen von den Stößen noch nachklangen, die sie hatten einstecken müssen, als sie aus dem Boot geschleudert wurden. Offenbar hatte ihnen das Boot beim Kentern einen Schlag versetzt. Auch der harte Ruck der sich straff spannenden Rettungsleinen hatte ihnen kräftig zugesetzt.

Der Nahrungs- und Wassermangel beschäftigte sie sehr. Hunger war ihr ständiger Begleiter. Ihre Zungen schwollen an und klebten am Gaumen. Die Lippen sprangen auf und bluteten. Die Rationierung der Vorräte verlangte äußerste Disziplin. Wenn der Körper nach Nahrung schreit, wenn der Hunger den Magen zusammenzieht, fällt es äußerst schwer, die Qual nicht mit einem Extraschluck Frischwasser, einem unerlaubten Zwieback oder einer Büchse Fleisch zu lindern.

Am Morgen des 15. Juli, einem Mittwoch fünf Tage nach dem Kentern, fühlten sie sich ausgeruht genug, um der Situation ins Auge zu blicken und genau zu kalkulieren, wieviel Zeit ihnen blieb, wenn sie auf Überlebensration gingen, aber trotzdem genug Kalorien zu sich nahmen, um weiterrudern zu können. Wenn sie sich treiben ließen und sparsam mit ihren Kräften umgingen, konnten sie Nahrung und Wasser noch über viele Tage strecken, aber sie waren sich einig, daß das unklug wäre. Ruderten sie hingegen weiter und kamen damit Europa näher, dann bestand größere Aussicht, irgendwo ein Passagierschiff oder einen Hochseetrawler abfangen zu können. Es war ein Risiko, aber was anderes war denn die ganze Fahrt? Daß es bei dieser Entscheidung um Leben oder Tod ging, beschäftigte sie wenig. Sie beschlossen einfach, dies sei das beste, und damit hatte es sich. Sie wollten weiterrudern und dabei möglichst wenig Nahrung und Wasser verbrauchen.

Ein genaues Bild davon, wie weit die Vorräte noch reichten, setzte zunächst einmal eine einigermaßen richtige Einschätzung ihrer jetzigen Position voraus. Die letzte Berechnung hatten sie am 8. Juli vorgenommen; danach lag die *Fox* fast auf dem sechsundvierzigsten Breitengrad, also knapp unterhalb der Höhe von Neufundland und etwa auf direkter Höhe von Bordeaux und des Golfs von Biscaya. Die letzte exakte Positionsbestimmung stammte von der Begegnung mit dem kanadischen Schoner *Leader* am 1. Juli und war über zwei Wochen alt. Der Kapitän hatte ihre Position mit einer Breite von fünfundvierzig Grad dreißig Minuten Nord und einer Länge von fünfzig Grad fünfundzwanzig Minuten West angegeben. Mit anderen Worten: Sie hatten sich am Ostrand der Neufundlandbank etwa einhundertsechzig Meilen südöstlich von Cape Race befunden.

George schätzte die jetzige Position der *Fox* auf irgendwo zwischen dem sechsundvierzigsten und siebenundvierzigsten Breitengrad. Aber ohne einen Sonnenschuß war das reine Vermutung. Mit Sicherheit, dachte er, ließ sich nur sagen, daß sie irgendwo innerhalb der sechzig Seemeilen lagen, die ein Breitengrad mißt. Seine Schätzung hinsichtlich der Länge war viel ungenauer. Die Weststürme hatten sie mit einer Geschwindigkeit vorangetrieben, die sie allein mit den Riemen nie erreicht hätten. Tatsächlich reduzierte sich ihr Tempo an Tagen mit schwächerem Wind drastisch. Nach Georges Schätzung hatte die *Fox* von der Neufundlandbank in den letzten zwei Wochen mindestens siebenhundert Meilen zurückgelegt, denn das entsprach dem geplanten Tagesdurchschnitt von fünfzig Meilen.

Er sah auf der Karte nach, wie weit es noch bis Le Havre war. »Zwölfhundert Meilen sind es ungefähr noch, Frank. Nicht ganz so viel bis zur Küste von Cornwall in England.«

»Wenn wir's bloß genau wüßten. Ich schätze, zwei Drittel haben wir geschafft. Das wäre mir jedenfalls sehr recht.«

Zwei Drittel! Wenn Georges Zahlen auch nur einigermaßen stimmten, hatten sie in neununddreißig Tagen fast zweitausend Seemeilen zurückgelegt. Die bloße Positionsbestimmung ließ in den Männern wieder die Hoffnung auf einen guten Ausgang der Reise aufkeimen. Über tausend Meilen auf dem unwirtlichen Atlantik lagen noch vor ihnen. So weit reichte weder ihr Proviant noch ihr Wasser, doch wenn sie Glück hatten und ihre Kräfte sie nicht verließen, würden sie vielleicht irgendwann ein Schiff erspähen. Vielleicht käme es gar nahe genug, um sie zu sehen. Vielleicht, vielleicht …

20

George dachte an die Briefe, die er am Vortag geschrieben hatte. Der eine war an seinen Bruder Harold adressiert, der mit seiner Frau in New Jersey lebte. Darin hatte er die bisherige Fahrt, ihre Mühen und Prüfungen bis hin zum Kentern beschrieben und seine Hoffnung auf reichen Lohn nach Vollendung der Überfahrt geäußert. Die Familie von George hatte es, genau wie die von Frank, nicht für angebracht gehalten, ihn zu seiner Unternehmung zu ermutigen. Vielleicht erhellte der Brief die Gründe ein wenig, warum es ihn dazu gedrängt hatte. Der zweite Brief war an die *New York World* gerichtet. Auch er enthielt einen ausführlichen Bericht.

»Keine Ahnung, warum ich gestern die Briefe geschrieben habe.«

Ein Lächeln huschte über Franks Gesicht. »Du hattest Harold etwas zu sagen. Warum also nicht einfach einen Brief schreiben? Ich fand es allerdings seltsam, als ich dich mitten auf dem Ozean drauflos schreiben sah, als säßest du daheim in der Wohnstube«, sagte er.

Auch George lächelte. »Hab's wohl gemacht, weil ich glauben wollte, wir würden bald auf ein Schiff treffen. Hoffe es immer noch. Wirklich.«

George holte die Riemen ein und richtete sich vorsichtig auf. Er stand auf sehr wackligen Beinen. Da das Meer ruhig war und der Wind schwach, wagte er es, sich der besseren Sicht wegen auf die Ruderbank zu stellen. Er suchte den gesamten Horizont ab, entdeckte aber kein Schiff. Enttäuscht setzte er sich wieder.

»In dem Dunst siehst du nicht weit«, sagte Frank.

»Kann nicht schaden, sich mal etwas umzusehen.«

»Und wie lange, glaubst du, können wir weitermachen, wenn wir nicht auf ein Schiff treffen?« fragte Frank.

»Eine Woche, vielleicht etwas länger.«

Wieder und wieder gingen sie das Thema durch, betrachteten es von allen Seiten, als könnte sich dabei etwas Neues ergeben. Vergeblich. Ihre Lage war höchst einfach. Entweder trafen sie auf ein Schiff und konnten sich neu verproviantieren, oder sie taten es nicht, und dann hatte das Meer gewonnen. Dennoch war ihre Stimmung jetzt viel besser als während des Sturms und unmittelbar danach. Sie hatten ausreichend gefrühstückt, um wenigstens den quälendsten Hunger zu stillen. Aufs Beste hoffend ruderten sie weiter.

Der Ozean kann auf vielerlei Weise die Wahrnehmung verändern. Wie in der Wüste oder den Polarregionen können den einsamen Reisenden Halluzinationen befallen. Mangels visueller Stimulation tauchen unvermittelt Trugbilder auf. Man hat den Eindruck, bergauf zu fahren oder zu gehen, obgleich die Wasser- oder Erdoberfläche völlig eben ist; oder man sieht plötzlich Bilder von Gebäuden, Bergen, Seen oder

Inseln – all das ist unwirklich und steigt aus tiefen Bewußtseinsschichten auf. Der Reisende weiß zwar, daß das, was er sieht, irreal ist, klammert sich aber dennoch hartnäckig an die Hoffnung, daß es sich als real erweist. Frank meinte, backbord im Dunst etwas erblickt zu haben. Er kniff die Augen zusammen, um es besser zu erkennen.

»Ich sehe was!« rief er.

George folgte seiner Blickrichtung. »Wo? Ich seh nichts.«

»Jetzt ist es wieder weg«, sagte Frank.

Eine Sinnestäuschung? Hatte ihm sein bloßer Wunsch, ein Schiff zu sehen, diesen Anblick vorgegaukelt? Durchaus möglich. George ruderte weiter, während sich Frank auf die glatte, ölig aussehende Wasseroberfläche und den hellen Dunst zur Linken der *Fox* konzentrierte. Nördlich von ihnen war ein dunkler Fleck am Horizont zu erkennen. Er schien in der Luft zu hängen.

»Ich seh's wieder!« sagte Frank. »Dort drüben. Ein Segelschiff.«

Seine Erregung verbergend, stellte sich George ganz vorsichtig auf die Ruderbank und spähte durch das Fernglas, das beim Kentern zum Glück nicht über Bord gegangen war. Langsam kamen die Masten und Segel eines Schiffes auf Ostkurs in Sicht. Ein Gefühl der Erleichterung durchströmte ihn. Er schrie fast vor Glück. »Ich glaube, es kommt auf uns zu!«

»Ich hoffe, wir können uns bemerkbar machen.«

»Das wäre ein Zeichen der Vorsehung«, sagte George. Er hielt den Blick unverwandt auf den Segler gerichtet. »Ich bin sicher, er kommt näher. Wird aber nördlich an uns vorbeifahren.«

Sofort änderten die Männer den Kurs und hielten auf das Schiff zu, das sämtliche Segel gesetzt hatte und in der leichten Westbrise vor sich hinfuhr. Die Focksegel und das mächtige Großsegel blähten sich weit nach links hinaus. George und Frank ruderten mit aller Kraft, um möglichst nahe an den Dreimaster heranzukommen, aber dieser glitt mühelos durch die ruhige See, und es hatte ganz den Anschein, als werde er sie in zu großer Entfernung passieren, als daß jemand auf Deck das Ruderboot im Dunst hätte erkennen können. Sie ruderten mit deutlichem Vorhaltewinkel auf den Bug des Schiffes zu, wie ein Jäger, der eine Ente schießen will, nicht auf diese selber zielt, sondern ihre voraussichtliche Flugbahn mit einrechnet. Auf diese Weise hofften sie, das Schiff erreichen zu können. Dessen Bug kam ihrem Kurs schnell näher, und bald würde das Schiff auf gleicher Höhe mit ihnen sein, aber zu weit weg.

»Sie fährt an uns vorbei. Wir verpassen sie!« knurrte Frank. Er griff kräftig in die Ruder. Unter der Kleidung zeichneten sich seine Muskeln ab. Eine Heckwelle schäumte hinter der *Fox* auf, und sie kamen nun so nahe heran, daß die Männer die Einzelheiten der Takelage des Schiffes erkennen konnten. Sie bemerkten das verwitterte Aussehen des algenbesetzten Rumpfes und die weißen Entenmuscheln an der Schwimmlinie.

»Lieber Gott, laß den Wind abflauen!« murmelte Frank. »Dann kriegen wir sie.«

Doch natürlich wußten sie, daß sich der Wind nicht legen würde, bloß weil sie es sich sehnlichst wünschten. Wahrscheinlich würde er sogar in den nächsten Minuten aus schierem Trotz noch stärker blasen. Die Elemente hatten für sie fast menschliche Züge angenommen. Sie waren übermächtig. Sie trieben mit den Männern ihr Spiel, schlugen sie und gewährten ihnen zwischen zwei Stürmen kurze Atempausen, nur um sie danach um so härter zu bestrafen. Gewiß würde der Wind auffrischen. Warum sollte er es nicht tun?

Jetzt war das Schiff mit der *Fox* fast auf gleicher Höhe. Doch immer noch entdeckte niemand an Bord das kleine Boot. George nahm eine Decke vom Boden und befestigte sie an einem der längsten Ruder, die sie dabei hatten. Er stand auf und fing an, das Ruder hin und her zu schwenken, ohne sein Gewicht allzu abrupt zu verlagern. Der Wind erfaßte die Decke und breitete sie aus.

Das Schiff passierte sie jetzt. Die Männer rangen die Verzweiflung nieder, die sie zu übermannen drohte. George schwenkte die Decke wie wild und hielt das Ruder so hoch wie möglich. Die *Fox* schwankte gefährlich.

»Sie drehen bei! Sie haben uns gesehen!« rief Frank.

George lächelte breit, während er sich schnell wieder hinsetzte, um mitzurudern. Die kleine *Fox* hüpfte durchs Wasser. Das Segelschiff kam näher, so daß die Männer jetzt seinen Namen erkennen konnten. Es war die *Cito*.

»Die Takelung sieht norwegisch aus. Aber der Name klingt nicht norwegisch«, sagte Frank.

»Werden bald erfahren, woher sie stammt.«

Zwischen Topp- und Großsegelrah standen zwei Männer. Das sich blähende Tuch verbarg alles außer ihren Oberkörpern. Hinter dem Segel hingen ihre Beine von der Rah herunter, die Füße standen fest auf den Fußpferden. Der eine Mann, der Erste Offizier, fixierte das kleine Boot durchs Fernglas und traute kaum seinen Augen. »Zwei Neger im Ruderboot, Sir«, rief er dem Kapitän unten zu, einem kleinen, hageren Mann mit feiner Wildlederjacke, die er in der relativ lauen Luft offen trug. Der Kapitän hob die Augenbrauen. Zwei Neger in einem Ruderboot?

»Nein, Sir«, rief der Offizier. »Ich glaube, es sind Indianer!«

Der Kapitän gab der Mannschaft, die sich jetzt vollzählig an Deck versammelt hatte, um sich den seltsamen Anblick nicht entgehen zu lassen, das Zeichen zum Brassen der Rahen. Die Deckwache zog an den Leinen, so daß die Trapezsegel umsprangen. Der Wind drückte jetzt von vorne auf die Segel, aber die Focksegel zogen weiter nach vorn. Durch die beiden gegenläufigen Kräfte konnte das Schiff mitten auf dem Ozean parken. Es rollte leicht in der Dünung.

»Welche Nationalität habt ihr?« rief George.

»Wir sind Norweger«, rief der Kapitän zurück.

»Da kommen wir auch her.«

»Was macht ihr in dem kleinen Boot?«

Die beiden Männer erzählten kurz ihre Geschichte.

»Ihr könnt gerne an Bord kommen.«

»Vielen Dank«, sagte George.

George und Frank ruderten seitlich an das Schiff heran. In der Nähe des Rumpfes wurde erkennbar, daß die Dünung, so sanft sie auch war, für die *Fox* eine Gefahr bedeutete. Um die abgerundeten Schiffsseiten gurgelte das Wasser. Die Männer brauchten mehrere Anläufe, um die *Fox* längsseits zu bringen. Sie ruderten schnell, um Fahrt zu gewinnen, und zogen dann die Ruder ein, damit sie nicht gegen den Rumpf schlugen. Die *Fox* schaukelte hin und her. Ein Mitglied der Besatzung warf Frank ein Tau zu, das er am Bug befestigte. Die beiden versuchten an Bord zu klettern, mußten aber feststellen, daß ihre Beine zu steif geworden waren. Schließlich hangelten sich die beiden mit der bloßen Kraft ihrer Arme und Oberkörper hinauf.

Sie krochen über die Schiffswand und fielen dann erschöpft auf Deck, während zwei Mann der Besatzung die *Fox* zum Schiffsheck manövrierten und aus dem Wasser hievten, um zu verhindern, daß sie beschädigt wurde. Ein weiteres Besatzungsmitglied blieb bei ihnen und paßte auf sie auf. Inzwischen hatten sich George und Frank mühsam erhoben, fielen aber sofort wieder hin. In den Wochen auf See hatte sich ihre Beinmuskulatur so zusammengezogen, daß sie unfähig waren, normal zu gehen. Sie lehnten jedoch die angebotene Hilfe ab und torkelten schließlich über die ganze Schiffslänge zum Achterdeck, wo sie der Kapitän mit einer Mischung aus Mitleid und Bewunderung musterte.

»Ihr seid die wagemutigsten Kerle, denen ich je begegnet bin«, sagte er und streckte ihnen die Hand entgegen. »Wir haben euch für Schiffbrüchige gehalten, müßt ihr wissen.«

»Ich hab euch für Neger gehalten«, sagte der Erste Offizier. »Dann für Indianer. Und nun stellen wir fest, daß ihr aus Norwegen stammt!«

George und Frank blickten einander an. Es war, als sähen sie sich zum ersten Mal. Ihre Gesichter waren tief gebräunt und zudem schmutzig. Sie lächelten. Neger. Indianer. Kein Wunder, daß sich der Offizier getäuscht hatte. »Könnten ein Bad gut vertragen«, sagte George.

Der Kapitän bestimmte gerade mit Hilfe eines recht mitgenommenen Sextanten die Position seines Schiffes und sagte nebenbei: »Seid ihr hungrig?«

»Nicht übermäßig«, sagte George. »Aber etwas zu essen könnte nicht schaden.«

Frank grinste seinen Freund vielsagend an.

»Das Abendessen ist in ein paar Minuten fertig«, sagte der Kapitän.

»Wo sind wir?« fragte Frank.

»Unser Standort ist für uns noch wichtiger als etwas zum Essen«, sagte George. »Wir sind seit zwei Wochen ohne feste Ortsangabe, und seit dem letzten Sonnenschuß ist es schon über eine Woche her. Wie weit sind wir gekommen?«

»Wenn ihr noch einen Augenblick wartet, kann ich's euch sagen«, meinte der Kapitän.

»Wenigstens eine Schätzung. Sie haben bestimmt eine vage Vorstellung«, sagte George. Plötzlich war es für ihn das Allerwichtigste zu erfahren, wo sie sich befanden. Er wurde selten ungeduldig, aber er mußte es jetzt wissen, sofort.

»Nun, nach meiner Schätzung liegen wir zwischen einunddreißig und zweiunddreißig Grad westlich von Greenwich.«

George folgerte, daß sich die *Cito* und die *Fox* etwa neunhundert Seemeilen entfernt von den vor der Südküste Großbritanniens liegenden Scilly-Inseln befanden. Das jedenfalls sagte er zu Frank.

»Sieh einer an. Der Westwind hat uns ordentlich geschubst, was, George?«

»Wir hatten ziemlich grobes Wetter«, sagte der Kapitän. »Wenn ihr die letzten Wochen auf dem Meer überstanden habt, sollte euch der Rest des Weges nicht allzu schwerfallen. Ein häßlicher Westwind hat uns bei verkürztem Segel so zugesetzt, daß wir glaubten, nie wieder volles Tuch zu erleben.«

Der Koch kam an Deck und meldete dem Kapitän, das Abendessen sei bereit. Auch die wachfreie Mannschaft eilte zum Essen unter Deck.

»Kommt und laßt euch eine warme Mahlzeit schmecken; danach könnt ihr euch ja waschen«, sagte der Kapitän. Er führte die Männer nach unten in seine Kajüte.

George und Frank aßen mit großem Appetit und erzählten dabei dem Kapitän und seinen Leuten von ihrer Reise, der Begegnung mit der Mammutwelle und warum sie die Atlantiküberquerung in einem Ruderboot unternahmen. Zunächst verstand der Kapitän sie nicht, denn auch für die *Cito*, die Holz aus Kanada ins prosperierende England brachte, war die Überfahrt bislang äußerst anstrengend und gefährlich gewesen. Doch im Vergleich zu dem, was die beiden Männer an Bord der *Fox* durchgemacht hatten, war das Risiko gering gewesen. Wozu Leib und Leben riskieren, fragte er sich, bloß um einen Rekord aufzustellen? Wahrhaftig, warum? Die Idee, das Boot ausstellen und in den großen Theatersälen Europas Vorträge halten zu können, nahm sich in der Tat ungewöhnlich aus, erschien aber bei genauerer Überlegung durchaus logisch. Manchmal muß der Mensch einfach die ausgetretenen Pfade verlassen und sich in unbekannte Gefilde wagen, auch wenn es weitaus gefährlicher ist.

»Ich möchte Sie um einen Gefallen bitten, Kapitän Clausen«, sagte George nach dem Essen.

»Und was wäre das?«

»Könnten Sie genug Vorräte für uns erübrigen, daß wir den Rest des Weges schaffen? Wir bezahlen sie auch. Wir haben etwas Geld dabei.«

»Ihr könnt alles haben, was ihr braucht, und noch

mehr! Und ich nehme keinen Heller von euch. Das ist das Mindeste, was ich für meine Landsleute tun kann.«

Beide bedankten sich überschwenglich.

»Noch etwas«, sagte George. »Würden Sie sich unser Boot ansehen und bestätigen, daß wir weder Segel noch Mast noch Steuerruder haben? Sicher wird es Leute geben, die nicht glauben wollen, daß wir die Überquerung ohne Täuschung geschafft haben. Die behaupten werden, nachdem New York außer Sichtweite war, hätten wir einen Mast und ein Segel bekommen.«

Der Kapitän war einverstanden. »Ja, solche Leute gibt's immer. Mißtrauisch zu sein ist schließlich leichter, als das Unmögliche zu glauben, nicht wahr?«

Nachdem sie sich von Kopf bis Fuß gewaschen hatten, fühlten sich die beiden wohler denn je seit ihrer Abfahrt von New York. Die Last der letzten Wochen fiel von ihnen ab. Die Freundlichkeit des Kapitäns verscheuchte ihre Verzweiflung. Beim Anblick des Vorratsstapels an Deck wußten die Männer, daß sie nun die Chance hatten, aus eigener Kraft ihr Ziel zu erreichen. Doch noch lagen viele Meilen vor ihnen, konnte ihnen alles mögliche zustoßen.

Bevor sie ihr Boot beluden, kletterte Kapitän Clausen in die *Fox* hinunter und sah sich um. »Wie ich sehe, habt ihr die Wahrheit gesagt. Ich gebe zu, daß ich mich selber gefragt habe, wie ein so kleines Boot mit bloßer Ruderkraft bis hierhergelangen konnte. Ihr müßt es unbedingt nach Le Havre schaffen. Die Welt muß sehen, wozu Norweger imstande sind!«

Kapitän Clausen schrieb in ihr Logbuch:

Hiermit bestätige ich, daß ich an diesem 15. Juli 1896 dem Ruderboot *Fox* aus New York auf einer

Breite von siebenundvierzig Grad zehn Minuten und einer Länge von einunddreißig Grad zwanzig Minuten begegnet bin und daß das Boot weder Mast noch Segel noch Steuerruder mitführte.

Bark *Cito* aus Laurnik
N. E. Clausen, Kapitän

Nach dem Einladen und sorgfältigen Verzurren der Vorräte waren George und Frank bereit, von der *Cito* abzulegen.

»Glückliche Reise«, rief der Kapitän zu ihnen hinunter. »Und möge eure Hoffnung auf einen ordentlichen Erlös in Erfüllung gehen.«

»Auch Ihnen sichere Reise, Sir«, riefen George und Frank zurück. »Und danke für alles!«

»Sagt mal, Leute!« rief der Kapitän seiner Mannschaft zu. »Möchte einer von euch mit den Burschen tauschen?«

Ringsum Kopfschütteln und Lachen.

»Anscheinend seid ihr die zwei einzigen, die verrückt genug sind, das Meer in dem kleinen Boot herauszufordern«, lachte der Kapitän.

George und Frank winkten, machten die Leinen los und drückten ihr Boot vom Schiffsrumpf weg. Als die *Fox* weit genug entfernt war, tauchten sie die Riemen ins Wasser und legten sich ins Zeug. Die *Cito* drehte wieder in den Wind, der nun ihre Rahsegel füllte. Am Bug bildete sich weißer Schaum, und bald schon wurde sie immer kleiner. Als das Abendrot den Atlantik in rosiges und orangenfarbenes Licht tauchte, nahmen die Segel eine fast bronzene Farbe an, bis die von Osten heraufziehende Nacht sie schließlich verschlang.

21

Als es dunkel war, legte sich ein feuchter Nebelschleier auf die *Fox*. Aber der Wind blies nur schwach von Westen, und die See war brav. Der Verlust der Uhren bereitete George und Frank Sorgen, denn nun konnten sie nicht mehr feststellen, wer wie lange an den Rudern gearbeitet oder in der relativen Geborgenheit unter der Spritzdecke geschlafen hatte. Seit dem Kentern war es jede Nacht wegen Sturmwolken oder Nebel stockfinster gewesen. Anhand des nautischen Jahrbuchs hätten sie die Zeit feststellen können, denn dort sind die Mondaufgangs- und -untergangszeiten eingetragen, und mit ein wenig Berechnung hätte sich die Wacheinteilung leicht bewerkstelligen lassen. Außerdem enthielt das Buch Auf- und Untergangszeiten der wichtigsten Sternbilder und der Planeten. Doch beim stundenlangen Rudern in der Dunkelheit war kein Zeittakt zu ermitteln. Das machte ihnen schwer zu schaffen, denn ihre Welt bestand nur noch aus Rudern, dem Schlagen der Wellen gegen den Rumpf und der undurchdringlichen Finsternis eines sternenlosen Himmels.

Verglichen mit dem, was sie durchgemacht hatten, war die gerechte Aufteilung der Stunden an den Riemen ein eher nebensächliches Problem. Aber an Bord des kleinen Kahns kam ihm mehr Bedeutung zu, als man meinen sollte. Keiner der beiden wollte dem anderen auch nur eine Minute des kostbaren Schlafs rauben. George erfand eine Methode, die sicherlich ungenau war, aber immerhin dafür sorgte, daß keine Spannungen aufkommen konnten.

Wenn er Frank am Ruder ablöste, ruderte er so lange, bis er den Eindruck hatte, nun sei eine halbe Stunde vergangen. Dann holte er den Wasserkessel vom Bug und stellte ihn auf die Heckruderbank. Er ruderte wieder eine halbe Stunde und steckte dann sein Klappmesser neben den Topf in die Bank; diesen Vorgang wiederholte er mit dem Fernglas, einer Fleischdose oder auch einem Stück Tau. Danach verfuhr er umgekehrt. Am Ende der Wache befanden sich alle Gegenstände wieder an ihrem gewohnten Platz. Doch letzten Endes war alles eine Frage des Vertrauens. Beide mußten sich einfach darauf verlassen, daß der andere seine dreistündige Wache voll abgeleistet hatte.

»Zeit zum Aufstehen, Frank«, sagte George.

Er konnte kaum die Umrisse von Franks Körper erkennen. In dem schwachen Licht der Laterne neben dem Kompaß warfen seine eigenen Füße, die Ruderbank und der schemenhafte Körper seines Freundes seltsame Schatten.

»Der Kessel hat seine Runden beendet, was«, brummte Frank und schüttelte den Schlaf aus den Gliedern. Er zog die Ölhaut über, und die beiden Freunde tauschten die Plätze.

Auch in den folgenden Nächten schien weder der

Mond, noch waren Sterne zu sehen, so daß immer noch kein exakterer Wachplan aufgestellt werden konnte. Ihr Teamgeist verhinderte kleinliche Auseinandersetzungen um Details, die vielleicht im Augenblick wichtig erschienen, im größeren Zusammenhang aber nebensächlich waren.

Als der nächste Morgen graute, es war Donnerstag, der 16. Juli, herrschte immer noch Nebel; auch der Westwind blies weiterhin schwach. Die Männer gönnten sich ein Festmahl aus rohen Eiern, etwas frischem Brot und Kondensmilch. Sie lechzten nach einer Tasse dampfenden Kaffees. Aber obwohl das Wetter ruhig genug war, um den Herd anmachen zu können, entschieden sie sich dagegen. Das Kerosin reichte nicht mehr weit, und sie hielten es für klüger, mit ihren Vorräten hauszuhalten.

Nachdem sie sich beim Essen abgewechselt hatten, setzten sie sich beide an die Riemen. Schönwetterroutine war wieder angesagt. Auf seltsame Weise empfanden sie das als tröstlich. Tag für Tag zu rudern war alles andere als bequem, aber die Routine vermittelte doch den Eindruck einer gewissen Stabilität. Solange sie zusammenarbeiteten und stetig nach Osten vorankamen, solange das Meer sie machen ließ und keinen Sturm auflegte, waren sie so glücklich wie unter den Umständen möglich. Beide vermißten das Leben an Land und ihre Familien. Sie sehnten sich nach Zuhause, vor allem aber wollten sie endlich von der *Fox* befreit sein. Sie haßten das Boot und liebten es zugleich. Auch das war natürlich. Ihre widerstreitenden Gefühle trieben sie voran, immer weiter voran.

»Sieht aus, als hätten wir Begleitung bekommen«,

sagte Frank und deutete auf die Rückenflosse eines Hais.

George lehnte sich über die Seite, um ihn besser sehen zu können. »Ein ganz schön dicker Bursche.«

»Zum Glück war er nicht in der Gegend, als wir unser unfreiwilliges Bad nahmen. Sonst wäre uns das schöne Essen auf der *Cito* entgangen«, sagte Frank.

Der Hai folgte ihnen fast den ganzen Tag. Sie hatten nichts dagegen; so konnten sie wenigstens mal etwas anderes betrachten als immer nur das Meer. Als der Hai weg war, spielten Tümmler in ihrer Nähe, sprangen hoch aus dem Wasser und tauchten platschend wieder ein. Sie kamen nahe an die *Fox* heran und besahen sich die Männer mit Augen, die fast menschlich wirkten. George und Frank sprachen zu den Tümmlern und lachten über deren Kapriolen. Als schließlich auch sie wieder verschwanden, fühlten sich die beiden Männer einsamer als zuvor.

Am frühen Freitagmorgen schreckte George – er vollzog gerade wieder sein Kesselritual – auf, weil er im nahen Wasser ein Geräusch hörte und gleich danach den Eindruck hatte, als sei etwas ins Boot gesprungen. Er hielt inne und lauschte. In der Bilge zappelte ein Fisch. Er griff danach, aber das Tier schlüpfte unter die Wassertanks. Nicht weit entfernt lag Frank in tiefem Schlaf. Da George den Freund nicht wecken wollte, ließ er den Fisch, wo er war, fragte sich aber unentwegt, welchen Besucher sie da bekommen hatten. In den Tropen springen fliegende Fische hoch in die Luft, um den Goldmakrelen zu entkommen, großen Fischen mit quadratischem Kopf und scharfen Zähnen. Wenn sich der kleine Bursche im Boot nicht völlig verirrt hatte, konnte es eigentlich kein fliegender Fisch sein, dachte George.

Als die Sonne aufging, holten die beiden ihren verendeten Besucher hervor. Er ähnelte in nichts den Fischen, die sie kannten. Er war rund wie ein Aal und etwa einen halben Meter lang, außerdem grundhäßlich. Bei seinem Anblick trauerten beide dennoch ihrer Bratpfanne nach.

»Wenn der Sturm nicht gewesen wäre, könnten wir jetzt gebratenen Fisch verspeisen«, sagte Frank und schluckte zweimal.

»Für den hätten wir Kerosin übrig, keine Frage. Aber wie sollen wir ihn ohne Topf oder Pfanne zubereiten?«

Da sie keine Lust verspürten, sich das Tier roh zu Gemüte zu führen, vertrauten sie es wieder der Tiefe an. Es trieb achtern weg, während sie weiterruderten, hinein in den Nebel, der so dicht war, daß sie kaum noch die Ruderblätter erkennen konnten. In der grauen Suppe gab es wenig, was sie mit dem Jetzt verband. Die Monotonie ihrer Arbeit an den Riemen, so willkommen sie nach den Gefahren der Weststürme auch war, lud geradezu dazu ein, über Vergangenheit und Zukunft nachzudenken und die Gegenwart zu vergessen.

George kamen unentwegt Bilder von Anine, Andrew, Annie Louisa und vom kleinen Fritz, der jetzt neun Monate alt war, in den Sinn. Was seine Familie in diesem Augenblick in Brevik wohl tat? Ging es allen gut? Wie kam Anine mit ihren Eltern und den Verwandten zurecht? Hatten die Schiffe, denen er und Frank begegnet waren, sie auch wirklich den Zeitungen vermeldet? Wußte Anine also, daß sie noch lebten? Die Ungewißheit nagte an ihm. Es gab keine Antworten. Er mußte so schnell wie möglich den Atlantik überqueren. Er war jetzt sicher, daß sie es schaffen würden. Absolut sicher.

Er malte sich ihre Gesichter aus, hörte ihre Stimmen und ihr Lachen und sehnte sich danach, endlich wieder bei seiner Familie zu sein. Manchmal dachte er auch an Agnes Grace, die Gott schon als Baby zu sich geholt hatte. Ihre Seele war irgendwo dort oben im Himmel, aber ein Teil von ihr weilte auch dort auf dem Meer, wo sie vor fünf Jahren gestorben war. Er wischte diese schmerzlichen Erinnerungen beiseite, um glücklicheren Platz zu machen. Er dachte an die erste Zeit in New York, an Anine, die Andrew im Arm gehalten hatte, während im Hafen die Aufstellung der Freiheitsstatue gefeiert wurde; an ihren ersten Frühling in Nauvoo; weiter zurück noch an die Tage in Brevik, als er Anine kennenlernte, sich in sie verliebte und ihr versprach, sie nach Amerika zu bringen, wo alles möglich erschien und es nur jene Grenzen gab, die im Menschen selbst lagen. Alle diese Momente gingen ihm jetzt durch den Kopf.

Auch Frank hing seinen Gedanken nach. Er dachte an seinen Vater Emanuel und fragte sich, wie er wohl mit der kleinen Milchfarm in Elunde zurechtkam. Und seine Mutter Elisabeth, war sie gesund? Hatten sein Bruder Jake und seine Schwester Karoline in den Vereinigten Staaten Nachricht von ihm bekommen? Er dachte an seine Geschwister in Norwegen, die zwei Jahre jüngere Severine, die erst neunjährige Jenny und die kleine Kristine. Und an seine Brüder. Sie alle vermißte er sehr. Er hatte zwar schon mit siebzehn Jahren das Elternhaus verlassen, stand den Seinen aber dennoch sehr nahe. Vor allem Karoline, die voller Ideale und Hoffnungen war und alles daran setzte, eine richtige Amerikanerin zu werden.

Er dachte an seine frühe Kindheit zurück, an die Zeit,

als er gerade drei oder vier Jahre alt war. Die Familie wohnte in einem winzigen Häuschen an einem Fjord, der nicht weit von Farsund in die Nordsee mündete. Es gab keine Stadt in der unmittelbaren Nähe von Sellegrod, dem Ort, wo Emanuel das Haus errichtet und seine Familie gegründet hatte. Zum Einkaufen fuhr er mit einem kleinen Ruderboot durch den Fjord nach Farsund, einer geschäftigen Hafenstadt. Frank saß mit Wonne im Bug und sah seinem Vater beim Rudern zu. Oft ging er ins Bootshaus, setzte sich in das vertäute Boot seiner Familie und tat so, als würde er rudern. Frank sah dieses Bild vor sich und lächelte. Rudern war ihm von Kindheit an vertraut, und das schien ihm gut bekommen zu sein. Sein kräftiger Zug hatte nicht wenig zum Vorankommen der *Fox* beigetragen. Neidlos erkannte er Georges Leistungen in Dingen wie der Navigation an, und er schätzte ihn wegen seiner Ausdauer und Entschlossenheit an den Riemen. Aber wer der Stärkere der beiden war, daran gab es keinen Zweifel.

Nach einer langen Zeit des Träumens verflüchtigen sich allmählich die Gedanken, lösen sich auf wie Nebelfetzen in der Wärme der aufgehenden Sonne, bis der Kopf ganz leer ist. In solchen Momenten spürten die Männer plötzlich wieder den Schmerz in ihren geschundenen Händen. Kaum ein Zoll ihres Körpers, der ihnen nicht weh tat. Um auf andere Gedanken zu kommen, sangen sie Lieder. Sie versuchten alles, um die Zeit zu überlisten, die ihnen in der eintönigen Abfolge der Tage Freund und Feind zugleich war.

Der Nebel hob sich gerade so weit, daß sie am Samstag nachmittag zwei Schiffe sichteten. Das eine fuhr in nordwestlicher Richtung nach Kanada oder in die Vereinigten Staaten, das andere hielt nach Süden auf die Azoren zu. Die beiden Männer betrachteten die Schiffe mit der Freude, die man empfindet, wenn man einen alten Bekannten wiedertrifft. Sie hofften, der Nebel bliebe weg, denn sie waren sicher, daß sie dann jeden Tag Schiffe sehen könnten. Deren Anblick verstärkte ihre Verbindung zur Zivilisation, ließ sie sich weniger einsam fühlen und nährte ihre Hoffnung auf ein baldiges Ende der Fahrt.

Am Sonntag bot das Meer eine weitere Abwechslung. Die Sonne ging schon unter, da entdeckten sie einen Gegenstand, der an der Oberfläche schwamm. Sie ruderten hin und stellten fest, daß es ein über und über mit Muscheln bedecktes Faß war. Auf den Inhalt neugierig, stach Frank mit dem Messer hinein. Es enthielt Kerosin. Aber sie konnten es nicht in ihren Kanister umfüllen. Einen Augenblick lang waren sie verärgert. Der Duft dampfenden Kaffees stieg ihnen schon in die Nase.

»Bald werden wir auf ein Schiff treffen, und vielleicht gibt uns der Kapitän etwas Kerosin für den Herd«, sagte George.

»Ich lasse das Faß ungern zurück«, meinte Frank. »Es muß doch einen Weg geben, an das Zeug heranzukommen.«

Aber es gab keine Möglichkeit, und sie mußten das Faß zurücklassen. Der Wettergott beglückte sie mit einer warmen, klaren Nacht. Die Sterne bedeckten den Himmel wie eine funkelnde Kuppel. Hin und wieder erblickten sie Sternschnuppen, die so hell waren, daß sie sich fast im Wasser spiegelten. Gut mit Proviant versorgt, ausgeruht und Europa immer näher wissend, befanden sie sich in Hochstimmung. Sie fragten sich freilich, ob sich das Meer wieder gegen sie wenden würde. Fast hatte es den Anschein, als habe es die Absicht, sie zu erledigen, aufgegeben. Dem Meer zu vertrauen, ist gefährlich, doch wenn es lockt, widersteht man um so schwerer der Versuchung.

Am nächsten Tag, es war Montag, der 20. Juli, erinnerte sie der Ozean wieder an seine Kraft. Der Wind blies kräftig aus Nord, und bald türmten sich die Wellen. Aber es bestand kein Grund zur Sorge; es war lediglich eine frische Brise von weniger als dreißig Knoten mit gelegentlichen stärkeren Böen. Der Wind drehte wieder auf West und trieb sie voran. Seit der Begegnung mit der *Cito* hatte die *Fox* nach Georges Schätzung weitere zweihundertsiebzig Meilen zurückgelegt, so daß bis zum Ärmelkanal noch rund siebenhundert Meilen blieben.

22

Seitdem Menschen erst aus Schilf, gegerbtem Leder und schließlich aus Holz, Eisen und Stahl Schiffe bauen, bewahrt das Meer seine Geheimnisse. Es ist so weit und so tief, daß ein auf seiner Oberfläche dahintreibender Mensch das Gefühl hat, er sei auf dem Rücken der Erde festgebunden und starre in die schwarze Tiefe des Weltraums. Er meint sich am natürlichen Schnittpunkt zweier Welten. Kaum etwas anderes beflügelt den Geist so sehr wie auf den Wassern dahinzutreiben und die Gedanken schweifen zu lassen. In einem kleinen Boot empfindet man das in der Tiefe des Meeres Verborgene am stärksten; auf einem großen Schiff steht diesem Empfinden die Maschinerie hindernd im Wege.

Nach zwei weiteren ereignislosen Tagen auf den Schwingen einer leichten westlichen Brise war das Meer plötzlich so ruhig, daß es sich unnatürlich anfühlte. Am frühen Abend des 23. Juli, einem Donnerstag, erstreckte sich der Ozean nach allen Seiten wie ein Brett. Er schimmerte im schwächer werdenden Licht, und auf der indigoblauen Fläche brachen sich orangefarben und weiß die letzten Strahlen der Sonne.

George ruderte vor sich hin und bewunderte die himmlische Stille. Mit einem Mal sah er auf gleicher Höhe mit der *Fox* und etwa sechzig Meter entfernt eine höchst bemerkenswerte Erscheinung. Er blinzelte und hörte auf zu rudern.

»Schau mal, Frank«, flüsterte er. »Siehst du das?«

Auch Frank hielt jetzt inne und erblickte das Geschöpf, das einen schwarzen, zotteligen Kopf hatte und eine Schnauze wie ein Neufundländer. Es schien friedlich auf dem Wasser zu liegen und wie die Männer den lauen Abend zu genießen. Mit sanftem Ruderschlag brachten sie das Boot näher; das Wasser kräuselte sich kaum unter den Blättern. Lautlos glitt die *Fox* auf das Geschöpf zu.

Als sie nur noch gut zwanzig Meter entfernt waren, schien es sie prüfend zu mustern und verschwand dann langsam in der Tiefe, ohne auf dem Wasser eine Spur zu hinterlassen. Nicht das leiseste Kräuseln blieb zurück. Die Männer ruderten an die Stelle und lehnten sich über Bord, sahen aber nur das undurchdringliche Schwarz des Ozeans. Lange sagten sie kein Wort. Bedrückende Stille herrschte. Jeder hörte sein Herz pochen, den Atem aus seinen Lungen entweichen.

»Was meinst du, was das war?« sagte Frank endlich. Seine Stimme hörte sich laut an, obwohl er flüsterte.

»Ein Seehund kann es nicht gewesen sein. Bis zur Küste sind es noch mindestens fünfhundert Meilen, und aus dem Gebiet, wo es Eisberge gibt, auf denen ein Seehund gestrandet sein könnte, sind wir längst heraus.«

»Warten wir, ob es noch mal an die Oberfläche kommt.«

Die *Fox* dümpelte vor sich hin. Unwillkürlich kroch den Männern ein Schauder über den Rücken. Sie glaubten zwar weder an Seeungeheuer, noch an Riesenkraken oder Meerjungfern, wußten aber, daß Menschen seit Urzeiten die seltsamsten Fische oder Säugetiere im Meer entdeckt hatten. Ein Seehund konnte so weit draußen nicht überleben. Nach einem Wal oder einer Goldmakrele sah das, was sie gesehen hatten, auch nicht aus. Was immer es war, es verwirrte und erstaunte sie zutiefst.

Die Sonne sank unter den Horizont. Die Welt um sie herum wurde tiefblau und schwarz. Sie zündeten die Laterne für den Kompaß an, und ihr sanftgelbes Glühen beruhigte sie. Sie ruderten in die Nacht hinein und ließen das geheimnisvolle Etwas zurück, wohl wissend, daß sie es nie vergessen würden. Niemand würde ihrer Erzählung Glauben schenken. Sie phantasierten, würde es heißen. Unmöglich. Solche Dinge gab es nicht. Die Landbewohner machten es sich oft zu leicht. Sie kannten ja auch nicht die Macht eines Orkans auf dem Ozean oder die Herrlichkeit eines Sonnenuntergangs auf dem Meer. Manchmal verschwindet die Sonne am Horizont mit einem glänzenden grünen Blitz wie aus dem riesigen Blitzlichtwürfel einer kosmischen Kamera, die die letzten Sekunden des Tages einfangen will. Das gespenstische Grün des Elmsfeuers, das die Masten und Rahen hinaufklettert und über die Decks huscht, ja sogar das einfachste Phosphoreszieren ist dem Landbewohner fremd und würde ihn, sähe er es mit eigenen Augen, in Angst und Schrecken versetzen. Ein Seemann jedenfalls würde niemals bezweifeln, daß die beiden etwas Eigenartiges, Fremdes gesehen hatten, und mancher würde sich fragen, was es denn gewesen sein könnte.

In der Nacht stellte sich ein böiger West-Nordwest-Wind ein. Aber die See blieb ruhig. Am Freitagmorgen war es relativ friedlich. Der Wind hatte sich offenbar verabschiedet. Aber da sie ihn nicht benötigten, störte es sie nicht. Sie hatten einige Stunden gerudert, als am späten Vormittag am Horizont das Segel eines Schiffes auftauchte. Die langen, einsamen Tage auf dem Meer hatten sie ausgesprochen erpicht auf Gesellschaft gemacht. Sie sehnten sich nach dem Klang von Stimmen, der Nähe anderer Menschen. Außerdem wollten sie versuchen, sich etwas Kerosin zu besorgen.

Sie beschlossen, auf das Schiff zuzuhalten, was sich als einfach erwies. Die Segel hingen schlaff an den Rahen. An diesem windstillen Tag war die *Fox* gegenüber dem Segler im Vorteil, der sich als Bark herausstellte, größer noch als die *Cito*, genau wie sie unterwegs nach England mit einer Ladung Holz aus den kanadischen Wäldern. Und wie die *Cito* stammte sie aus Norwegen. Es war die *Eugen* aus Christiania, der Hauptstadt ihrer norwegischen Heimat. Der Kapitän, Axel Bache, war etwa fünfunddreißig Jahre alt und trug einen schwarzen Vollbart. Er blickte über die Schiffswand zu den beiden Männern hinunter und hörte sich ihre Geschichte an. Wie alle anderen Seeleute, denen die beiden begegnet waren, äußerten sich auch der Kapitän der *Eugen* und seine Besatzung höchst überrascht, daß ein so kleines Boot nur mit Ruderkraft so weit hatte kommen können. Er lud sie an Bord ein und bewirtete sie mit einem ausgiebigen Mahl. Desgleichen überließ er ihnen etwas Proviant und vor allem ein paar Gallonen Kerosin für ihren Herd.

George und Frank verstauten die Geschenke von Kapitän Bache und baten ihn, die *Fox* zu überprüfen und das Ergebnis im Logbuch einzutragen. Er kletterte hinunter und stieg vorsichtig in das Boot. Während er mal hier, mal da herumstocherte, schwankte die *Fox* hin und her. Nachdem er sich überzeugt hatte, daß die Behauptung der Männer, sie führten weder Mast noch Segel mit, der Wahrheit entsprach, trug er seine Feststellungen in ihr Logbuch ein:

> Hiermit bestätigen wir, am heutigen Tag das Ruderboot *Fox* aus New York angetroffen und besichtigt und außer den Riemen keinerlei Antriebshilfe gefunden zu haben.
>
> 24. Juli 1896.
> Axel Bache,
> Kapitän der *Eugen* aus Christiania

Kapitän Bache war etwas grün im Gesicht geworden und sagte: »Ich glaube, ich könnte keine Stunde auf diesem Boot bleiben, ohne seekrank zu werden.«

»Dabei ist's heute ruhig! Sie hätten während einem der Stürme bei uns sein müssen, dann wüßten Sie ganz genau, ob Sie seekrank werden oder nicht!« lachte George.

»Es ist ein rankes Boot«, sagte Frank lächelnd.

»Also, mir wird es zuviel«, sagte der Kapitän und kletterte schnell auf die *Eugen* zurück. Er schien erleichtert, als er endlich wieder auf einem stabilen Schiff stand, das nicht bei jeder kleinen Bewegung schwankte.

»Vielen Dank für das Kerosin und den Proviant«, riefen ihm die beiden zu. »Jetzt können wir uns wenigstens ab und zu einen Kaffee oder eine warme Mahlzeit genehmigen.«

»Wir melden euch den Londoner Zeitungen, sobald wir in Swansea sind.«

Die *Fox* ließ die *Eugen* in ihrem Kielwasser zurück. Völlige Flaute wünscht kein Seemann dem andern. Wind haucht dem Segelschiff Leben ein, treibt es unter dem Druck des Tuches voran, und man spürt die Wellen weniger. Bleibt der Wind aus, dann hängen die Segel schlaff an Rahen und Takelage, und das Schiff rollt in der Dünung. Doch die beiden Ruderer begrüßten die Windstille, zumal sie wußten, daß sie nicht lange anhalten würde und die *Eugen* schon bald den nötigen Wind bekäme.

Während der nächsten sechs Tage machte die *Fox* mit über fünfzig Meilen im Tagesdurchschnitt gute Fahrt. Für die Verhältnisse auf dem Nordatlantik blieb das Wetter gut, mit anderen Worten: Kein Sturm attackierte sie. Gelegentliche Böen und Regenschauer wechselten mit Schönwetterspannen ab. Hin und wieder demonstrierten die Wellen ihre Hinterhältigkeit und überschlugen sich, wobei sie kochenden weißen Schaum produzierten. Die Farbe des Wassers veränderte sich, es war jetzt eher grün als schwarz. Die Wellen nahmen sogar eine andere Form an, sie wurden kürzer. In Küstennähe gehen sie höher und sind gefährlicher, vor allem, wenn der Wind sie gegen den Gezeitenstrom vor sich hertreibt. An den meisten Tagen fröstelten die beiden während der kalten Stunden vor dem Morgengrauen. Die feuchte Seeluft durchdrang alles; der Regen durchnäßte ihre Kleider.

Die Zeichen küstennäheren Lebens nahmen zu. Sie sichteten Sonnenfische. Diese gewaltigen, über drei Meter langen, flunderähnlichen Fische lagen träge an der Oberfläche der Dünung und genossen die bescheidene Wärme, die die schwache Sonne zu bieten hatte. Die in der ganzen Welt für ihre durchdringenden Schreie und den großen Appetit bekannten Seemöwen wurden zahlreicher, ebenso andere Seevogelarten, die sich nur wenige hundert Meilen auf das Meer hinaus wagen. Auch die Zahl der Schiffe nahm zu. Die Stimmung der Männer besserte sich zusehends. Nach Georges Berechnungen, die auf mehreren Sonnenschüssen beruhten, lagen sie genau auf Kurs zu den Scilly-Inseln, wo sie einen Zwischenhalt einzulegen und von ihrer gelungenen Überfahrt zu berichten gedachten.

Nahezu zwei Monate auf hoher See in einem winzigen Boot, das schien selbst ihnen unglaublich. Auch die Tatsache, daß sie die Überquerung des wilden Atlantiks bald geschafft hatten, und mit einem solchen Tempo, erfüllte sie mit Stolz. Inzwischen hatten sich am Bootsrumpf Entenmuscheln festgesetzt. Auch die Trimmung mußten sie verbessern, indem sie das Trinkwasser gleichmäßiger auf Vorder- und Hecktanks verteilten; einen füllten sie sogar mit Meerwasser, um mehr Ballast zu bekommen. Beim Ablegen war die *Fox* schwer beladen gewesen, aber jetzt ritt sie hoch und leicht auf den Wellen, und wenn ein Sturm aufkam, konnte das problematisch werden. Dann würde das Boot fast unkontrollierbar übers Wasser schlittern. In weiser Voraussicht ließen die Männer keine Vorsichtsmaßnahme aus, um nur ja nicht mit ihrer Freude das Meer zu reizen, ihnen im letzten Augenblick noch alles zu verderben. Ihnen blieben viele Meilen zu rudern, bis endlich die Scilly-Inseln aus dem englischen Nebel auftauchen würden, und durch den Ärmelkanal bis nach Le Havre waren es ebenfalls noch etliche.

Am Freitag, dem 31. Juli, sichteten die Männer einen

verwitterten Dreimaster in so großer Nähe, daß ein Kurswechsel gerechtfertigt war. Während sie sich dem Schiff näherten, versuchten sie den in großen Lettern am Heck angebrachten Namen zu entziffern. Die Schriftzeichen waren ihnen fremd.

»Sieht aus wie Japanisch«, sagte George. »Was meinst du?«

»Ich weiß nicht. Aber in ein paar Minuten werden wir bei ihnen sein und sehen, welcher Nationalität sie sind.«

Acht bärtige Männer lehnten an der Reling und musterten sie, zeigten sich aber ganz und gar nicht überrascht, so wie George und Frank es von den Schiffen weiter draußen gewohnt waren. Vor der englischen Küste waren kleine Fischerboote keine Seltenheit. Die *Fox* hatte alle Besonderheit verloren. Sie konnte ein x-beliebiges Boot irgendeiner örtlichen Fischereiflotte sein.

»Wie ist eure Länge?« rief George hinüber.

In gebrochenem Englisch fragte ein stämmiger Mann, den sie als den Kapitän ausmachten: »Länge? Ihr Fischer, oder?«

»Keine Fischer«, sagte George. Er versuchte zu erklären, wer sie waren und woher sie kamen, aber vergeblich. Der Kapitän verstand ihn nicht.

»Wie ist unsere Position?« fragte George wieder. Endlich begriff der Mann und begab sich nach unten. Die Besatzung der *Fox* versuchte, mit der Mannschaft der *Jacob* zu reden, die in einem russischen Hafen beheimatet war. Obwohl ihre Bemühungen ziemlich erfolglos blieben, fanden sie immerhin heraus, daß der Schoner von Mexiko kam und nach Farmouth in Cornwall unterwegs war, wo die Besatzung erfahren sollte, in welchem Hafen sie die nächste Ladung aufnehmen konnte. Der Kapitän kehrte aufs Hinterdeck zurück und bestätigte ihre Position mit grob fünfunddreißig Meilen von Bishop Rock am Südriff der Scilly-Inseln entfernt, von wo aus man an die Küste von Cornwall gelangt und in den Ärmelkanal einfährt.

»Wenn sich das Wetter hält, betreten wir morgen Land!« sagte George.

»Dann nichts wie an die Riemen, George. Wir nähern uns einer gefährlichen Küste. Landfall bei Tageslicht könnte nicht schaden«, sagte Frank.

Den Rest des Tages genossen die Männer das warme, sonnige Wetter. In regelmäßigen Abständen zogen Schiffe an ihnen vorbei, mehr als je, seitdem sie vor fünfundfünfzig Tagen New York City verlassen hatten. Als die Sonne unterging, verringerte dichter Dunst die Sichtweite auf wenige Meilen. Gegen Mitternacht hielten sie nach dem Leuchtturm von Bishop Rock Ausschau, dessen kreisender weißer Strahl in klaren Nächten bis in vierundzwanzig Meilen Entfernung sichtbar ist. Sie verrenkten sich fast den Hals, wenn sie alle paar Minuten angestrengt Bug voraus ins Dunkel starrten. Längst hätten sie ein Licht erspähen müssen, aber immer noch war nichts zu sehen.

23

Die Männer waren zu aufgeregt und zu begierig, endlich Land zu erreichen, als daß sie hätten schlafen können. Die ganze Nacht auf Samstag, den 1. August, bewegten sich Georges Schultern und Arme im Gleichklang mit Franks Ruderschlägen. Hin und wieder korrigierte Frank Abweichungen vom Kompaßkurs und versuchte, so genau wie möglich Ostkurs zu halten, auf dem sie nach Georges Worten zwar südlich des Leuchtturms von Bishop Rock ankommen, ihn aber dennoch sichten sollten. Sobald sie dann ihre Position im Verhältnis zum Leuchtturm ausgemacht hatten, wollten sie an der Ostseite der Scilly-Inseln hochrudern, wo weniger Untiefen drohten.

Während der ganzen Überfahrt hatte die Navigation von George gestimmt, und Frank verließ sich völlig auf ihn. Trotzdem stahlen sich die bösen Ahnungen, die jeden Seemann bei der ersten Landannäherung beschleichen, in seine Gedanken. An Küsten gibt es starke Strömungen und Riffe, und die Gefahr der Kollision mit anderen Schiffen steigt. Frank war zwar nie auf den Scilly-Inseln gewesen, aber unter Seeleuten war ihr schlechter Ruf bekannt.

Der grobe Granitgrund im Umkreis der knapp fünfundzwanzig Meilen westlich von Land's End gelegenen Inselgruppe war übersät mit den Überresten untergegangener Schiffe. Zwischen den in einem Gebiet von nur sechs Quadratmeilen zusammengepferchten einhundertvierzig Inselchen und Felsen lagen an manchen Stellen die Wracks in mehreren Schichten übereinander. Ein westlich der Scillies von Winterstürmen erfaßtes Schiff zerschellte entweder an deren Felsen oder erlitt dasselbe Schicksal weiter nördlich an den Westausläufern der Küste von Cornwall. Auch die Schiffe, die Falmouth, Plymouth, Southampton und anderen Häfen an der englischen Südküste zustrebten, mußten den Scillies ausweichen. Nur ein Narr navigierte hier sorglos.

Vielleicht hatte der russische Kapitän tags zuvor eine fehlerhafte Positionsangabe gemacht. Wenn die *Fox* nicht südlich an Bishop Rock vorbei Kurs hielt, dann konnten die Männer leicht in die Nähe der Riffe westlich der Scillies geraten. Sollte ihre Reise damit enden, daß das Boot an den scharfen Riffen vor Cornwall zerschellte? Der Verlust ihrer Seekarten im Sturm machte sich nun schmerzlich bemerkbar. Vor der Abfahrt hatten sie als Behältnis für die Karten eine röhrenförmige, wasserdichte Persenning hergestellt, aber als diese Schutzhülle während des Sturms, in dem sie gekentert waren, längere Zeit unter Wasser lag, war Salzwasser eingedrungen und hatte die Karten praktisch unlesbar gemacht.

Die Männer ruderten durch den leichten Nebel weiter. Als sich der Himmel am östlichen Horizont allmählich grau färbte, brach links vom Bug das Blitzen eines Leuchtturms durch den Dunst, genau dort, wo George es erwartet hatte. Einen Augenblick lang stützten sie sich auf die Ruder, starrten auf das Licht und prüften die Signalabstände, um sich zu vergewissern, daß es auch dasjenige war, auf das sie die ganze Nacht gewartet hatten. Keiner der beiden ging ohne weiteres davon aus, daß es sich wirklich um Bishop Rock handelte. In den Gewässern um England und Frankreich sind die Gezeitenströme schnell. Die außer in den für diese Gegend berüchtigten Flutwellen unsichtbaren Strömungen waren für nicht wenige der Wracks zwischen den Riffen verantwortlich; eine starke Strömung konnte sogar dann zu einer Katastrophe führen, wenn man festen Kompaßkurs hielt.

»Wir haben's geschafft, Frank. Wir haben's über den ganzen Ozean genau auf Kurs geschafft!« Obwohl George alles andere als übermäßig stolz oder eingebildet war, glaubte er sich zu diesem Freudenausbruch über seine eigene Leistung berechtigt. Ein Ruderboot dreitausend Meilen über die offene See zu navigieren, die Einflüsse des Golfstroms, des Windes und der Wellen auszugleichen, sowie alle Fehler, die zwangsläufig mit der bloßen Gissung und Sonnenmessung einhergehen, war etwas, zu dem ihn sogar seine Lehrer an der Navigationsschule in Brevik und seine Lotsenkollegen aus dem New Yorker Hafen beglückwünscht hätten.

»Das macht dir so schnell keiner nach«, sagte Frank.

Sie ruderten nun langsam und stetig, ohne sich zu sehr anzustrengen. Die langen Tage und Nächte auf See hatten fast ihre ganze Energie aufgezehrt, so daß sie nun erschöpft, aber guten Mutes dem bevorstehenden Landfall entgegensahen. Ihre vom Scheuern der Öljacken wundgeriebenen Handrücken schmerzten sehr. Sie sehnten sich nur noch nach Erlösung und Ruhe für Körper und Geist.

Mit der aufgehenden Sonne, die den Nebel langsam auflöste, kam der dreißig Meter hohe Leuchtturm von Bishop Rock in Sicht. Er stand wie ein einsamer Wächter inmitten eines Felsenmeeres. Sechs Jahre zuvor war er nach dreißigjährigem Dienst, währenddessen er kein einziges Mal ausgefallen war, erneuert worden. Selbst in dem schlimmen Frühjahrsorkan von 1874, als die Wellen sich so hoch türmten, daß sie das Licht des Leuchtturms den beiden erschrockenen Wächtern direkt wieder ins Gesicht zurückwarfen, hatte der Turm den Elementen standgehalten. Als sie an diesem ruhigen Morgen seine tröstlichen Strahlen erblickten, erfüllte Dankbarkeit die beiden, daß das Meer sie hatte durchkommen lassen. Es hatte sie auf die Probe gestellt, sich aber letzten Endes als Freund erwiesen.

Etwa zwei Stunden später tauchten vor ihnen die schwarzen, zerklüfteten Klippen der Scilly-Inseln auf. Das Donnern der Dünung, die sich an den Klippen brach, drang an ihr Ohr. Unzählige Seevögel flogen durch die Luft oder schaukelten auf den Wellen: Tölpel, Scherenschnäbel, Meerschwalben und Sturmtaucher. Die Männer achteten darauf, keinen der auf dem Wasser treibenden Vögel zu treffen, während sie vor den Riffen entlangruderten.

Nach der langen, kalten, nassen Umarmung des Nordatlantiks war die Wärme bei den Inseln eine angenehme Überraschung. Auf den an einem schwachen Ausläufer des warmen Nordatlantikstroms gelegenen und im Sommer mit den lauen, meist aus Süd und Südwest wehenden Winden gesegneten Scillies lagen die Jahresdurchschnittstemperaturen bei etwa fünfzehn Grad

Celsius. Die Inselbewohner bauten Blumen und Gemüse an, die sie in London verkauften, und da sie viel früher liefern konnten als die Bauern auf der Hauptinsel, erzielten manche von ihnen sogar einen bescheidenen Gewinn. Doch der wichtigste Erwerbszweig auf den Scillies war der Fischfang.

Als sich die *Fox* der Küste näherte, kam ein Fischerboot in Sicht. Die beiden ruderten hin, um der Besatzung ein paar Fragen zu stellen.

»Guten Morgen«, riefen George und Frank den drei Männern zu.

Diese erwiderten den Gruß.

»Gibt es auf diesen Inseln eine Telegraphenstation?« fragte George.

Die Männer nickten, und einer zeigte nach Norden in Richtung St. Mary's, der größten der Scilly-Inseln, die so groß aber gar nicht war. Sie gaben George und Frank auch Hinweise, wie sie die Riffe umfahren konnten. »Haltet auf das Feuer von Peninnis Head zu, ihr könnt's nicht verpassen. Vor dem Eingang zum Hafen von Hugh Town liegt eine gestreifte Boje. Dort dreht ihr dann bei ... Seid ihr eigentlich Schiffbrüchige?«

Die beiden Atlantiküberquerer sagten ihr Sprüchlein auf, das sie mittlerweile auf absolute Kürze getrimmt hatten. Später, wenn sie dann die *Fox* vorstellten, wollten sie ihre Erzählung dramatischer gestalten. Die Fischer besahen sich die *Fox* und ihre Besatzung näher.

»Wir haben letzte Woche in der Zeitung von euch gelesen. Tolle Sache, was ihr da gemacht habt. Euer Boot, saubere Arbeit, würde ich sagen. Ein richtiges Schmuckstück.«

Kapitän Bache hatte also Wort gehalten, dachten George und Frank. Er hatte seine Begegnung mit ihnen sofort nach der Ankunft in Swansea den Zeitungen gemeldet. Mit Kennerblick musterten sie ihr Boot. Die Fischer hatten recht: Trotz der langen Überfahrt sah die *Fox* sehr gut aus. Besser als die Männer, die sie gerudert hatten. Selbst der Lack war noch weitgehend in Ordnung. Nur der Muschelbesatz unter der Schwimmlinie offenbarte, daß sie sich lange im Wasser befunden hatte.

»Wonach fischt ihr?« fragte Frank.

Der ältere Mann, offenbar der Vater der beiden jüngeren, sprach mit einem breiten Akzent. Er sagte, er komme im Sommer aus seinem Heimatort Penzance in Cornwall zu den Scilly-Inseln, um Hummer zu fangen. »Wir verschicken sie von St. Mary's aus mit dem Dampfer, der regelmäßig dort anlegt. Wir hausen in einer kleinen Hütte, versuchen halt, aus dem, was geht, das Beste zu machen«, sagte er.

»Wir müssen weiter«, sagte George. »Danke für die Auskunft.«

Kurze Zeit später entdeckten sie ein weiteres Boot, das nahe an der Küste arbeitete, die zwar zerklüftet und abweisend aussah, aber von strenger Schönheit war, manchen Teilen Norwegens nicht unähnlich. Sie beschlossen, es sei höchste Zeit, die amerikanische Flagge zu hissen. Die leichte Brise ließ sie flattern und trocknete sie, während die Männer auf das Boot zuruderten, das sie gesichtet hatten. Seltsamerweise schien der Anblick der Flagge die beiden Männer in dem Boot zu erschrecken. So schnell sie konnten, ruderten sie von der *Fox* weg.

»Komm, wir zeigen ihnen, wer schneller ist, George«, sagte Frank. Er legte sich in die Riemen und sein Freund tat es ihm gleich. Die *Fox* flog übers Wasser auf das andere Ruderboot zu. Die Fischer erkannten, daß sie keine Chance hatten, und ließen sich einholen.

»Sind wir auf dem richtigen Kurs nach St. Mary's?« fragte George.

Einer der Männer nickte und fragte dann: »Seid ihr fremd hier?« Er dachte, vielleicht ließe sich etwas Geld verdienen, und erbot sich, sie »ganz billig« in den Hafen zu lotsen.

»Nein, danke, wir brauchen keinen Lotsen. Die See ist ruhig, und wenn wir trotzdem auflaufen sollten, kriegen wir unser kleines Boot leicht wieder klar«, sagte George.

»Na gut, wenn für mich und meinen Jungen hier nichts rausspringt, erkläre ich euch halt, wie ihr fahren müßt.« Er warnte sie vor einem tückischen Felsen unmittelbar voraus und bestätigte die Hinweise der Hummerfischer. »Aber für bloß drei Schillinge bringe ich euch sicher in den Hafen«, sagte er in einem letzten Versuch, aus der fehlenden Ortskenntnis der beiden zerzausten Seeleute Kapital zu schlagen.

George und Frank lehnten erneut ab, bedankten sich herzlich und machten sich auf den Weg. Bald fuhr die *Fox* um eine kleine Landzunge herum, und dann sahen sie Hugh Town vor sich liegen. Unterhalb eines festungsähnlichen, hoch über dem Hafen errichteten Baus lag das Wrack eines Dampfers, dessen Masten aus dem Wasser ragten. Während die beiden an den kleinen Fischerbooten, die jenseits einer langen Steinpier ankerten, an der Schiffe ihre Ladungen löschten und aufnahmen, vorbeiruderten, sahen sie einen Mann von der Festung auf sie herunterblicken.

»Die amerikanische Flagge an einem Ruderboot, das scheint Aufmerksamkeit zu erregen«, sagte George trocken. »Schau doch die Menge, die sich an der Pier versammelt.«

Frank blickte über die Schulter und sah dann wieder seinen Freund an. Er lächelte. »Das ist ja eine herzliche Begrüßung!«

An der Pier angekommen, machten die beiden die *Fox* an den in den Stein eingelassenen Ringen fest. In die Mauer waren Stufen geschlagen, damit die Besatzungen von Kleinbooten vor allem bei Ebbe hinaufklettern konnten. Bei Niedrigwasser lag ein Rahsegler mit sechs Metern Tiefgang auf Grund und bot einen Großteil der Kupferplattierung unterhalb der Schwimmlinie der Sonne dar. Die in der Nähe des Ufers festgemachten kleinen Fischerboote lagen dann im Schlick und wurden erst bei Flut wieder klar.

Die am Kai versammelten Menschen blickten zu George und Frank hinunter.

»Warum habt ihr eine amerikanische Flagge? Wo ist euer Heimathafen?« riefen sie.

»Wir sind das Ruderboot *Fox* auf dem Weg von New York nach Le Havre!« schrie George aus Leibeskräften mit sich überschlagender Stimme, als verkünde er eine Sensation, und das war es ja auch. »Wir sind hergekommen, um etwas Proviant aufzunehmen und der Welt mitzuteilen, daß wir noch am Leben sind und es tatsächlich geschafft haben, mit einem Ruderboot den Atlantik zu überqueren!«

Die Menge brach in Hochrufe aus. George und Frank genossen die Anerkennung von ganzem Herzen. Dies war das erste derartige Erlebnis, dem sicher noch viele folgen würden. Zukunftshoffnungen schwellten ihre Brust. Immer noch drängelten sich die Menschen erregt am Kai oberhalb der *Fox*. Auf St. Mary's ging

Nach fünfundfünfzig Tagen auf See gehen Samuelsen (links) und Harbo am Samstag, dem 1. August 1896, auf den Scilly-Inseln erstmals an Land. Copyright Spencer Samuelsen

das Leben einen gemächlichen Gang, und jedes nicht alltägliche Ereignis zog sofort große Aufmerksamkeit auf sich. George wollte endlich an Land und fing an, die Stufen hinaufzusteigen. Seine Beine waren schwach, und plötzlich wurde ihm schwindelig. Einen Moment fürchtete er, vor all diesen Leuten ins Wasser zu fallen. Welch eine Demütigung! Im letzten Augenblick erwischte er noch das Geländer und zog sich wieder hoch. Er schwankte hin und her wie jeder Matrose, der nach langer Fahrt zum ersten Mal wieder einen Fuß an Land setzt.

Oben auf der Pier gesellte sich Frank zu ihm, und die beiden schüttelten zahllose Hände. Ein paar wohlhabend aussehende Herren näherten sich ihnen, beglückwünschten sie und fragten, ob sie der Besatzung der *Fox* irgendwelche Hilfe anbieten könnten. Sie brachten George und Frank zu John Banfield, dem amerikanischen Konsularagenten auf den Scilly-Inseln, einem sehr freundlichen Mann, der ihrer Leistung größten Respekt zollte. Er wechselte einen Teil des von George mitgebrachten Geldes in englische Pfund und erklärte sich einverstanden, mitzukommen und das Boot zu untersuchen.

»Darf ich euch zum Tee in mein Haus einladen?« fragte er. »Ich würde zu gerne mehr über euer Abenteuer erfahren.«

George und Frank beäugten den Mann mit dem überaus gepflegten Äußeren, den feinen Kleidern, und dann sahen sie sich gegenseitig an in ihrem verdreckten Ölzeug und den Seestiefeln. Außer den Kleidern, die sie trugen, hatten sie nichts dabei, auch keine Schuhe. »So, wie wir sind, können wir unmöglich zu Ihnen nach Hause kommen«, sagte George.

»Ach, Unsinn. Es wäre mir ein Vergnügen, euch zu bewirten, wenn ihr eure Lebensmitteleinkäufe getätigt habt.«

Da sie den Konsul nicht beleidigen wollten, nahmen sie schließlich an. Während sie auf unsicheren Beinen wie Betrunkene die Straße hinunterschwankten, wurden sie von den Einwohnern Hugh Towns ungeniert angestarrt. Die beiden Atlantiküberquerer luden ihren neuerstandenen Proviant ins Boot und versuchten etwas auszuruhen, was wegen des steten Stroms von Inselbewohnern, die herkamen, um mit ihnen zu plaudern und das Boot zu bestaunen, kaum möglich war. Banfield machte folgenden Eintrag in ihr Logbuch:

> Scilly, 1. August 1896
> Ich bestätige hiermit, daß das Boot *Fox* aus New York heute um 11.00 Uhr Ortszeit in diesem Hafen eintraf. An Bord befanden sich George Harbo und Frank Samuelsen, die erklärten, besagtes Boot von New York hierhergerudert zu haben, und nach ordnungsgemäßer Untersuchung habe ich allen Grund, ihrem Bericht Glauben zu schenken.
> John Banfield, US-Konsularagent

Banfield, seine Frau und seine Tochter bewirteten die beiden Männer, die es als große Ehre empfanden, im Salon eines amerikanischen Konsuls sitzen zu dürfen, und eine Stunde war schnell vergangen. George und Frank baten Banfield, ihren Familien kurz zu telegraphieren, daß sie die Atlantiküberquerung gesund überstanden hatten. Nach den Aufregungen des Tages überfiel sie die Müdigkeit, und sie kehrten zur *Fox* zurück, wo schon Fotografen auf sie warteten, um Aufnahmen für die Londoner Zeitungen zu machen. Bald würde die Nachricht von ihrer Ankunft an die wichtigsten Zeitungen Westeuropas und quer durch die Zeitzonen in die Vereinigten Staaten telegraphiert werden.

Während die Männer im Hafen vor Anker lagen, um am nächsten Tag den Rest ihrer Reise anzutreten, schrieben die Reporter ihre Berichte für die Zeitungen in New York und New Jersey. Die meisten Berichte waren nur kurz, erschienen aber auf der ersten Seite. Georges Bruder Harold, der in Jersey City lebte, las die Nachricht in der *Newark News*. Die Schlagzeile war kurz und prägnant: Über den Ozean gerudert. Der Untertitel lautete: Harbo und Samuelsen, die Abenteurer aus New Jersey, haben ihre gefährliche Reise fast erfolgreich beendet.

Franks Schwester Karoline und die Verwandten, bei denen sie wohnte, lasen die Meldung in der *Nordisk Tidende*, der Zeitung für die norwegische Enklave in Brooklyn und Umgebung. Die Familien in Norwegen erfuhren Anfang der folgenden Woche, daß die beiden Männer heil angekommen waren.

Am 2. August lag ein Stapel New Yorker Tageszeitungen in dem geräumigen Büro am Franklin Square vor Richard Kyle Fox auf dem Schreibtisch. Er griff sich die Sonntagsausgabe der vornehmen *New York Times* heraus, auf deren Titelseite sich nur ein kleines Artikelchen über seine furchtlosen Norweger befand:

Über den Ozean gesegelt
Harbo und Samuelsen erreichen übermüdet die Scilly-Inseln.

Fox lachte laut auf. Übermüdet! Typisch, diese Banalität. Konnten die Männer, nachdem sie dreitausend Meilen gerudert waren, etwas anderes sein als müde? Er las weiter.

> London, 1. Aug. – In einer Meldung der Signalstation auf den Scilly-Inseln wird mitgeteilt, daß das Ruderboot *Fox*...

Ah, dachte er, die *Fox*! Was mußte es die Redakteure gefuchst haben, ausgerechnet den Namen des Mannes abdrucken zu müssen, der weit unter ihnen rangierte und nicht die Achtung wert war, die man einem Zeitungsverkäufer entgegenbrachte! Er las weiter.

> ... das Ruderboot *Fox* nach fünfundfünfzigtägiger Überfahrt von New York heute morgen um 11.00 Uhr dort anlegte. Die beiden Bootsinsassen waren wohlauf, aber von der langen Fahrt etwas erschöpft. Die Kapitäne der norwegischen Barken *Cito* und *Eugen*, die beide der *Fox* auf See begegnet sind und das Boot untersucht haben, bestätigten, daß sie lediglich von Rudern angetrieben wurde ... Die beiden Männer sind die ersten, die den Atlantik in einem Ruderboot überquert haben.

Fox fand weder eine Erwähnung der ausgelobten Medaillen der *Police Gazette* noch einen Hinweis auf seine Unterstützung des Abenteuers. Na ja, das hatte er von der *New York Times* auch nicht erwartet. Während er die Geschichte zu Ende las, breitete sich ein triumphierendes Lächeln auf seinem Gesicht aus.

Die Bootsleute an der Battery waren gestern höchst überrascht, als sie erfuhren, daß die Ruderer die andere Seite des Atlantiks erreicht hatten. Sie hatten den Abenteurern das Beste gewünscht, aber allesamt vorhergesagt, sie würden auf dem Meeresgrund landen.

24

Am späten Nachmittag des 2. April machte sich die *Fox* auf den Weg, wobei sie die Gezeitenströmung nutzte, um ihre Fahrt aus dem Hafen und in den Ärmelkanal zu beschleunigen. Die Männer hatten den Beginn der Ebbe abgewartet, die gegen sechs Uhr abends einsetzte. Als Frank den Anker lichtete, begleiteten ihn die Hochrufe der Menge. Die beiden nahmen ihre Plätze ein und legten in Richtung des Leuchtturms von Wolf Rock ab.

Le Havre lag etwa zweihundertfünfzig Meilen weiter östlich. George entschied sich gegen den direkten Kurs durch das oft rauhe Wasser unmittelbar nördlich von den Kanalinseln und Cherbourg. In der Nähe der Inseln erreicht der Tidenhub zwölf Meter, und es gibt gefährliche Gezeitenströmungen, vor allem die berüchtigte Alderney-Strömung zwischen der gleichnamigen Insel und der Normandie. Bei Flut erreicht sie die phänomenale Geschwindigkeit von fast zehn Knoten, was den Ozean zu einem Hexenkessel werden läßt. Bei starkem Ost- oder Nordostwind konnte es für die *Fox* weitaus gefährlicher werden als bei stürmischem Wetter auf offener See.

George hielt es für besser, relativ nah an der englischen Küste zu bleiben und den Kanal dann von Start Point aus zu überqueren, einer Landzunge, die auch insoweit günstig war, als dort der Abstand zwischen England und Frankreich geringer wird. Außerdem konnten sie auf diesem Küstenkurs bei faulem Wetter zur Not über Nacht in einen Hafen einlaufen. Frank war mit diesem Vorgehen einverstanden. Sie hatten beide keine große Lust mehr, sich mit dem Meer oder einem übelgelaunten Ärmelkanal herumzuschlagen. Sie ruderten die Nacht hindurch und sichteten gegen Mitternacht den Leuchtturm von Wolf Rock, den sie bei Tagesanbruch passierten.

Die beiden Männer hatten die gesamte Überfahrt bei guter Gesundheit überstanden; jetzt fühlten sie sich krank. Sie hatten Fieber und waren stark erkältet, was sie nicht nur als höchst unangenehm empfanden, sondern was sie auch erstaunte. Sie hatten sich über den Kontakt mit anderen Menschen gefreut und nicht daran gedacht, daß ihre Isolation auf See sie vor den verbreiteten Krankheiten der Landbewohner geschützt hatte. Sie versuchten, die Symptome zu ignorieren, und ruderten trotz großer Müdigkeit weiter.

Am Morgen des Montag, es war der 3. August, kam starker Nordostwind auf. Den gesamten Kanal mußten sie noch überqueren. Die Wellen bauten sich auf, allerdings anders als in großer Entfernung vom Festland. Sie kamen in kurzen Abständen und waren steil. Kalter Gischt flog über den Bug und durchnäßte Frank und George. Sie ruderten kräftig auf Lizard Point zu, doch da sie gegen Wind und Wellen ankämpfen mußten, kamen sie nur langsam voran. Immer noch waren sie ziemlich küstennah und konnten die gewaltigen Gischtfontänen an Lizard Point sehen. Der an der Landzunge vorbeiführende Tidenstrom wirbelte das Wasser zu gefährlichen Brechern auf.

»Ich hab diese Wellen gründlich satt«, schrie George über die Schulter Frank zu. »Wir sollten für die Nacht anlegen. Hier gibt's 'ne Menge Häfen.«

Er brauchte Frank nicht lange zu überreden. Sie entschieden sich für den kleinen Fischerhafen Coverack Cove, in den sie kurz vor Einbruch der Dunkelheit einfuhren. Sie machten das Boot fest und konnten endlich verschnaufen. Die Nachricht von der Ankunft der *Fox* verbreitete sich mit Windeseile im Dorf, und bald schon fanden sich jede Menge Neugierige ein. Die Dorfbewohner überschütteten die beiden Männer mit Fragen, die diese, obwohl hundemüde und immer noch krank, freimütig und möglichst munter beantworteten. Ein Mädchen brachte ihnen Äpfel und ein großes Stück Obstkuchen. Die beiden waren gerührt und bedankten sich bei ihr und ihrer Familie für das Geschenk. Noch ehe sie sich für die Nacht ausstreckten, hatten sie den größten Teil des Kuchens verspeist.

Als die *Fox* am nächsten Morgen gegen sechs Uhr wiederum bei günstiger Tide ablegte, blies der Wind immer noch aus Nordost. Die Menschen in England waren freundlich, aber die Küste war überaus unwirtlich. Dennoch schätzten sich die beiden glücklich. Hätten sie sich auf hoher See befunden, als der Wind umschlug, wäre die *Fox* viele Meilen zurückgeworfen worden. George und Frank fuhren dicht unter Land; gegen Mittag nutzten sie den Windschutz von Gull Rock und gingen vor Anker. Sie nahmen ein gemütliches Essen ein und genehmigten sich den restlichen Obstkuchen als Dessert.

Am Nachmittag blies der Wind noch stärker, genau aus der Richtung, in die sie rudern wollten. Wieder schien die See darauf aus, sie aufs äußerste zu strapazieren. Sie befanden sich aber weiterhin in Küstennähe, und die Aussicht, am Ende des Tages in einem Hafen anlegen, ordentlich essen und die Nacht durchschlafen zu können, beruhigte sie etwas, während sie durchnäßt, müde und sterbenselend weiterruderten. Sie hatten den weiten Weg über den mächtigen Ozean heil überstanden, das Ziel ihrer Reise war praktisch erreicht. Keiner der beiden verspürte Lust, sich auf weitere Kraftproben einzulassen. Sie wollten nur noch eines, nämlich daß die Fahrt endlich zu Ende ging. Gegen Abend ruderten sie in den Hafen des Fischerorts Goran Haven. Nachdem sie die *Fox* fest vertäut hatten, schlenderten sie noch ein wenig am Ufer entlang und legten sich schlafen.

In der Nacht drehte der Wind weiter auf Ost und ließ auch am Mittwoch, dem 5. August, nicht nach. Trotzdem kämpften sich die Männer voran, und zu ihrer großen Erleichterung flaute der Wind am Nachmittag etwas ab und drehte auf Süd. Die Folge war eine sehr kabbelige See, auf der die *Fox* fürchterlich stampfte und schlingerte. Sie passierten den völlig verloren wirkenden, vom Gischt der Brecher an den Untiefen vor Plymouth gepeitschten Leuchtturm von Eddystone. Die untergehende Sonne färbte die winzigen Wassertröpfchen am Fuße des Turms, dessen dunkler Schatten immer länger wurde, orange – eine majestätische und ehrfuchtgebietende Szenerie, zumal, wenn man wußte, daß der Turm bereits dreimal im Sturm zerstört worden war.

In der Nacht drehte der Wind auf Nord und erreichte eine Geschwindigkeit von fast dreißig Knoten. Die langen Stunden, Tage und Wochen, die sie draußen auf dem Nordatlantik verbracht hatten, erschienen ihnen verglichen mit der Gegenwart wie ein Nichts. Je näher das Ende der Reise rückte, desto langsamer schien die Zeit zu vergehen. Kälte und Nässe zehrten ihre Kräfte auf. Das gute Essen und die Nachtruhe, die sie nun mehrfach genossen hatten, entschädigten sie kaum für die jetzigen Qualen. Sie brauchten dringend eine Pause, um neue Kraft zu schöpfen.

Mühselig ruderten sie die *Fox* auf Start Point zu. In der grauen Morgendämmerung kam die Landzunge in Sicht; gegen acht Uhr waren sie auf ihrer Höhe. Beide sehnten sich nach frischem Brot, nach Obst und anderem Eßbaren, das sie nicht mitführten. Nicht weit entfernt lag der Ort Salcombe, und die Annehmlichkeiten, die er versprach, zogen George und Frank magisch an. Sie nahmen Kurs auf den Hafen.

Wieder versammelte sich kurz nach ihrer Ankunft eine Menschenmenge am Kai. Die herzliche Begrüßung und die Anerkennung, die die Leute der Leistung von George und Frank zollten, machten ihre Schmerzen erträglicher und gaben ihnen das Gefühl, letztlich hätten sich alle ihre Qualen gelohnt. Zeitungsreporter vor Ort interviewten sie und schickten ihre Artikel über den Fortgang des Unternehmens nach London, von wo aus sie an die Zeitungen weitertelegraphiert wurden, die die Sache verfolgten.

Nachdem sie den nötigen Proviant besorgt hatten, nahmen George und Frank widerwillig die letzte lange Etappe ihrer Reise in Angriff, die Überquerung des Ärmelkanals. Bis Le Havre waren es noch rund einhundertsechzig Meilen. Das konnte gut und gerne drei Tage in Anspruch nehmen, vielleicht sogar mehr, wenn der Wind weiter von Norden blies.

Etwa vier Meilen vor Start Point kam ein kleiner Dampfer in Sicht, die *Bamburgh* mit Heimathafen Newcastle. Sie hielt direkt auf sie zu, verlangsamte die Fahrt und stoppte, so daß die *Fox* in ihren Windschatten geriet und das Wasser vor dem Rumpf der *Bamburgh* ruhiger wurde. George und Frank standen bereit, die *Fox* außer Gefahr zu rudern, falls der Dampfer auf sie zutrieb; im Windschatten verringerte sich die Drift der *Fox* merklich. Doch das Schiff bewegte sich ziemlich langsam durchs Wasser – sein Kapitän war offenbar ein Meister seines Faches.

»Habt ihr frischen Fisch an Bord?« rief ihnen der Kapitän zu, der sie für Fischer hielt.

»Nein, haben wir nicht«, antwortete George. »Wir kommen aus New York und sind auf dem Weg nach Le Havre.«

»Aus New York?« Nach einer Pause sagte der Mann: »Na, dann habt ihr wohl keinen Fisch. Wir sind auf dem Weg nach Rouen und werden Le Havre passieren. Wenn wir euch hinschleppen sollen, braucht ihr's nur zu sagen.«

Ohne lange zu überlegen, riefen die Männer dem Kapitän zu: »Vielen Dank! Das wäre schön.«

Einer von der Mannschaft warf eine lange, starke Leine über Bord. Die beiden ruderten die *Fox* hin, ergriffen die Leine, und Frank befestigte sie am Bug. Als sich der Kapitän vergewissert hatte, daß das kleine Ruderboot sicher mit seinem Schiff vertäut war, befahl er langsame Fahrt voraus und erhöhte das Tempo nach und nach auf volle Fahrt. Weit hinter der *Bam-*

burgh sauste die *Fox* durch die Wellen, wobei eimerweise Gischt ins Boot spritzte. Die lange Leine wirkte wie ein Hebel. Erst zog das Boot nach links, dann nach rechts, und jedesmal, wenn eine Welle im entsprechenden Winkel auftraf, wollte es mit dem Dollbord untertauchen.

»Halt dich fest, George, und mach dich auf einen wilden Ritt nach Le Havre gefaßt!« rief Frank. Er schaute sich nach seinem achtern sitzenden Freund um und sah ihn breit lächeln. George hatte sich tief ins Boot gekauert, um ihm mehr Stabilität zu verleihen, hielt sich am Seitenbord fest, und der Wind zerzauste seine roten Strähnen.

»Endlich sind wir die Riemen los!« sagte er. »Bei diesem Tempo sind wir morgen früh in Frankreich.«

Der Dampfer zog mit gut zehn Knoten durchs Wasser. Ein kleines Boot mit solchem Tempo zu schleppen, war nicht gerade die sicherste Form der Fortbewegung. Der Kapitän vergewisserte sich in regelmäßigen Abständen, daß die Männer zurecht kamen. Er hatte einen Termin einzuhalten und konnte nicht langsamer fahren. Außerdem, dachte er bei sich, hatte es ganz den Anschein, als meistere das Boot die Wellen gut. Das waren zwei zähe Burschen da an Bord. Als das Boot nach mehreren Stunden immer noch nicht gekentert war, konnte er sicher sein, daß es auch nach Einbruch der Dunkelheit, wenn er die *Fox* nicht mehr sehen konnte, keine Probleme geben würde.

In der Nacht war es genauso naß wie in den anderen Nächten, die George und Frank durchgestanden hatten, von den allerschlimmsten Sturmnächten einmal abgesehen. An Schlaf war nicht zu denken. Dauernd mußten sie lenzen. Aber das machte ihnen nicht viel aus, nicht jetzt, da das Ende der Reise nahte. Bei Sonnenaufgang erblickten die Männer zum ersten Mal Frankreich, das einen viel einladenderen, sanfteren Eindruck machte als die felsigen Scilly-Inseln.

Die *Bamburgh* war in die Seinebucht eingefahren und passierte nun die Lichter, die die Seinebarre markierten, wo das Wasser allmählich seicht wurde. Der Hafen von Le Havre lag nur noch drei Meilen voraus südlich vom Cap de la Hève. Die Männer spürten, daß sich die Fahrt der *Fox* verlangsamte. Die Leine lockerte sich.

»Wir setzen uns jetzt ab«, rief der Kapitän ihnen zu. »Viel Glück für den Rest eures Abenteuers!«

George und Frank winkten. »Danke fürs Mitnehmen ... Danke!«

Die Besatzung der *Bamburgh* holte die Leine ein. Unter dem Achtersteven wurde weißer Schaum aufgewühlt. Die Männer schauten zu, wie der Dampfer nach Osten auf die Seinemündung zufuhr. Sie legten wieder die Riemen ein, um nach Le Havre zu rudern. Etwa eine Meile vor der Hafeneinfahrt setzte George stolz die amerikanische Flagge, die nun im sanften Westwind zu flattern begann.

25

Le petit bateau! Le petit bateau! Die Schreie und Hochrufe der an der langen Pier vor dem amerikanischen Konsulat versammelten Menschenmenge schollen den Atlantiküberquerern entgegen. George und Frank konnten kein Französisch, aber die Worte »kleines Boot« verstanden sie dennoch, während sie zwischen den im Hafen ankernden Schonern, Barken und Dampfern hindurch auf das Gedränge zuruderten. Die schiere Größe der wartenden Menge überwältigte sie – eine Mauer aus Leibern verdunkelte den Kai. Dies war kein Dorf mehr, sondern ein umtriebiger Hafen voller Menschen, die allesamt zum Landungssteg gekommen schienen, um einen Blick auf die zwei Männer und ihr *petit bateau* zu erhaschen.

Die Szene kam ihnen unwirklich vor. Seitdem sich an jenem dunstigen Tag in der Bucht von Sandy Hook die Idee einer Atlantiküberquerung ihrer bemächtigt hatte, hatten sie auf diesen Augenblick gewartet, doch sie erlebten ihn ganz anders, als sie es sich vorgestellt hatten. Die Männer waren am Ende ihrer Reise glücklich und zugleich irgendwie bedrückt. Das Erreichen eines Zieles nach großer Mühe und Qual zeitigt nicht zwangsläufig Ekstase. Oft stellt sich eher Erleichterung oder Verwunderung ein.

George und Frank machten die *Fox* am Kai fest und stolperten unsicher an Land, fast unfähig, sich auf den Beinen zu halten. Die Menge umringte sie, man klopfte ihnen auf die Schulter und schüttelte ihnen die Hand. Die Menschen redeten heftig gestikulierend auf sie ein. Sie schienen über die Ankunft dieser zwei ausgelaugten, durchnäßten und hungrigen Seeleute erregter als die beiden selbst. George und Frank standen da, von dem Empfang wie vor den Kopf gestoßen, zugleich tief gerührt ob der Herzlichkeit der Menschen. Sie versuchten, sich einen Weg durch die Menge zu bahnen, aber es war zwecklos. Nach der langen einsamen Zeit auf dem Ozean überwältigte der Andrang sie schier.

»Ihr seid große Männer«, sagte ein Mann, der sich ziemlich unsanft vordrängelte. »Ihr möchtet sicher zum Konsulat, oder?«

»Ja, das möchten wir, Sir«, sagte George.

Der Mann rief den am nächsten Stehenden auf Französisch zu, sie sollten Platz machen. Unter Zuhilfenahme seiner Ellbogen lotste er seine Schützlinge zum nahen amerikanischen Konsulat, dessen Mitarbeiter sie sofort umringten und ihnen gratulierten. C. W. Chancellor, der mit der Wahrnehmung der amerikanischen Interessen im Hafen von Le Havre beauftragte Konsul, schüttelte ihnen begeistert die Hand.

»Ich weiß alles über Sie, meine Herren«, sagte er. »Ihr Land ist stolz auf Sie.«

Er händigte George einen Umschlag aus. Vor der

Abreise aus New York hatte George einen Einschreibebrief an sich selbst geschrieben, zu Händen des amerikanischen Konsulats in Le Havre. Er enthielt etwas Geld, von dem er zu Recht angenommen hatte, daß sie es brauchen würden.

George steckte den Brief ungeöffnet in die Tasche seiner Öljacke. Dann sah er sich um und betrachtete die schöne Ausstattung des Raums, die dekorativen Holzschnitzereien und Skulpturen, die Teppiche. Da standen sie nun in verschmiertem, abgetragenem Ölzeug, rochen nach Schweiß und Salz, ihre Kleider waren zerschlissen, und die Füße steckten in durchnäßten Seestiefeln. Auf ihren Handrücken zeigte sich rohes Fleisch. Ihre Gesichter waren von der Sonne fast geschwärzt und mit Bartstoppeln übersät, die Haare lang und ungepflegt. Wie erbärmlich wir wohl aussehen, dachte George, als einer von Chancellors Mitarbeitern sie fotografierte. Das Blitzlicht blendete ihn einen Augenblick, und in dem Moment traf ihn die ganze Wucht des Geschehens. Die Gesichter der Männer um sie herum und jedes Detail des Raumes brannten sich in sein Gedächtnis ein. Sein Leben lang würde er nicht vergessen, wie es war, als Frankreich sie willkommen hieß.

»Ein ganzes Rudel Reporter wartet auf euch«, sagte einer der Konsulatsbeamten. Er grinste. »Ihr seid Stadtgespräch.«

»Was heißt hier Stadt? Die ganze Nation redet über euch!« sagte ein anderer.

»Nun geht und erzählt der Presse eure unglaubliche Geschichte«, sagte Chancellor. »Ich besorge euch eine Droschke, damit ihr eine Unterkunft suchen könnt.«

Die Zeitungsleute bedrängten sie und stellten tausend Fragen gleichzeitig, so schnell, daß George und Frank sie kaum verstehen konnten.

»Warum seid ihr über den Ozean gerudert?« lautete eine der ersten.

George hätte versuchen können, hehre Gründe anzugeben, ihre Motive bis zur Unglaubwürdigkeit auszuschmücken. Er tat es nicht. Er sagte einfach, sie hätten den Nachweis erbringen wollen, daß es tatsächlich möglich ist, über den Nordatlantik zu rudern; er und sein Freund hätten den Rekord aufstellen wollen um jene, die ihn für unmöglich hielten, eines Besseren zu belehren. Desgleichen sagte er, sie hofften, Vorträge halten und das Boot ausstellen zu können.

»Und Sie glauben, dafür würden die Leute an der Kasse Schlange stehen?« fragte ein Reporter.

»Ja, das glauben wir. Es wird die Leute interessieren, uns und unser kleines Boot zu sehen. Vielleicht glauben sie dann, daß nichts unmöglich ist«, sagte George.

»Die Bootsleute an der Battery in New York City warnten uns, wir sollten die Finger von der Sache lassen«, sagte Frank. »Sie meinten, wir würden auf dem Meeresgrund landen. Auch unsere Familien versuchten, uns die Reise auszureden. Aber obwohl's da draußen ziemlich drunter und drüber ging, hatten wir doch immer das Gefühl, daß wir's schaffen. Wir mußten einfach daran glauben, sonst hätten wir nicht überlebt.«

Für den Augenblick zufriedengestellt, eilten die Reporter davon, um ihre Artikel zu schreiben. Als die Nacht anbrach, spuckten die Telegraphen der wichtigsten Zeitungen auf beiden Seiten des Atlantiks die Nachricht aus. Zwei Amerikaner waren über den Oze-

Die an einem Schoner im Hafen von Le Havre vertäute Fox *am 7. August 1896, dem Tag, an dem Harbo und Samuelsen ihre Fahrt erfolgreich beendeten.*

an gerudert und nach zweiundsechzig Tagen auf See am Freitag, dem 7. August, um 9.45 Uhr in Frankreich im Hafen von Le Havre an Land gegangen. Ein neuer Weltrekord war aufgestellt.

Die Zeitungen waren voll des Lobes für George und Frank. Sie verkündeten, wieder einmal habe der zähe Wille des Menschen Unmögliches möglich gemacht. Sie priesen die Stärke und den Mut der beiden Männer und nannten sie Bezwinger des Meeres. Doch George und Frank wußten, daß die Wahrheit ganz anders lautete. Sie hatten das Meer ebensowenig bezwungen wie die Sonne, den Mond oder die Sterne. Es hatte sie passieren lassen, aber gezähmt war es nicht.

Sie bestiegen eine Droschke und baten den Kutscher, sie zu einem öffentlichen Badehaus zu fahren. Das heiße Wasser rann über ihren Körper und spülte die Überreste des Meeres fort. Es war Balsam für ihre geschundene Haut und linderte die Schmerzen, die sie bei jedem Schritt und jeder raschen Armbewegung spürten. Nach dem Bad kauften sie sich neue Kleider, deren frischer Geruch ihnen gut tat. Sie waren wieder ein Teil der zivilisierten Welt. Ein gutes Essen und der dazu gereichte französische Wein hoben ihre Stimmung noch mehr.

Gegen Abend gaben sie Telegramme an ihre Familien auf, in denen stand, daß sie die Reise erfolgreich beendet hatten und nunmehr ihr Boot in Paris, London, Antwerpen, Hamburg, Berlin, Stockholm, Kopenhagen und zu guter Letzt in Christiania auszustellen beabsichtigten. Desgleichen telegraphierten sie an Richard Kyle Fox. Er hatte angedeutet, ihnen eventuell finanziell unter die Arme zu greifen, wenn sie die Überfahrt schafften und seine Hilfe benötigten. Die beiden gingen zwar davon aus, daß die Ausstellungen sie reich machen würden, aber im Augenblick waren sie sehr knapp bei Kasse. Wenn ihnen Fox half, war das nur zu begrüßen. C.W. Chancellor nahm den abschließenden Eintrag in ihr Logbuch vor.

> Konsulat der Vereinigten Staaten,
> Havre, 7. August 1896
> Das Ruderboot *Fox* mit George G. Harbo und Frank G. Samuelsen an Bord ist nach 62 Tagen heute früh um 9.45 Uhr aus New York angekommen.
>
> C. W. Chancellor, Konsul

Desgleichen schrieb Chancellor einen detaillierten Bericht über das Ereignis und legte ihn zu den Amtsakten. Darin hieß es, die Männer seien erschöpft, aber angesichts dessen, was sie hinter sich hätten, in guter Verfassung; ihre Hände befänden sich jedoch in einem erschreckenden Zustand. Als er sie ergriffen habe, um ihnen zu gratulieren, habe sich die Haut wie gehärtetes Leder angefühlt.

George und Frank packten ihre alten Sachen in die *Fox* und legten das Logbuch in die wasserdichte Kammer im Heck. Die Menge hatte sich weitgehend verlaufen. Doch immer noch blieben viele Menschen am Kai stehen und deuteten aufgeregt auf das Boot. Die beiden ruderten die *Fox* zu einem im Hafen vor Anker liegenden Schoner, wo sie außer Reichweite irgendwelcher Souvenirjäger lag. Der Kapitän und die Besatzung versprachen, auf sie aufzupassen, während die beiden Männer an Land in weichen Federbetten schliefen. Wenigstens an diesem Tag wollten sie sich etwas Luxus gönnen.

26

Seit seinen Anfängen als kleines Fischerdorf vor vierhundert Jahren hatte sich Le Havre kräftig gemausert. Sein Aufstieg zu einem der bedeutendsten Häfen Frankreichs hatte ganz bescheiden im Jahre 1517 begonnen, als Franz I. die Errichtung eines Hafens für jene Schiffe befahl, die mit in Paris benötigten Waren in die Seinemündung einliefen. Die großen Schiffe hatten zu viel Tiefgang und waren zu sperrig, um die Mäander des Flusses bis Rouen überwinden zu können; ihre Fracht wurde deshalb auf kleinere Fahrzeuge umgeladen. Das hundertzwanzig Kilometer von der Seinemündung entfernt gelegene Rouen hatte damals aufgrund seiner geographischen Lage für die rund zweihundert Kilometer weiter landeinwärts gelegene Großstadt Paris größere Bedeutung als Le Havre.

Spätere Könige bauten den Hafen des Küstenortes aus und ließen die Zufahrtswege ausbaggern, um den Frachtern den Weg über die Seinebarre zu erleichtern. Große Bauvorhaben unter Napoleon III. ließen seine Bedeutung für die Schiffahrt noch weiter anwachsen, so daß Le Havre schließlich Rouen den Rang ablief. Le Havre war zum Vorposten von Paris geworden, zum zweitgrößten Hafen hinter Marseille, dem Juwel an der lauen Mittelmeerküste. Es entstand eine pulsierende Stadt mit herrlichen Bauten, darunter die Kirche Notre-Dame, die im 17. Jahrhundert errichtet wurde. Die Schönheit der Stadt beeindruckte George und Frank, und sie beobachteten fasziniert das geschäftige Treiben. Wohin sie blickten, mischte sich Neues mit Altem. Ganz im Gegensatz zu New York, wo alte Gebäude abgerissen wurden, um Platz für Wolkenkratzer zu schaffen, wo das Neue in atemberaubendem Tempo das Vorherige verschlang und alles beiseite räumte, was ihm im Wege stand.

Am Hafen standen Auswanderer nach Tickets für die Atlantiküberquerung mit einem der Schiffe der *Compagnie générale transatlantique* Schlange. Dieser Anblick war beiden Männern vertraut, und sie dachten daran, was sie selbst seit dem Verlassen ihrer norwegischen Heimat schon alles erlebt hatten. Jetzt beseelte sie große Zukunftshoffnung. Obwohl sie nur ein paar Francs in der Tasche hatten, bemächtigte sich ihrer dieselbe Begeisterung, die sie aus ihrer Jugend kannten – die Welt schien ihnen zu Füßen zu liegen. Nach Paris würden sie gehen. Nach Paris!

In Le Havre veranstalteten sie eine lediglich viertägige Ausstellung, weil sie dachten, in Paris werde die finanzielle Ausbeute weit größer sein. Die Massen strömten herbei, um die *Fox* zu sehen und ihre Geschichte zu hören, und der erzielte Erlös verstärkte noch ihre Hoffnungen für die Tournee durch die strahlenden Großstädte Europas. Eifrig aufs Weiterkommen bedacht, beluden sie ihr Boot mit frischen Vorräten, entrichteten beim Hafenmeister die fälligen Gebühren und fuhren von Le Havre aus flußaufwärts. Ihr Geld hätte auch für den Straßentransport gereicht, der sich zudem problemlos hätte bewerkstelligen lassen. Aber sie waren durch und durch praktisch veranlagt und ruderten lieber, als unnötige Ausgaben zu verursachen.

Die Matrosen auf den Kais von Le Havre runzelten die Stirn, als sie hörten, die beiden wollten die ganze Strecke nach Paris rudern. Hatten sie sich denn immer noch nicht lange genug an den Riemen abgeplagt? Doch die Seeleute verstanden auch jenes Selbstvertrauen, das die See gebiert, und geizten nicht mit Ratschlägen, die die beiden dringend benötigten. Die Seine, sagten sie, sei die Heimat des furchterregenden »Mascaret«, jener stromaufwärts verlaufenden Flutwelle, wie man sie auch vom Severn in England und vom Petitcodiac-Fluß in der kanadischen Bay of Fundy kennt.

Wie diese Flüsse ergießt sich die Seine an einer Stelle ins Meer, wo der Tidenhub besonders groß ist. Das Süßwasser fließt durch rasch sich verengende Mündungskanäle in die breitere Bucht, und hier gebärdet sich die Flut eigenartig. Sie zwängt sich in die enge Mündung, ballt sich zur Woge und rauscht flußaufwärts. Ihre Kraft wendet die natürliche Strömung des Flusses um einhundertachtzig Grad und schiebt das Süßwasser vor sich her. Im Frühjahr, wenn die Gezeiten am stärksten sind, hat der Mascaret schon Unachtsame getötet, die sich eben noch auf einer trockenen Sandbank befanden und im nächsten Moment von der kalten Flut erfaßt wurden. George und Frank mußten damit rechnen, es auf dem ganzen Weg bis Rouen mit dem Mascaret zu tun zu haben.

Die beiden hörten den Seinematrosen aufmerksam zu und setzten ihre Fahrt flußaufwärts so an, daß die Flutwelle sie nicht vor sich her trieb. Sie legten erst ab, als die Flut vorüber war, und arbeiteten sich Biegung um Biegung gegen die Strömung vor. Die Flut setzt hier immer schlagartig ein und hält sich nicht genau an den Sechsstundenzyklus im Wechsel mit der Ebbe. Folglich war ihnen der Gezeitenstrom eher hinderlich als behilflich, aber sie überwanden diese Widrigkeit, indem sie sich möglichst nahe am Ufer hielten, weil die Strömung im seichten Wasser weniger stark war. Überhaupt floß die Seine, wie sie feststellten, ganz und gar nicht schnell, von den Zeiten einmal abgesehen, in denen der Mascaret herrschte. Der Fluß erwies sich als leicht befahrbar und bot ihnen viele Ausblicke auf die Schönheit des ländlichen Frankreich.

Oberhalb von Rouen verengte sich die Seine. Eine Zeitlang noch schlängelte sie sich durch die Landschaft und floß dann mehrere Meilen lang geradeaus, bis sie sich erneut zu winden begann. Kleine Weiler schmückten da und dort das Ufer. Vögel zogen am Himmel ihre Kreise. Nachdem sie so lange nichts anderes gesehen hatten als die tristen, kalten Farben des Meeres, fanden sie ihre jetzige Umgebung hinreißend. Die Gerüche von den Bauernhöfen hingen schwer in der Luft, ja es roch nach all dem Leben, das in den reichen Alluvialböden gedieh, die sich entlang der Seine angesammelt hatten, längst ehe Paris auf einer winzigen Insel an einer Seinebiegung entstanden war.

An den Ufern häuften sich allmählich die Anzeichen, daß sie sich der großen Stadt näherten. Die Kleinstädte rückten enger aneinander, bis sie schließlich das Ufer ununterbrochen säumten. Die *Fox* passierte die Oise, den großen Zufluß zur Seine unterhalb von Paris. Immer mehr Lastkähne zogen an ihnen vorbei. Steinerne Kais mit vorspringenden Schotten säumten den Fluß, während sie unter den Bogenbrücken hindurchfuhren, die die weitläufigen Bezirke der Ile de la Cité miteinander verbanden. Ausflügler ruderten in winzigen Booten auf der Seine, sonnten sich an ihrem Ufer und schlenderten über die Brücken, den schimmernden Widerschein der Gebäude im tiefschwarzen Wasser bewundernd. Ärmere Viertel und wohlhabende Gegenden wechselten sich ab, aber so war es nun mal in jeder Großstadt. Sie legten an und wanderten durch die bevölkerten Straßen mit ihren Kutschen, Pferdeomnibussen, offenen Kaleschen, Fahrrädern und Straßenbahnen. Cafés, Theater, Geschäfte, die alles nur Erdenkliche feilboten, Paläste, Geschäftshäuser und Fabriken – das alles zeugte von der Vitalität dieser modernen Hauptstadt, einer der größten Westeuropas.

Der Eiffelturm, das höchste Bauwerk der Welt, überragte die Silhouette der Stadt. Für die Pariser war der Turm, der doppelt so hoch war wie die Cheops-Pyramide in Gise, seit seiner Erbauung zur großen Weltausstellung im Jahre 1889 zur Selbstverständlichkeit geworden. Für jeden Neuankömmling in der Stadt aber war er ein Wunderwerk, dessen Schönheit auch George und Frank in ihren Bann zog.

Die *Fox* wurde in einer reich geschmückten Ausstellungshalle gezeigt. Die Zeitungen schrieben über das Ereignis. George und Frank brachten in öffentlichen Parks, an den Fenstern von Cafés, praktisch überall, wo sie nur konnten, ihre Plakate an. Aber die erhofften Besuchermassen blieben aus.

Einige Besucher zeigten sich enttäuscht. »Ist das

Harbo und Samuelsen blieben zwei Tage in Le Havre und ruderten dann die Seine hinauf nach Paris, wo sie die Fox *ausstellen wollten. Zwar sahen sich viele Menschen das Boot an, aber richtig Feuer fing die Pariser Bevölkerung nicht.*

Copyright Spencer Samuelsen

alles? Das ist doch bloß ein kleines Ruderboot.« Andere, vor allem die Bootsleute der Stadt, musterten die *Fox* mit Kennerblick und zeigten sich beeindruckt, daß sich George und Frank darin aufs Meer hinausgewagt hatten. Aber insgesamt blieb die Reaktion des Publikums weit hinter den hohen Erwartungen zurück, welche die Männer vor dem Ablegen von der Battery gehegt hatten. Sie blieben drei Wochen und versuchten die ganze Zeit, das Interesse an ihrem Boot und der Geschichte ihrer Atlantiküberquerung anzufachen.

Schließlich gaben sie auf und verließen Paris per Eisenbahn Richtung Küste. An Bord eines Dampfers überquerten sie den Ärmelkanal und gelangten nach London, immer noch hoffend, daß die Engländer, die sie so freundlich aufgenommen hatten, der *Fox* immerhin genug Interesse entgegenbringen würden, um sie gegen einen Obolus sehen zu wollen.

Da sie meinten, sie müßten ihre Vorstellung mit mehr Dramatik würzen, nannten sich George und Frank jetzt »Söhne des Meeres«. Ein Schauspieler, den sie trotz der Kosten anheuerten, rezitierte und sang einen Monolog über die Reise, während die Männer so taten, als ruderten sie mit dem Boot abwechselnd durch ruhige und stürmische See. Auf dem Höhepunkt des Sturms vom 10. Juli wurde hinter der Bühne mit Blitzlichtpulver und dem metallischen Donnerhall des Beckens ein Gewitter simuliert. Das Publikum brach in Hochrufe aus und applaudierte begeistert. Endlich hatten die Söhne des Meeres den ersehnten Erfolg.

Aber in den zwei Monaten, in denen sie die *Fox* im Londoner Royal Aquarium ausstellten, kam trotz des geforderten Eintritts nicht genug Geld zusammen. Während sie von London nach Portsmouth und in andere Küstenstädte reisten, summierten sich die Unkosten für die Miete der Ausstellungssäle, die Plakatgebühren, das Honorar für den Schauspieler sowie ihre eigenen Reise- und Aufenthaltskosten. Die Wanderschau erwies sich als kostspieliger, als die beiden gedacht hatten. Sie waren zutiefst enttäuscht.

Eines Abends, nachdem sie die spärlichen Einnahmen aus einer Abendveranstaltung gezählt hatten, warfen sie enttäuscht alle Pläne für den Besuch weiterer Großstädte über den Haufen. Nichts wurde aus Antwerpen, aus Hamburg, Stockholm oder Kopenhagen. Ihr Ruhm war nur ein Strohfeuer gewesen, ihre lange, qualvolle Reise nicht auf das erwartete Interesse gestoßen. Diese Erkenntnis lastete schwer auf den Männern. George gewöhnte sich das Rauchen an. Frank wurde noch stiller als zuvor. Bei den Veranstaltungen, in denen sie in ihren zerschlissenen Ölhäuten auftraten, wirkte er seltsam abwesend, als befände er sich in einer fernen Welt, die rein gar nichts mit dem sensationslüsternen Publikum gemein hatte.

Ein Fehlschlag war einfach undenkbar, nach allem, was sie durchgemacht hatten. Auf dem Meer hatten sie niemals befürchtet, die Fahrt könnte in einer Katastrophe enden, so schlimm die langen Tage und Nächte zum Teil auch waren. Doch jetzt, wieder an Land und inmitten der kalten Wirklichkeit der Großstadt, schien es, als wäre die eigentliche Überfahrt sehr viel einfacher gewesen als ihre nachträgliche finanzielle Ausbeutung. Die Zeitungsverleger hatten an ihnen verdient, Leute wie Richard Kyle Fox von der *Police Gazette* – viel mehr als sie selbst.

So schmerzlich die Männer ihre Familien vermißten, waren sie doch bereit gewesen, durch Europa zu reisen, solange die Tour Geld abwarf. Jetzt wollten sie nur noch heim nach Norwegen. Im September war Fridtjof Nansen, nachdem er so weit nach Norden vorgedrungen war wie vordem keine Menschenseele, mit großem Beifall in Norwegen empfangen worden. George und Frank hatten allen Anlaß zu glauben, auch ihnen würde man ein herzliches Willkommen bereiten. Im Spätherbst buchten sie die Überfahrt auf einem Dampfer nach Christiania, und in ihren Herzen flackerte wieder Hoffnung auf.

27

Langsam bewegte sich der Dampfer auf die Südküste Norwegens zu, ließ den Leuchtturm von Kap Lindesnes links liegen und hielt durchs Skagerrak Kurs auf Christiania. Die sommerliche Wärme war schon aus der Küstenregion Sorlandet gewichen, dem fruchtbarsten Agrargebiet des Landes und beliebten Ferienziel der Norweger. Doch die letzten Ausläufer des Nordatlantischen Stroms wirkten sich immer noch mäßigend auf das Klima aus, verglichen mit der Kälte in der im hohen Norden gelegenen Region Finnmark. Dort oben über dem Polarkreis lag tiefe Dunkelheit auf dem Land und bedeckte es mit der Eiseskälte der ewigen Nacht, die sich erst im nächsten Frühjahr wieder lichtete. Ein kalter Westwind peitschte den Dampfer von achtern, als wollte er dessen Fahrt zur Hauptstadt beschleunigen.

George und Frank standen an Deck und sahen zu, wie die Küste allmählich Gestalt annahm. Hinter dem sanft gewellten, immer wieder von Buchten und kleinsten Fjorden unterbrochenen Flachland stiegen blaue

Berge auf. Das waren die heimatlichen Gewässer, an denen die beiden aufgewachsen waren und wo sie die Launen des Meeres kennengelernt hatten. In ihre Erinnerungen versunken und von Zukunftshoffnungen erfüllt, betrachteten sie die Wellen. Der Anblick dieses Meeres und dieser Küste vermittelte ihnen ein tiefes Gefühl von Heimkehr. Waren sie auch in Amerika zu Hause, so steckten ihre Wurzeln doch immer noch im zumeist kargen norwegischen Boden.

Georges Sohn Fritz, den er noch nie in den Armen gehalten hatte, war vollkommen in Norwegen verwurzelt, wo er das Licht der Welt erblickt hatte. Und wie stand es mit Andrew und Annie Louisa, wollten sie überhaupt nach Amerika zurück? Wollte es Anine? Oder auch er? George dachte an das Geld, das er bislang durch das Ausstellen der *Fox* verdient hatte. Tief in seinem Innern wünschte er sich, in Brooklyn einen Laden eröffnen zu können. Sein ganzes Leben hatte er auf See verbracht, und nun reichte es ihm, obwohl er das Meer immer noch liebte. Wenn er und Frank nur genug Geld verdienen konnten, wollte er sein Leben radikal ändern. Er wollte seine Kinder aufwachsen sehen, und mit seiner Jugendliebe an der Seite könnte er endlich glücklich sein.

Auch Frank hegte den Wunsch, an Land ein neues Leben zu beginnen, wenngleich er, wie sein Freund, das Meer immer noch liebte. Wie konnte es anders sein? War es doch mächtig, furchterregend und majestätisch zugleich. Dennoch, er war nach Amerika gekommen, um einen neuen Anfang zu wagen, dabei aber ins Räderwerk wirtschaftlicher Unruhen geraten. Große Veränderungen geschahen dort, und er wußte nicht recht, ob er daran teilhaben wollte.

In den langen Nächten des Ruderns hatte sich in ihm die Idee festgesetzt, auf dem kleinen Gut seines Vaters ein ruhiges Leben zu führen, es vielleicht eines Tages zu erben und dort eine Familie zu gründen. Land unter den Füßen zu spüren, die warmen Leiber der Kühe und Pferde im Stall zu wissen und ihren stechenden Geruch wahrzunehmen, das Gackern der Hühner und Schnattern der Gänse zu hören und den Duft des Grases in der feuchten Frühlingsluft einzuatmen. An kalten Wintertagen, wenn im Schnee die Schritte knirschten, den grauweißen Rauch aus den Schornsteinen aufsteigen zu sehen. Die über den Bergen hinter dem Fjord aufgehende Sonne zu betrachten, die den frisch gefallenen Schnee erst in blasses Orange tauchte und Stunden später in gleißendes Licht. Alle diese Bilder gingen ihm durch den Kopf. Aber ohne Geld ließ sich sein Traum niemals verwirklichen. Ohne Geld mußte er sich endlos mit dem Meer herumschlagen, und dieser Gedanke beunruhigte ihn. Das Meer zu suchen, war eine Sache, ihm ausgeliefert zu sein, eine ganz andere.

Der Dampfer stampfte durch die Wellen und fuhr dann in den hundert Kilometer langen Oslofjord ein. Nach Westen treibt der Fjord einen tiefblauen Keil ins fruchtbare Land. Nach Osten hin wechselten sich Höfe und Wälder ab. Das Schiff fuhr an Landzungen, kleinen Buchten und Bächen vorbei, die sich in den großen Fjord ergossen, den sich schon die Wikinger als Siedlungsgebiet erwählt hatten. Schließlich fuhr der Dampfer in den Aker-Fluß und nach Christiania ein, wie die nach König Christian IV. benannte norwegische Hauptstadt bis 1924 hieß. Zu beiden Seiten der Wasserstraße erstrecken sich die sauberen Schindelhäuser mit den roten Ziegeldächern, von denen im Winter der

Schnee abrutscht, bevor er zu schwer auf den Sparren lastet. Hinter den roten Dächern ragten graue, gedrungene Steinbauten in den Himmel.

In Südnorwegen hatte sich mit der Industrialisierung nicht nur das Wirtschaftsleben der Städte verändert, sondern auch deren Größe und Erscheinungsbild. Junge Männer und Frauen flüchteten auf der Suche nach Arbeit vom Land in die Städte. Einst hatten dichte Wälder die niedrigen Hügel am Rande Christianias gesäumt, sie fielen jetzt aber nach und nach der Axt des Fortschritts zum Opfer. Wegen der schnellen Ausbreitung der Stadt und mangelnder Planung bildeten ihre Bezirke und Straßen ein unübersichtliches Gewirr, so daß die Hauptstadt Norwegens ihr einmaliges Aussehen und ihr Flair beibehielt. Sie war ganz anders als das wohlgeordnete Paris oder London oder New York. Sie war durch und durch norwegisch, sauber und anspruchslos, erfüllt von stiller Würde und unausgesprochenem Stolz.

Die Männer entstiegen dem Dampfer und begannen, ihren Triumphzug durch Norwegen zu planen. Sie fanden in Christiania einen Ausstellungsort für die *Fox* und kontaktierten die Zeitungen in der Hoffnung, endlich die Massen anlocken zu können, die bislang ferngeblieben waren. Die Zeitungsleute von Christiania begegneten den beiden alles andere als begeistert, und entsprechend fielen ihre Artikel aus. Die einen schrieben, es handele sich um verrückte Wagehälse, die keinerlei Aufmerksamkeit verdienten. Andere ließen durchblicken, George und Frank hätten sich Norwegen gegenüber illoyal gezeigt, denn anstelle der norwegischen Flagge hätten sie stolz die amerikanische gehißt. Wen kümmerte schon, daß George amerikanischer Staatsbürger war und als Kapitän des kleinen Kahns nicht nur das Recht, sondern auch die Pflicht hatte, die Flagge seines Adoptivlandes zu zeigen. Frank war zwar noch norwegischer Staatsbürger, aber er hatte sich nichts dabei gedacht, als sie die amerikanische Flagge setzten; auch er lebte schließlich in den Vereinigten Staaten.

Neben den Seitenhieben gab es auch lobende Worte, und tatsächlich kamen Leute, um sich die Männer und ihre »Nußschale« anzusehen. Zu den Besuchern gehörte auch König Oskar II. von Schweden und Norwegen. Als er mit seinem Gefolge die Ausstellungshalle betrat, erregte das beträchtliches Aufsehen. Es kam nicht alle Tage vor, daß er sich unters gemeine Volk mischte. In seiner Militäruniform, die Brust über und über mit Orden geschmückt, ging er geradewegs auf die beiden zu, um sich mit ihnen zu unterhalten. Während er sich ihre Geschichte anhörte, strich er sich nachdenklich den Vollbart. Seine Liebenswürdigkeit und sein Interesse an ihrer Leistung machten einen tiefen Eindruck auf George und Frank. König Oskar bedachte jeden von ihnen mit einer Zehnkronennote – was etwa zehn Dollar entsprach. Sie nahmen das Geld dankbar entgegen; was zählte, war nicht der Wert, sondern die Person des Gebers.

Doch trotz der stillschweigenden Billigung ihrer Fahrt und Anerkennung ihrer Leistung durch den König kamen keine Besucherscharen. Im September hatte die Großtat Fridtjof Nansens eine wahre Presseflut ausgelöst, das ganze Land feierte seine Heimkehr vom Nordpol. Die Erforschung der Eiswüste an Bord seines Schiffes *Fram*, die Nansen absichtlich ins Packeis einfrieren ließ, sein heldenhafter Treck mit F. H.

Johansen auf Schlitten und Skiern und die triumphale Heimkehr des Forschungsschiffes stellten die Mühen von George und Frank in den Schatten. Von dem lauwarmen Empfang in Christiania zutiefst bedrückt, stellten sie das Boot in der Hoffnung auf ein größeres Echo in anderen Städten zur Schau, aber ihre Hoffnungen wurden enttäuscht.

Im Dezember begaben sich die beiden Männer nach Skien, wohin Anine mit den Kindern gezogen war. Die Heimkehr gab George Auftrieb. Zum ersten Mal seit 1891 hielt er wieder Anine, Andrew und Louisa in den Armen. Der süße kleine Fritz kannte ihn zwar nicht, aber das würde sich ändern, wenn die Familie erst nach Amerika zurückging. Die langen Jahre der Trennung schienen endlich vorüber. Immer noch hoffte George, daß sich die in Amerika geplanten Ausstellungen besser anließen. Obwohl dort viele Menschen in bitterer Armut lebten, gab es doch eine breite Schicht Wohlhabender, die es sich leisten konnten, für eine Schau zu bezahlen.

Die Weihnachtstage vergingen wie im Flug. Die beiden mußten ihre Tournee durch die norwegischen Städte fortsetzen, und Frank war noch nicht einmal bei sich zu Hause in Farsund gewesen. Verständlicherweise wollte er möglichst schnell zu seinen Eltern und Verwandten.

Anfang Januar schifften sie sich auf der *Arendale* nach Farsund ein. Sie benachrichtigten im voraus die Zeitungen und hofften das Beste. Das Schiff ließ den Fjord hinter sich, fuhr an der Küste Südnorwegens entlang und erreichte bald Farsund. Während der Dampfer in den geschäftigen Hafen einfuhr, schossen die Mitglieder der Seefahrervereinigung elf Schuß Salut.

Weißer Qualm kam aus den Böllermündungen. Schnell versammelte sich eine Menge an den Kais. Ganz Farsund hatte sich eingefunden, um die Atlantiküberquerer willkommen zu heißen. Die Hochrufe und Musik von einer Blaskapelle drangen übers Wasser zu ihnen herüber. Die beiden sahen sich an und lächelten dankbar beim Anblick der Menschen, die ihnen von den Piers her zuwinkten.

28

Als die *Fox* in Farsund ans Ufer gebracht wurde, herrschte wildes Gedränge und ungezügelte Begeisterung. Stämmige Seeleute hoben das Boot auf ihre Schultern und trugen es durch die Stadt zu der Halle, wo es ausgestellt werden sollte. Vorneweg marschierte eine Blaskapelle. Von vielen Gebäuden wehten norwegische und amerikanische Fahnen. Die Menge teilte sich, um den Festzug durchzulassen, winkte den Männern zu und ließ sie hochleben. Dies war ihre große Stunde, und sie genossen die Anerkennung in vollen Zügen. In der Ausstellungshalle hielt George eine kleine Rede, während Frank wie gewöhnlich schweigend dabeistand. Aber in seinem Gesicht war deutlich zu lesen, wie glücklich er war.

Das Boot blieb mehrere Tage lang ausgestellt. Die Kronen klimperten in der Kasse, wenngleich der Andrang nach einer Weile etwas nachließ. Der Hafen gehörte zu den geschäftigsten in Norwegen, weshalb auch eine Menge Seeleute dort waren, die sich für das Boot interessierten. Sie scharten sich um die *Fox* und hielten nicht mit ihrem Erstaunen hinter dem Berg, daß ein so kleiner Kahn den Nordatlantik überquert hatte. Der Club der Seeleute gab einen Empfang zu Ehren von George und Frank, an dem über vierhundert Menschen teilnahmen; vor der Tür drängelten sich weitere, die keinen Platz gefunden hatten. Eine Rede folgte auf die andere. George hielt einen kurzen Vortrag über die Reise und die erduldeten Qualen. Als Geschenk der Stadt und seiner Matrosen erhielten die Männer eine Schale aus massivem Silber.

Bevor er und George wieder abreisten, besuchte Frank seine Familie in Elunde. Er betrachtete die Felder und Äcker, die verstreuten Scheunen und Hütten, das schmucke Heim, das Elisabeth versorgte, und tiefe Sehnsucht erfüllte ihn. Aber es gab für ihn kein Verweilen, jedenfalls nicht im Augenblick. Die Gründe, aus denen er weggegangen war, galten immer noch. Die Farm warf wenig ab, das Wenige reichte kaum für den Unterhalt der Familie. Sie mußten versuchen, mit der *Fox* in Amerika ihr Glück zu machen. Als Frank seine Eltern und Geschwister zum Abschied umarmte, dachte er, was für eine Ironie der Geschichte es war, daß er Norwegen nun mit denselben Hoffnungen verließ wie damals, als er als Siebzehnjähriger zur Handelsmarine gegangen war. Es hatte sich soviel verändert, und dennoch war alles gleich geblieben.

Die restliche Tournee verlief wieder enttäuschend. Schließlich verpackten die Männer die *Fox* und schifften sich auf der *Island*, einem 1822 für die Thingvalla-Linie erbauten Eisenschiff, nach Amerika ein. Zur Zeit seiner Erbauung mußte der Dreimaster auf offener See, mit der viereckigen Takelung an der Fock und dem schwarzen Rauch, der aus dem einzigen Schornstein aufstieg, sehr eindrucksvoll und erhaben ausgesehen haben. Jetzt zeigte sich Rost am schwarzen Rumpf, die Takelage war reparaturbedürftig, und an den Überbauten blätterte die Farbe ab. Die *Island* hatte am 15. Februar in Kopenhagen Segel gesetzt, am 18. Christiania erreicht und am 19. Christiansund, wo George und Frank für die Heimreise in die Vereinigten Staaten an Bord gingen.

Richard Kyle Fox hatte ihnen großzügig die Überfahrt bezahlt, wofür sie ihm dankbar waren. Die *Fox* sollte in New York im Huber's Museum zur Schau gestellt werden und pro Tag zwanzig Dollar einbringen. Zudem bekämen sie von der *Police Gazette* ihre Goldmedaillen. Vielleicht wandte sich in New York das Blatt endlich zu ihren Gunsten.

Kurz nach der Abfahrt gerieten sie in einen Sturm. Das Schiff senkte den Bug tief in die Wogen, grünes Wasser ergoß sich aufs Deck. Die Passagiere kauerten seekrank und ängstlich unter Deck, während draußen der Sturm tobte. Tage- und wochenlang ging das so weiter. Der Dampfer wurde von riesigen Brechern durchgeschüttelt, drei Rettungsboote wurden zerschmettert. Die Wogen rissen einen Teil der Brücke fort, drei Deckwachen wurden verletzt. Der Kohlenverbrauch der Dampfmaschinen stieg in beunruhigendem Maße an.

Während George und Frank vom luxuriösen Salon aus zusahen, wie die Wellen übers Deck spülten, merkten sie, welch großes Glück sie gehabt hatten. Die Stürme, denen die *Island* begegnete, waren weitaus schlimmer als selbst ihr schlimmster Sturm, der vom 10. Juli. In den dunklen Stunden vor Tagesanbruch klopften verstörte und vor Angst schlotternde Passagiere an die Tür ihrer Luxuskabine.

»Werden wir den Sturm überleben?« fragten sie. »Gehen wir unter?«

Die beiden trösteten die Leute. »Wir haben einen festen Kiel und solide Decks. Dies ist ein großes Schiff, kein Ruderboot. Wenn es ein Ruderboot schaffen kann, dann können wir es auch.«

Die Passagiere gingen wieder, ein kleines bißchen weniger furchtsam.

Die Weststürme tobten immer weiter. Furchterregende Wellen spülten über das Schiff und legten es schwer auf die Seite. Kapitän Thompson konnte nichts anderes tun, als den Bug direkt in den Wind zu halten und ausreichend Fahrt zu machen, um das Schiff überhaupt noch steuern zu können. Die Kohlenvorräte in den Bunkern schrumpften, während ein Nachlassen des Sturms immer noch nicht in Sicht war. Wenn die Kohle ausging, würde das Schiff hilflos in den Wellentälern treiben. Höchstwahrscheinlich würde es dann kentern und die einhundertvierundvierzig Passagiere in den Tod reißen. Selbst wenn sich die übriggebliebenen Rettungsboote noch aussetzen ließen – Kapitän Thompson versuchte, den Gedanken an diese Katastrophe zu verscheuchen.

Als er feststellte, daß er es mit den verbliebenen Kohlevorräten keinesfalls bis New York schaffen konnte, änderte er den Kurs auf St. John's in Neufundland. Dort füllte er die Kohlenbunker wieder auf und setzte die Reise fort, überquerte die Neufundlandbank bei Nebel und starkem Westwind, umschiffte die Georges Bank vor Cape Cod und dampfte am Südufer von Long Island entlang auf den Hafen von New York zu. Das Schiff kam um zwei Uhr morgens bei ruhiger See und Nebel vor Sandy Hook an. Kapitän Thompson drehte bei und wartete auf einen Lotsen von dem neuen, dampfgetriebenen Lotsenboot *New York*, das auf Station war.

Im Morgengrauen ruderten stämmige Bootsleute eine Jolle zum Schiff hinüber. Beim Anblick der ramponierten *Island* schüttelte der Lotse den Kopf. Die extrem schlechten Wetterbedingungen in diesem Winter hatten allen Transatlantikdampfern übel mitgespielt, aber dieser hatte offensichtlich besonders schreckliche Stürme überstanden. Der Lotse kletterte das Fallreep hinauf und trat zu Kapitän Thompson auf die Brücke; dabei bemerkte er die vorgenommenen Reparaturen.

»War eine schlimme Passage, wie ich sehe«, sagte er und befahl langsame Fahrt zwischen den Bojen hindurch, die jenseits des Feuerschiffs von Sandy Hook den Gedney Channel markierten.

Kapitän Thompson nickte. Seinem Gesicht sah man die zurückliegenden Strapazen deutlich an. »Das ist die letzte Fahrt des Schiffes, müssen Sie wissen. Sie soll außer Dienst gestellt werden. Die See hat ihr zum Abschied eine ordentliche Abreibung verpaßt.«

Siebenundzwanzig Tage nach dem Ablegen in Norwegen – eine unglaublich lange Fahrzeit für einen Dampfer – tuckerte die *Island* in den New Yorker Hafen und kam endlich an den nebligen Piers von Hoboken in New Jersey zum Stehen. Die Passagiere begannen auszusteigen. Viele schworen sich, nie wieder mit einem Dampfer über den Ozean zu reisen. Hafenarbeiter kamen an Bord und begannen mit dem Ausladen des Gepäcks und dem Löschen der Ladung. Auf dem Dach der Heckkajüte war neben einem Rettungsboot die *Fox* festgezurrt. Der Wind hatte die

Segeltuchhülle weggerissen, so daß man den verrosteten und verrußten Wasserkessel, die verblichenen Ölhäute und Regenhüte und die splitternden Ruder sehen konnte. Irgendwie hatte sich auch der Kiel des kleinen Bootes gespalten. Die Farbe war verwittert, fehlte an einigen Stellen ganz, so daß nacktes, aufgequollenes Holz zum Vorschein kam.

Auf die Nachricht hin, George und Frank seien an Bord, kamen Reporter, um sie zu interviewen. Sie stellten die mittlerweile vertrauten Fragen. Warum habt ihr's getan? Wie war's?

»Werdet ihr's noch mal versuchen?« fragte der Reporter vom *New York Herald*.

George sah ihn an, als wäre der Mann völlig von Sinnen, und sagte dann langsam und nachdrücklich: »Wohl kaum. Mir reicht's.«

Am nächsten Tag erschienen in einigen Zeitungen der Stadt Berichte über die Ankunft der *Island* und die Heimkehr der beiden Ruderer. Sie waren allerdings kurz, irgendwo hinten in den Zeitungen versteckt. Viele brachten die Nachricht überhaupt nicht. New York nahm kaum Notiz von den beiden Männern. Es war dasselbe Lied wie schon in Paris, London und Christiania. Die Männer waren zwar entschlossen, möglichst viel aus ihrem Abenteuer herauszuholen, aber ihnen wurde auch immer klarer, daß es finanziell ein Fehlschlag war. Sie nahmen die Niederlage mit der für sie typischen, stoischen Ruhe hin und sprachen untereinander nur wenig darüber.

Ende März und Anfang April wurde die *Fox* im Huber's Museum zur Schau gestellt. An einem Mittwochabend überreichte Sam Austin, der Sportredakteur der *Police Gazette*, George und Frank im Rahmen eines Vortrags über ihre Transatlantikfahrt ihre Medaillen. Sie waren aus massivem Gold und stellten den Bootsrumpf dar. An einem unter Bug und Heck am Kiel angebrachten Goldkettchen baumelte ein Anhänger mit einem Adler und der Inschrift »Police-Gazette-Trophäe«. In die Mitte des Anhängers war ein Bild der beiden eingelassen.

George und Frank wandten sich dem Publikum zu und dankten Richard Kyle Fox für seine Großzügigkeit. Der Verleger habe ihnen zur Heimfahrt verholfen und dafür gesorgt, daß ihr Boot von den Zollbehörden in Hoboken schnell freigegeben wurde. Sodann stiegen die beiden ins Boot und gaben ihre Rudervorstellung, bei der sie zur Begeisterung der Menge die Riemen durch die Luft zogen. Das Ganze nahm sich wie eine Clownerie im Zirkuszelt aus. Es strafte ihre wirkliche Leistung Lügen, die weit größer war, aber die Männer taten es trotzdem. Es gehörte nun mal zur Show.

29

Das Frühjahr des Jahres 1897 brachte wie üblich abwechselnd frische Nordwestwinde bei blauem Himmel und graue, kalte Regentage. Die Fischereiflotten von Nauvoo und Galilee begaben sich mit ihren kleinen Kuttern auf Fang. Die kegelförmigen Kühlhäuser am Strand waren vollgepackt mit den im Winter auf zugefrorenen Flüssen und Bächen geschlagenen Eisblöcken. Die Muschel- und Austernfischer gingen auf dem ruhigen Wasser der Bucht von Sandy Hook ihrer gewohnten Arbeit an den Muschelbänken nach. Die gestiegene Nachfrage nach Schaltieren am Fischmarkt von Fulton verschaffte ihnen zusätzlichen Gewinn. Die zu Anfang der neunziger Jahre so langen Zeitungsspalten mit den Namen von Selbstmördern wurden kürzer. Das Los des einfachen Mannes war nicht mehr ganz so schwer, auch wenn immer noch ein tiefer Graben die Armen von den Reichen trennte. In Erwartung einer bewaffneten Auseinandersetzung mit Spanien hantierten die Soldaten fieberhaft an den Kanonenbatterien von Fort Hancock und entlang der Küste.

George und Frank arbeiteten gemeinsam an den Muschelbänken wie eh und je. Frank förderte mit dem Greifer ganze Trauben grauer Muscheln zutage und deponierte sie auf dem Sortierbrett, wo sich George über sie hermachte. Die beiden wiederholten ihre Handgriffe so routiniert, als hätten sie nie etwas anderes getan. Vieles hatte sich verändert. Das Land hatte mit William McKinley einen neuen Präsidenten, neue Hoffnung fürs kommende Jahrhundert keimte auf. Doch für diese beiden Männer war trotz aller Mühen, den Durchbruch zu schaffen, die Zeit stehengeblieben. Es war, als wären sie im gleißenden Licht durch die Wüste gewandert und hätten eine Oase mit kristallklarem Wasser entdeckt, die sich als Fata Morgana entpuppte, als sie sich niederbeugten, um davon zu trinken. Die Arbeit an den Muschelbänken war alles, was sie hatten, und die paar mageren Dollars, die sie dabei verdienten, reichten kaum zum Überleben.

Kurz nachdem er mit Frank in Hoboken eintraf, erfuhr George von Anine, daß sie schwanger war. Sie mußte das Kind Ende Januar empfangen haben, als er sie vor der Abfahrt mit der *Island* besucht hatte. Das Baby sollte im Oktober zur Welt kommen, und Anine wollte nicht von Skien weg. Die Trennung würde also fortdauern, und darunter litt George sehr. Er wollte seine Familie bei sich haben, des Nachts seine Frau in den Armen halten, seine Hoffnungen und Enttäuschungen mit ihr teilen. Er wollte Andrew mit sich aufs Meer nehmen, auch Fritz, sobald er groß genug war. Er sehnte sich danach, miterleben zu können, wie aus Anna Louisa langsam eine junge Dame wurde. Er wünschte, bei der Geburt seines neuen Kindes dabei zu sein. So vieles, so unendlich vieles vermißte er.

Doch er nutzte die Zeit der Trennung nach Kräften. Immer noch gab er nicht auf. Er arbeitete fleißig an den Muschelbänken. Außerdem schrieb er sich bei der Lotsenvereinigung von Sandy Hook ein, die jetzt ein richtiger Verband war; das wilde Gerangel der Privatgesellschaften, die bis 1895 das Lotsengeschäft betrieben, gehörte der Vergangenheit an. Wann immer man ihn rief, tat er auf dem Lotsenboot Dienst und wurde dafür gut entlohnt. Das Zeitalter der großen Passagierdampfer war angebrochen, und da die Zufahrten zum Hafen so seicht waren, daß sie bei Ebbe kaum sieben Meter Tiefgang zuließen, bedurfte es großen Geschicks, die Schiffe sicher zu ihren Anlegeplätzen im Innenhafen oder von dort in den Außenhafen zu geleiten.

Zu den wenigen Vorteilen, die ihm die Fahrt mit der *Fox* einbrachte, gehörte das hohe Ansehen, das er aufgrund seiner Navigationskünste bei den Seeleuten im New Yorker Hafen genoß. Das half ihm beträchtlich. Viele Lotsen leisteten sich von ihren Einkünften prächtige Häuser auf Staten Island oder in New York City. Er selbst führte ein einfaches Leben und sparte so viel wie möglich, um Anine und den Kindern ein gemütliches Zuhause herrichten zu können. Anfang November schrieb ihm Anine, sie habe am 25. Oktober ein Mädchen zur Welt gebracht, dem sie wie vereinbart den Namen Grace Almira gegeben habe. Das Kind konnte zwar Agnes Grace nicht ersetzen, die bei der Überfahrt nach Europa gestorben war, sollte aber wenigstens deren zweiten Vornamen tragen.

Frank hatte seinen Traum von einem Bauernhof zurückgestellt, jedoch keineswegs vergessen. Am 28. April 1898, drei Tage, nachdem der Kongreß Spanien den Krieg erklärt hatte, erhielt Frank im Bezirksgericht von Brooklyn die amerikanische Staatsbürgerschaft. Diesen Freudentag feierte er ausgiebig mit seinen beiden Brüdern Jake und Jakob, seiner Schwester Karoline und seinem Freund George.

Am 1. August 1898 endete die lange Trennung von George und Anine. Er holte sie und die Kinder im New Yorker Hafen ab, überglücklich, endlich seine Familie wieder bei sich zu wissen. Sie ließen sich in Brooklyn nieder, wo sich Anine unter den vielen dort lebenden Skandinaviern gleich wohl fühlte. Es waren inzwischen so viele gekommen, daß ihre Enklave »Klein-Norwegen« genannt wurde.

Als an Silvester 1899 der Anbruch des neuen Jahrhunderts mit Fanfarenstößen gefeiert wurde, hatten sich George und Frank mit einer Alltagsroutine abgefunden, wie die meisten Menschen sie schätzen. Ihre Reise hatte ihnen weder dauerhaften Ruhm noch ein Vermögen eingebracht. Entgegen ihren Hoffnungen hatte sich ihnen keine bessere Zukunft aufgetan. Aber mit ihrem Fleiß und ihrer Ausdauer hatten sie sich die nötige Grundlage für ein annehmbares Leben in Amerika erworben. So hatte ihre Überfahrt letztlich doch, wenn auch auf wenig greifbare Weise, einen wertvollen Beitrag zu ihrem Leben geleistet. Sie hatte ihren Charakter gefestigt und ihnen eine Weltsicht vermittelt, die ihnen zu begreifen half, wie launisch das Schicksal ist und eine wie große Rolle der Zufall im Leben eines jeden Menschen spielt.

Frank lernte eine hübsche Norwegerin namens Anna Lovisa Isackson kennen und heiratete sie. Er arbeitete weiter als Fischer vor Atlantic Highlands, wo er mit seiner jungen Frau in einfachen Verhältnissen lebte. Er vermißte seinen Freund George, besuchte ihn aber so oft er konnte in Brooklyn. Dessen Familie war inzwischen recht groß geworden. Anine hatte 1899 eine Tochter und 1901 einen Sohn geboren. Frank und seine Frau wünschten sich ebenfalls Kinder, und am 2. Oktober 1902 brachte Anna einen Jungen zur Welt, den sie Sigurd Emanuel tauften. Der Knabe wuchs mit dem Meer auf und begleitete schon bald seinen Vater auf dessen Bootsfahrten.

Die Jahre vergingen. George und Anine kauften sich ein hübsches Häuschen in Brooklyn, das sie für die sich ständig vergrößernde Familie dringend benötigten. Zwischen 1903 und 1906 schenkte Anine drei weiteren Töchtern das Leben, so daß die Familie jetzt, Agnes Grace nicht mitgerechnet, neun Kinder hatte. Andrew war 1906 bereits ein strammer Zwanzigjähriger, und Annie Louisa eine hübsche junge Dame von achtzehn. Aber mit den anderen Kindern hatte Anine immer noch alle Hände voll zu tun. Fritz war erst elf, Grace Almira neun, Beatrice sieben, Harold fünf, Ethel drei, Hendrikke ein Jahr alt und Vivian noch ein Säugling. Mit seinen Lotseneinkünften konnte George es sich leisten, für Anine einen Stutzflügel zu kaufen; außerdem heuerte er eine Dienstmagd an, die seiner Frau bei der Hausarbeit zur Hand ging.

Zwei Jahre später, 1908, gebar Anine eine weitere Tochter, Georganna. Das ganze Haus war erfüllt vom Lachen der spielenden Kinder, und abends erklangen die sanften Töne des Klaviers. Mit den ersten Frühlingsboten kamen wieder die kalten Nordwestwinde und der Regen. Auf den Lotsenbooten draußen arbeiteten die Männer bei jedem Wetter. Oft war die Arbeit gefährlich. Wenn sie an den Schiffswänden emporklommen, wurden sie von den Wellen naßgespritzt, und von den Speigatts strömte das Wasser auf sie herunter.

Als er eines Tages wieder ein Schiff sicher in den Hafen gelotst hatte, kam George fiebrig und geschwächt nach Hause. Anine steckte ihn ins Bett. Am folgenden Tag stieg das Fieber weiter. George zitterte am ganzen Leib, die Laken waren schweißnaß. Der Hausarzt Dr. Malone sah nach ihm.

»Er hat eine Lungenentzündung, Anine«, sagte der Arzt leise. Obwohl er alles in seiner Macht Stehende für George tat, verschlechterte sich dessen Zustand.

Am 4. April 1908 starb George Harbo. Ein Schatten fiel auf die Familie. Im Haus wurde es totenstill, alle Fröhlichkeit erstarb. Er hatte den Ozean in einem Ruderboot überquert und dabei unzählige Gefahren überstanden, er hatte dem Meer getrotzt, und nun raffte ihn ein unsichtbarer Feind im dreiundvierzigsten Lebensjahr dahin.

Die Familie von George und seine Freunde versammelten sich zum Trauergottesdienst und begaben sich anschließend zum Greenwood-Friedhof in Brooklyn. Frank verneigte sich am Grab.

»Adieu, alter Freund«, murmelte er. »Adieu.«

Frank war es, als wäre ein Haltetau gerissen und er bliebe einsam in einer Welt zurück, die von Leben und Arbeit erfüllt, aber dennoch seltsam leer war. Er hoffte, daß dieses Gefühl mit der Zeit vorüberginge, weil mit zunehmendem Alter die Verluste weniger schmerzten. Er mußte an ihre gemeinsame Zeit auf der *Fox*, an die Entschlossenheit seines Freundes, ihr Lachen und ihr Elend denken und an den langen Kampf, der für George nun zu Ende war. Er sah zur Familie des Freundes hinüber. So herrliche Kinder, und so viele.

Anine hatte die kleine Georganna auf dem Arm und blickte verlassen in die offene Wunde der Erde, in der ihr Mann ruhen sollte. Tiefe Trauer bemächtigte sich seiner beim Anblick dieser Familie, die nun in einer Welt bestehen mußte, die so viel grausamer war als die See es je sein konnte.

Etwa ein Jahr später starb auch Georganna an einer Lungenentzündung, ein weiterer schwerer Schlag, mit dem Anine und die Kinder fertig werden mußten. Georganna wurde neben ihrem Vater auf dem Greenwood-Friedhof beerdigt.

Wenn Anine auf ihr bisheriges Leben zurückblickte, sah sie eine lange Folge von Härten. Gewiß hatte es auch glückliche Tage gegeben, aber zu wenige. Sie arbeitete weiterhin hart, hielt die Familie zusammen, sorgte für saubere Kleidung und die Ernährung der Kinder. Aber die Vitalität ihrer Jugend war schon lange dahin, und die innige Liebe, die sie immer noch für George hegte, nagte an ihr und brach ihr langsam das Herz.

Das Haus schien leer, trotz der vielen Kinder. Es hatte seine einstige Geborgenheit verloren. Anine hielt das Klavier stets rein, wischte regelmäßig den Staub von den Elfenbeintasten und dem dunkelbraunen Holz. Aber nach Georges Tod rührte sie praktisch keine Taste mehr an. Der Klang hätte sie nur an die endgültig vergangenen Tage erinnert, an Georges feines Lächeln, an seine blauen Augen.

Die Zeit kroch dahin, freudlos und offenbar ohne Sinn. Anine ging ganz in der Sorge für die Familie auf. Aber die Kinder bemerkten, daß sie sich verändert hatte, vor allem Andrew und Louisa, die alt genug waren, um zu verstehen, welch ein schwerer Schlag der Tod

Anine Harbo (sitzend, Mitte) mit ihren zehn Kindern kurz nach George Harbos Tod im Jahr 1908 vor dem Haus der Familie in Brooklyn. Sie hat Georganna auf dem Schoß, die ein Jahr später an Lungenentzündung starb. Auch Anine selbst erlag 1911 einer Lungenentzündung. Fridtjof (stehend, rechts) kämpfte im Ersten Weltkrieg bei der amerikanischen Yankee Division und fiel in Frankreich. Grace Almira (sitzend, unten links) wurde ein berühmtes Mannequin. Sie und ihr Baby starben 1920 bei einer Gasexplosion in ihrem eigenen Haus. Die übrigen Kinder von George und Anine Harbo wurden siebzig bis achtzig Jahre alt.

ihres Vaters und ihrer Schwester für ihre Mutter war. Im April 1911 wurde Anine krank. Die älteren Kinder und die Verwandten erkannten die Symptome. Schon wieder wurde einer der Harbos von einer Lungenentzündung heimgesucht. Anine bekam hohes Fieber und stand nie wieder auf. Drei Tage nach ihrem sechsundvierzigsten Geburtstag, am 17. April, gesellte sie sich ihrer jüngsten Tochter und ihrem geliebten Mann zu.

Der Tod der Eltern bedeutete das Ende der Familie Harbo. Die Kinder wurden auf verschiedene Verwandte verteilt. Doktor Malone adoptierte Hendrikke und taufte sie in Harriet um. Sie durfte ihre Geschwister nicht mehr sehen, und während sie im Hause der Malones aufwuchs, hörte sie kaum je etwas von ihnen und ihren anderen Verwandten. Die übrigen Kinder wurden, solange sie klein waren, zwischen den Verwandten hin- und hergeschoben, hielten aber engen Kontakt untereinander. Innerhalb von knapp drei Jahren hatte sich alles, wofür George gearbeitet und was er sich erträumt hatte, in Luft aufgelöst. Nichts war davon übriggeblieben.

30

Das Jahr, in dem George starb, brachte auch bei den Samuelsens große Veränderungen. Frank kaufte die Hälfte des väterlichen Hofes in Elunde und erfüllte sich damit endlich seinen seit 1896 gehegten Traum. Er buchte für seine Frau, seinen Sohn und sich selbst eine Überfahrt nach Norwegen und überquerte zum letzten Mal den Atlantik. Nach über zwanzig Jahren auf dem Meer und in Amerika gewöhnte er sich schnell an das langsamere, einfache Landleben in Norwegen. Die Kühe mußten gemolken, der Boden bearbeitet und die Ernte eingebracht werden. Dieser Alltag vermittelte ihm ein Gefühl unendlichen Friedens. Nie mehr würde er sich dem Meer zuwenden, nie mehr den Stürmen und der eisigen Kälte trotzen. Er hoffte, daß auch Sigurd einen anderen Weg einschlagen würde. Die See war eine gefährliche Geliebte. Sie behexte die Männer und verführte sie zu einem Leben, das wenig Gegenleistung bot für die großen Mühen, denen man sich aussetzte.

Die Jahre vergingen. Der Erste Weltkrieg brach aus

und ging zu Ende. Doch für Frank blieb die Zeit stehen. Er genoß sein ruhiges Dasein, sah seinen Sohn zum Manne heranreifen. Sigurd ging nach Amerika, teils angelockt von der Wildheit der zwanziger Jahre. Jenseits des Atlantiks gab es so viel mehr Möglichkeiten als in Elunde. Frank fühlte sich an seine eigene Jugend erinnert. Er wünschte seinem Sohn Glück und nahm von ihm Abschied.

1927 starb Franks Mutter und hinterließ ihm die andere Hälfte des Hofes.

Im selben Jahr schlug der Tod erneut zu. Frank verlor seine Frau Anna nach langer Krankheit. Nun bewirtschaftete er allein den Hof. Sein Leben mochte leer erscheinen und war es eine Zeitlang sicher auch. Aber er, der so viel herumgekommen war, hatte den einen Ort auf der Welt gefunden, der ihm Frieden gab. Sein rotes Haar wurde weiß und schütter, aber er war gesund und besaß immer noch die Kraft, die ihm geholfen hatte, die *Fox* über den Atlantik zu bringen.

Sigurd heiratete 1930 Anna Hansen, die er in Atlantic Highlands kennenlernte, wo er sich, wie früher sein Vater, als Fischer niedergelassen hatte. Ende des Jahres wurde Frank Großvater. Sigurd und Anna beglückten ihn mit einem Enkel, den sie auf den Namen Spencer tauften. 1932 bekam das Paar einen zweiten Jungen, Norman.

Im Gefolge des Börsenkrachs von 1929 war das Leben in den Vereinigten Staaten schwieriger geworden. Die Große Depression veränderte den Alltag fast aller Amerikaner, und Sigurd machte keine Ausnahme. Er verdiente sich seinen Unterhalt als Koch auf einem Fischkutter. Die Arbeit war gefährlich und hielt ihn von Anna und seinen beiden Söhnen fern. Im Frühjahr 1935

Nachdem George Harbo 1908 an einer Lungenentzündung gestorben war, kehrte Frank Samuelsen nach Norwegen auf den elterlichen Hof bei Farsund zurück und blieb dort bis zu seinem Tod im Jahre 1946. Copyright Spencer Samuelsen

fand er eine besser bezahlte Anstellung als Leuchtturmwächter. Seine letzte Schiffahrt unternahm er im April, danach wollte er an Land ein sichereres, bequemeres Leben beginnen.

Als Sigurd am Abend ablegte, blies ein scharfer Nordostwind. Er raste an der Küste entlang, schäumte hohe Brandungswogen auf und richtete beträchtliche Sturmschäden an. Sigurds Schiff ging unter, die fünfköpfige Besatzung starb. Die Leichen der anderen Männer wurden ans Ufer gespült oder aus dem Meer geborgen, aber Sigurd gab der Ozean nicht frei. Die vom Verlust völlig verstörte Anna konnte ihren Mann nicht einmal begraben. Das Meer hatte den Vater verschont, aber den Sohn geholt.

Anna blieb keine andere Wahl, als die beiden Jungen nach Norwegen zu bringen, wo ihre Mutter wohnte. Die Zeiten waren so schwer, daß Anna die beiden Buben nicht allein durchbringen konnte. Sie selbst ging nach Amerika zurück, arbeitete als Putzfrau und sparte möglichst viel Geld, um ihre Söhne wieder herholen zu können. Frank besuchte seine Enkel oft. Er nahm sie zum Fischen mit und schenkte ihnen manchmal eine Zehnkronennote. Die Jungen liebten ihn. Seine stille, aber strenge Art flößte ihnen tiefe Achtung ein. Sie wußten von seiner Ozeanüberquerung mit dem Ruderboot, fragten ihn aber nur selten danach. Sie hatten den Eindruck, daß ihr Großvater darüber nicht sprechen mochte.

Im April 1940 fielen die Deutschen in Norwegen ein und besetzten das Land. Anna, die inzwischen wieder geheiratet hatte, versuchte gemeinsam mit ihrem Mann, die Jungen nach Amerika zu holen, aber die Deutschen ließen sie nicht gehen. Die Kriegsjahre verbrachte Frank in einem Altenheim, obwohl er nicht krank war. Er hatte seine zweite Frau verloren und den Hof verkauft. Nun gut in den Siebzigern, sehnte er sich nach den Annehmlichkeiten, die Farsund zu bieten hatte. Er besuchte seine Enkel, so oft es ging, und sah mit resigniertem Ingrimm die Deutschen durch die Straßen seiner geliebten Stadt marschieren. Unten in Frankreich lag der herrliche Hafen von Le Havre in Schutt und Asche.

Frank erlebte noch, wie die Deutschen aus seinem Land hinausgeworfen wurden. Er sah die Freude der Menschen bei Kriegsende und stieß mit seinen Freunden auf den Sieg an. Von mehreren aufeinanderfolgenden Krankheiten geschwächt, kam er eines Tages ins Krankenhaus. Am Abend des 6. Juni 1946 schlief er ein und wachte nicht wieder auf. Er starb in Frieden, wie er den größten Teil seiner sechsundsiebzig Jahre gelebt hatte.

Am 11. Juni 1946 gaben Spencer und Norman zusammen mit Verwandten und Freunden Frank Samuelsen das letzte Geleit. Es war ein lauer Junitag, die Luft war erfüllt vom Duft der Gräser und Bäume. Ein Pferd zog den geschlossenen Leichenwagen von der Kirche zum Friedhof auf einem Hügel im Herzen von Farsund. Ein Mitglied jeder Familie hielt einen Blumenstrauß in der Hand, und die Männer und Frauen, die die Blumen ins Grab warfen, hielten jeweils einen kurzen Nachruf auf den Verstorbenen. Über hundert Menschen nahmen an der Beisetzung teil, und sie alle sprachen von Franks großem Abenteuer vor fünfzig Jahren mit der *Fox*. Der Reporter einer norwegischen Zeitung schrieb: »Dergleichen wird die Welt nicht mehr erleben. Unser Zeitalter ist kraftlos geworden.«

Nachwort
Das Schicksal der Fox

Was aus der *Fox* wurde, bleibt ein Rätsel. Die einen sagen, Andrew Harbo habe sie umgebaut und einen Motor installiert – eine Schande für ein so außergewöhnliches Boot. Andere behaupten, sie stehe in irgendeinem Museum in Großbritannien oder sei bei einer Ausstellung auf Coney Island in New York zerstört worden. Fest steht, daß das Smithsonian Museum versucht hat herauszufinden, was aus ihr geworden ist. Die Kuratoren wollten das Boot in die Sammlung des Museums aufnehmen. Sie konnten sie aber nicht aufspüren, und gar so eifrig haben sie wohl nicht gefahndet. Hatten George Harbo und Frank Samuelsen auch Geschichte geschrieben – in den Augen mancher war ihre Leistung der anderer nicht ebenbürtig.

Es ist durchaus denkbar, daß das Boot in Brooklyn oder Atlantic Highlands bei Wind und Wetter draußen gelegen hat und die Elemente nach und nach die Zedernplanken und den Eichenrahmen aufgefressen haben. Bald schon hätte die *Fox* dann nicht anders ausgesehen als jedes x-beliebige andere Ruderboot und wäre, wie ihre Besatzung, allmählich der Vergessenheit anheimgefallen. In Bootswerften finden sich viele Skelette der Vergangenheit, die Rippen weiß verwittert, der einst robuste Kiel von Gras überwuchert. So könnte sich die *Fox* mit ihren weniger weit gereisten Artgenossen vermengt haben und schließlich an einem kalten Wintertag im Bauch eines Ofens als Brennholz in Flammen aufgegangen sein.

Ohne den Sohn des Bootserbauers William Seaman, Harold, hätte die Geschichte mit Sicherheit diesen enttäuschenden Verlauf genommen. Harold hatte 1896 als Dreizehnjähriger seinem Vater beim Bau der *Fox* geholfen. Er blieb in New Jersey und setzte die väterliche Tradition fort, baute Kähne für die Fischer und Freizeitboote für jene, die sich so etwas leisten konnten. 1901 war er an der Gründung des Long Branch Ice Boat and Yacht Club am Shrewsbury River in der Gegend von Sandy Hook beteiligt. Harold gehörte zu jenen von Wind und Wetter und dem Meer abgehärteten Typen, die man an jeder Küste findet und die mit ihrem Seemannsgarn den Leuten im Wirtshaus oder an der Mole die Zeit vertreiben.

Die Legende der *Fox* – im Laufe der Zeit nahm sie tatsächlich immer mehr die Züge einer Fabel an – wurde in der Gegend, in der die beiden Männer gefischt hatten und wo ihr Boot gebaut worden war, immer aufs neue erzählt. Sie war aus dem Stoff, der selbst gestandenen Seeleuten das Herz höher schlagen ließ. Harold, der auf den Spitznamen »Pappy« hörte, stieß mit seinem Teil der Erzählung auf großes Interesse.

Im Spätherbst 1974 beschlossen die Clubmitglieder, die *Fox* nachzubauen. Die genauen Gründe sind unbekannt. Einige Mitglieder sagen, irgendwie habe man – eher zum Zeitvertreib – die zwei Fischer ehren wollen, die einen Weltrekord aufgestellt hatten und fast in Vergessenheit geraten waren. Für Pappy war das natürlich ein gefundenes Fressen. Mit seinen über neunzig Jahren stand er im Winter und Frühjahr 1975 unversehens wieder an der Werkbank und half, das Ruderboot *Fox* nachzubauen. Um noch selbst Hand anzulegen, war er schon zu alt. Aber er beteiligte sich eifrig am Entwurf, steuerte dieses und jenes Detail aus dem Gedächtnis bei, rekonstruierte anderes aus den Zeichnungen, die er in alten Unterlagen gefunden hatte. Etwa zwanzig freiwillige Helfer aus dem Club arbeiteten an den Abenden und Wochenenden mit.

Die Nachbildung weist genau dieselben Konstruktionsmerkmale auf wie das Original, und außer einem gelegentlichen Tropfen Epoxidharz wurde kein modernes Material verwendet. Die Zedernplanken wurden mit Kupfernieten verbunden. Jedes Detail, von den wasserdichten Kammern bis hin zu den unter dem Rumpf angebrachten Halterungen, wurde genauestens nachgebaut, sogar die Flagge mit den sechsundvierzig Sternen, die die Männer über den Atlantik mitgenommen und stolz gehißt hatten, durfte nicht fehlen.

Den Verwandten von George Harbo und Frank Samuelsen wurde mitgeteilt, im Frühjahr 1975 wolle der Yachtclub die »neue« *Fox* ins Wasser lassen. Zum ersten Mal seit fast siebzig Jahren trafen die beiden Familien wieder zusammen, um die Überfahrt zu feiern und der beiden Männer zu gedenken. Frank Samuelsens vier Urenkelinnen zerschmetterten unter den Hochrufen der Zuschauer und begleitet vom Klicken der Kameras der Lokalreporter am Bug des Bootes eine Sektflasche.

Im Juli ruderten neun Männer die *Fox* von Sandy Hook die einhundertdreißig Meilen durch den Long-Island-Sund nach Mystic in Connecticut, wozu sie etwa fünf Tage benötigten. Zwei größere Boote eskortierten die *Fox* nach Mystic, wo sie im Seaport Museum ausgestellt wurde. Abgesehen von einem kleinen Abstecher zu einer Bootsschau im folgenden Jahr blieb die neue *Fox* dort, bis sie 1979 an die Twin Lights Historic Site in Highlands, New Jersey, ausgeliehen wurde.

Bis 1996 blieb sie im Twin Lights Museum. Anläßlich der Hundertjahrfeier der Atlantiküberquerung verpaßten ihr die Clubmitglieder einen neuen Anstrich und ruderten sie in den New Yorker Hafen. Wiederum wohnten die Enkel der Familien Harbo und Samuelsen der Feier bei. Die Familie Harbo schenkte dem Museum die Originalaufzeichnungen von der Überfahrt sowie eine genaue Beschreibung der Reise, die George noch diktiert hatte, bevor er starb. Die Nachbildung der *Fox* befindet sich weiterhin im Besitz des Yachtclubs und ist so etwas wie eine Lokalattraktion. Es heißt, daß sie in ein anderes Museum gebracht werden soll, das in einer alten Lebensrettungsstation am Strand eingerichtet wird. Aber das ist noch offen. Fest steht indes, daß zumindest an der Nordküste von New Jersey die Legende der *Fox* niemals sterben wird, und das ist gut so.

Dank

Den vielen Menschen, die zur Entstehung dieses Buches beigetragen haben, bin ich zu großem Dank verpflichtet: meinem Freund und Verleger Gary Fitzgerald, der von Anfang an großes Interesse bekundete, und meiner Agentin Jill Grinberg für ihren unerschütterlichen Glauben an das Gelingen meines Vorhabens. Desgleichen gilt mein Dank den Familien der beiden Männer, die mir viele Stunden opferten und mich Einsicht in persönliche Papiere nehmen sowie Fotografien betrachten ließen. Besonders hilfreich standen mir George Harbos Enkelin Joan Minnis und Frank Samuelsens Enkel Spencer Samuelsen bei meinen Bemühungen zur Seite, soviel wie möglich über das Leben der beiden Atlantiküberquerer in Erfahrung zu bringen.

Tom Laverty, Kurator am Twin Lights Historic Site in Highlands, New Jersey, verschaffte mir Zugang zu den zahlreichen Dokumenten über die Reise sowie zum Original-Logbuch, das die Familie Harbo dem Museum vermacht hat. Dem Historiker Tom Hoffman, den Mitgliedern des Long Branch Ice Boat and Yacht Club, der Lotsenvereinigung von Sandy Hook, den geduldigen Bibliothekaren an den Universitäten von Princeton und Drew, und nicht zuletzt meiner Frau Elizabeth, die mir bei den Recherchen behilflich war – ihnen allen schulde ich aufrichtigsten Dank.

Anhang

Tollkühne Abenteurer in kleinen Booten

Durch die heldenhafte Fahrt mit der *Fox* gingen George Harbo und Frank Samuelsen nicht nur in die Geschichte ein, sondern sicherten sich auch einen Eintrag im *Guinness Buch der Rekorde*, wenngleich ihre Leistung weit weniger Aufsehen erregte als die anderer Männer und Frauen, deren Rekorde unter der Rubrik Seefahrt beschrieben werden. Dort heißt es, die beiden Männer hätten als erste den Nordatlantik erfolgreich in einem Ruderboot überquert und die Gesamtstrecke von rund dreitausend Seemeilen von der Battery in Manhattan zu den englischen Scilly-Inseln in der Rekordzeit von fünfundfünfzig Tagen zurückgelegt. Diese Zeit wurde bislang von keiner Mannschaft unterboten, obwohl mehrere es versuchten und manche dabei den Tod fanden. Der letzte Reiseabschnitt nach Le Havre wurde nicht mitgerechnet, weil die beiden in Frankreich nicht zum ersten Mal an Land gingen, vielleicht auch, weil sie sich durch den halben Ärmelkanal in Schlepptau nehmen ließen.

Ein Jahr vor Georges und Franks Atlantiküberquerung hatte Joshua Slocum, ein alter Seebär aus Neuengland, der auch der Vater der Kleinbootfahrten genannt wird, an Bord einer elf Meter langen Schaluppe namens *Spray* von Boston abgelegt. Drei Jahre später kehrte er nach Neuengland zurück. Er hatte als erster allein die Welt umsegelt und dabei etwa sechsundvierzigtausend Meilen zurückgelegt. Auch er steht im *Guinness Buch der Rekorde.*

Slocum verstand es, sich in Szene zu setzen, und war ein begabter Schriftsteller. Sein Buch *Erdumseglung ganz allein* wurde zu einem Riesenerfolg und gilt heute noch als Klassiker. Während der Reise rund um die Welt stellte Slocum sein Boot immer wieder zur Schau, um Geld zu verdienen. Einmal tötete er einen riesigen Hai, den er ebenfalls vorzeigte. Zwar wurde auch er nicht gerade steinreich, aber er holte immerhin einiges mehr heraus als George und Frank. Es wird vermutet, daß er später Selbstmord beging. Unzufrieden mit dem Leben an Land und mit den Veränderungen, die das neue Jahrhundert brachte, setzte er bei einem Sturm Segel auf die Nantucket Shoals – den schlimmsten Ort, an dem man sich bei Sturm befinden kann. Er kehrte nie mehr zurück. Mancher stellt sich zu Recht die Frage, ob Slocum wirklich an den dortigen Untiefen zugrunde ging. Er wurde zu einer Art Klabautermann und soll bis weit ins 20. Jahrhundert hinein immer wieder in exotischen Häfen aufgetaucht sein.

In diesem Jahrhundert gab es immer wieder Ansätze zu Atlantiküberquerungen in den verschiedensten Booten, darunter nachgerade lachhafte Unterfangen, wenn man berücksichtigt, welche Gefahren auf dem Meer lauern. Die letzte, aber keineswegs einzige bemerkenswerte Unternehmung der letzten hundert Jahre war das Ruderbootrennen über eine Strecke von fünftausend Kilometern von der Kanarischen Insel Teneriffa zur westindischen Insel Barbados im Oktober 1997.

1928 erlangte der Deutsche Franz Romer durch die Überquerung des Atlantiks von Lissabon aus nach San Juan auf Puerto Rico in einem eigens angefertigten, mit Segel ausgerüsteten Sechsmeter-Faltboot Unsterblichkeit und einen Eintrag im *Guinness Buch der Rekorde*. Während der ganzen, achtundfünfzig Tage dauernden Überfahrt konnte er nur sitzen oder liegen, nicht aufstehen. Weil seine Haut fast nie trocknete, war er über und über mit Furunkeln bedeckt. Beinkrämpfe plagten ihn, und er verlor immer mehr Kraft. Am Ende der Reise mußte er aus dem Boot gezogen werden, weil er sich kaum noch rühren konnte. Im selben Jahr, in dem er seinen phantastischen Rekord aufstellte, hatte er das Unglück, in der Karibik in einen Orkan zu geraten. Weder Romer noch sein Faltboot wurden je wieder gesichtet.

1952 begab sich der französische Arzt Alain Bombard von den Kanarischen Inseln in einem mit Segel ausgerüsteten Schlauchboot auf die Fahrt nach Barbados. Er nahm keinerlei nennenswerte Vorräte mit, sondern ernährte sich von Fischen, hin und wieder einem Seevogel, der sich zu nahe an sein Boot wagte, von Plankton, um Skorbut vorzubeugen, und von Regenwasser. Wozu dieses Unterfangen? Der Doktor wollte erkunden, wie sich der Nahrungs- und Wassermangel auf Schiffbrüchige auswirkt, und beschloß deshalb, sich freiwillig in eine Lage zu versetzen, in der er nur über das verfügte, was das Meer zu bieten hatte. Nach seinen Erkenntnissen starben bis zu neunzig Prozent der Schiffbrüchigen, die hilflos und ohne irgendwelche Vorräte in ihren Rettungsbooten trieben, innerhalb der ersten drei Tage, obwohl es bis zum Verhungern und Verdursten an sich viel länger dauert. Bombard wollte den Nachweis erbringen, daß man durchaus vom Meer leben konnte und schiffbrüchige Matrosen keineswegs so schnell zugrunde gehen mußten.

Bombard kam nach fünfundsechzig Tagen auf Barbados an. Ein böser Ausschlag bedeckte jeden Zentimeter seines Körpers, und er war bis auf die Knochen abgemagert. Seine Zehennägel fielen ab, er konnte kaum noch sehen und litt unter schwerer Anämie. Aber er hatte die zweitausendsiebenhundert Meilen lange Strecke allein und mit nichts als den mageren Erträgen der See bewältigt. Die Menschen hielten ihn für verrückt, die Wissenschaftler begegneten seinen Theorien mit großer Skepsis.

Sicher, ein wenig übergeschnappt mußte er schon sein, um eine solche Reise zu wagen. Immerhin bewies er, daß der Mensch unter den unmöglichsten Bedingungen existieren und schierer Wille und Einfallsreichtum scheinbar unüberwindliche Widerstände bezwingen kann.

Der deutsche Arzt Hannes Lindemann war der erste, der 1955 allein in einem Einbaum mit Segel den Atlantik überquerte. Er begann seine Reise in Las Palmas auf den Kanarischen Inseln und kam fünfundsechzig Tage später auf der Jungferninsel St. Croix an; rechnet man sämtliche Zickzackfahrten ein, hatte er rund fünftausend Kilometer zurückgelegt. Lindemann ernährte sich wie Bombard aus dem Meer, hatte aber auch Proviant dabei. 1956 unternahm er die Fahrt ein zweites Mal, diesmal in einem Klepper-Serienfaltboot.

In diesem Zusammenhang ist die Feststellung wichtig, daß sowohl die Rennmannschaften vom Oktober 1997 als auch Romer, Bombard, Lindemann und zahllose andere, die in kleinen Booten den Atlantik überquerten, als Route das wählten, was die Matrosen die »Talfahrt« nennen. Ihr Kurs von Osten nach Westen führte sie durch den Bereich, in dem unterhalb von dreißig Grad Nord gleich bei den Kanarischen Inseln der Passatwind weht. Dieser schob die Segelboote über das Meer, wobei die westwärts laufenden Wellen noch das ihrige beisteuerten. Außerdem ist die Strömung günstig.

1970 gelangte der britische Abenteurer John Fairfax ins *Guinness Buch der Rekorde*, weil er als erster den Atlantik von Osten nach Westen allein in einem Ruderboot überquerte. Auch er wählte die »Talfahrt«. Dennoch mußte er für die Strecke von den Kanarischen Inseln nach Miami in Florida nicht weniger als einhundertachtzig Tage rudern. An sich beträgt die Entfernung zwischen den beiden Endpunkten nur dreitausendsechshundert Meilen, er brachte es jedoch auf viereinhalbtausend. Ganz allein konnte Fairfax nur schwer Kurs halten, was ihm sehr zu schaffen machte. Jedesmal, wenn er zu schlafen versuchte oder sich eine Mahlzeit zubereitete, schob ihn der Wind hin und her, und mehrfach ruderte er tagelang im Kreis. Zu seiner Unternehmung hatte ihn vor allem die Lektüre der Berichte über die gefährliche Reise der *Fox* inspiriert. Der Wagemut der beiden Männer, ihre Abenteuer und ihr Triumph regten ihn derart an, daß er alle Vorsicht vergaß und unbedingt selbst eine Überfahrt machen mußte, wie sie niemand vor ihm geschafft hatte.

Um die erstaunliche Leistung von George und Frank

würdigen zu können, muß man sich im klaren sein, daß ihre Route sie von Westen nach Osten und durch die gröbsten Gewässer des Atlantiks führte. Für sie gab es weder lauen Rückenwind noch azurblaue See. Weder Schönwetterwölkchen noch fliegende Fische zum Frühstück. Sie kämpften sich Meile um Meile unter Bedingungen voran, denen viele andere, die die südlichere Route von Osten nach Westen einschlugen, nie ausgesetzt waren.

George und Frank hatten beschlossen, die sogenannten »braven Winde« aus Westen auszunutzen, die vom vierzigsten Breitengrad Nord bis weit in die fünfziger Breitengrade blasen, und 1896 und 1897 bliesen sie sogar in den Sommermonaten mit gewaltiger Wucht. Nach Häufigkeit und Stärke waren die Sturmserien, denen die beiden begegneten, höchst ungewöhnlich; sie ähnelten eher den Wettersystemen, die man im Spätherbst und frühen Frühjahr erwartet. Das ungewöhnliche Wetter wäre ihnen beinahe zum Verhängnis geworden, erklärt aber auch ihr unglaubliches Tempo. Selbst kleine Segelschiffe haben für die Überfahrt schon länger gebraucht. Nun könnte man argumentieren, auch sie hätten so etwas wie eine »Talfahrt« gewählt, aber es kam doch eher einem Sprung in den Abgrund als der sanften Abfahrt von einem Hügel gleich.

Vor John Fairfax hatten 1966 vier Männer die Überfahrt allein mit Ruderkraft gewagt. Es war das erste Mal seit der Odyssee von George und Frank, daß jemand ohne Segel von Westen nach Osten über den Atlantik zu rudern versuchte. Alle vier stammten aus Großbritannien; in zwei Mannschaften begaben sie sich auf eine Art Rennen, wer die Überquerung am schnellsten schaffte. An Bord des Ruderbootes *Puffin* befanden sich David Johnston und John Hoare. Die Besatzung der *English Rose III* bildeten John Ridgway und Chay Blyth. Beide Boote waren mit automatischer Lenzvorrichtung und allen möglichen anderen modernen Hilfsmitteln ausgestattet. Die *Puffin* besaß eine kleine Kajüte, die sechseinhalb Meter lange *English Rose III* nur eine Segeltuchabdeckung ähnlich der auf der *Fox* benutzten.

Die *Puffin* legte am 21. Mai 1966 von Norfolk in Virginia ab. Damit befand sich das Boot sehr nahe am Golfstrom, den die Mannschaft in nordöstlicher Richtung entlang der Küste ausnutzen wollte. Auf diese Weise hoffte sie, die für ein Ruderboot ungewöhnliche Geschwindigkeit von einem Knoten erreichen zu können. Der Plan schien gut; sie würden der anderen Mannschaft schon zeigen, wer schneller war. Doch vom ersten Augenblick an hatte die *Puffin* Pech. Der Wind blies von Ost, und trotz größter Anstrengung befand sich das Boot nach einer Woche immer noch in den turbulenten, seichten Küstengewässern.

Zur gleichen Zeit machte die Besatzung der *English Rose III* ihr kleines Fahrzeug in Cape Cod startklar. Die Männer stachen am 4. Juni in See und erlitten das gleiche üble Schicksal wie ihre Konkurrenten weiter südlich. Der Wind warf sie praktisch auf das sandige Kap zurück, aber sie machten weiter, ruderten sogar am Rand eines Orkans entlang. Die Fahrt zog sich viel länger hin, als die beiden an Bord der *English Rose III* erwartet hatten; für die nicht ganz dreitausend Meilen bis Inishmore in Irland benötigten sie insgesamt zweiundneunzig Tage. Sie kamen ausgehungert und erschöpft an, und wie George und Frank hatten sie keinerlei Lust auf einen zweiten Versuch, um festzustellen, ob sich eine bessere Zeit erzielen ließ.

Die andere Mannschaft hat nie mehr Land gesehen. Ihr Boot wurde gekentert auf dem Atlantik treibend gesichtet. Das Meer hatte die eine Mannschaft verschlungen, die andere verschont.

Im selben Jahr, in dem Fairfax seine Atlantiküberquerung von Osten nach Westen begann, 1969, machte sich Tom McClean daran, ganz allein mit dem Ruderboot von Westen nach Osten zu fahren. Der robuste und sehr kenntnisreiche Ire schlug von St. John's in Neufundland aus eine nördliche Route durch die von dichtem Nebel und Eisbergen gekennzeichnete Zone zur Blacksod-Bucht in Irland ein. In diesen hohen Breiten sind die Stürme zahlreicher als weiter südlich, sogar im Sommer bildet sich Eis, und die Wahrscheinlichkeit einer Rettung im Falle eines Mißgeschicks ist sehr gering. Während George und Frank von New York bis zu den Scilly-Inseln dreitausend Meilen ruderten, beträgt die Entfernung zwischen Neufundland und Irland auf dieser Route weniger als zweitausend Meilen. McLean brauchte dafür in seinem Sechsmeterboot, das wiederum mit allerlei modernen Hilfsmitteln ausgestattet war, siebzig Tage.

Von Seeungeheuern, Meerjungfrauen und UFOs

Seit jeher birgt das Meer viele Geheimnisse. Bevor Christoph Kolumbus 1492 seine Fahrt begann, behaupteten die Unwissenden, die Welt sei eine Scheibe, und ein Schiff, das dem Rand zu nahe komme, falle ins Bodenlose. Auf den damaligen Weltkarten waren Gegenden eingetragen, in denen Seeungeheuer aus der Tiefe aufzutauchen und die Besatzungen ganzer Schiffe zu verschlingen drohten. Nicht alle Seefahrer trauten diesem Scheinwissen. Pytheas, der als erster Grieche 325 v. Chr. Island entdeckte, war ein scharfsinniger Mathematiker, und man nimmt an, daß er die Welt für rund hielt. Doch die meisten glaubten an die herrschenden Mythen, und jeden, der sich von der Küste entfernte und aufs Meer hinausfuhr, beschlich quälende Angst.

Heute sagt die Naturwissenschaft, in den Ozeanen tummelten sich keine Ungeheuer. Zwar nimmt man an, daß tief unten in den Falten und Vulkangebirgen entlang der Zentralspalte im Atlantik noch unentdeckte Geschöpfe hausen. Aber wann immer ein Tiefseeforscher eines aufspürt, ist es viel zahmer als vermutet.

Auch die Existenz von Riesenkraken ist bekannt. Sie sind höchst selten und ungemein scheu. Lebend hat sie noch niemand gesehen, sondern nur tot ans Ufer geschwemmt oder im Meer treibend.

Aber Ungeheuer? Nein, sagt die Wissenschaft, die gibt es nicht.

Dennoch fällt auf, daß in den Berichten über Fahrten in Kleinbooten oft von äußerst eigenartigen Bewohnern der riesigen Meere die Rede ist. Zwar behauptet niemand, ein Ungeheuer gesehen zu haben, aber viele erzählen von oft sehr großen und völlig fremdartigen Kreaturen. Was uns George Harbo und Frank Samuelsen über die Seeschlange berichten, ist gar nicht so ungewöhnlich. Der *New York Herald* schrieb, im selben Ozeanbereich sei zu einem anderen Zeitpunkt von einem Schiff aus ein ähnlich aussehendes Geschöpf gesichtet worden. Zur Ehre des Journalisten sei gesagt, daß er hinsichtlich des vermuteten Wahrheitsgehalts der beiden Berichte keine Angaben machte.

Auch John Ridgway gibt an, auf seiner Ruderfahrt über den Atlantik mit Chay Blyth im Jahre 1966 eines Nachts eine Seeschlange gesichtet zu haben. Ridgway war Hauptmann in einem britischen Fallschirmjägerregiment und nicht der Typ, der sich solche Geschichten ausdachte. In seinem gemeinsam mit Blyth verfaßten Buch *Im Ruderboot über den Atlantik* schreibt er: »Seit jeher erzählen heimkehrende Seefahrer von solchen Geschöpfen und müssen sich jedesmal sagen lassen, was sie gesehen haben, sei das Produkt ihrer überreizten Phantasie. Ich kann nur wiedergeben, was ich mit eigenen Augen sah, und ich bin kein Ungläubiger mehr.«

Howard Blackburn berichtete ebenfalls, eine Seeschlange gesehen zu haben. In seinem Fall war es eine ganz kleine. Er sah, wie sie einen sehr großen Fisch verschlang. Hannes Lindemann, der als erster den Atlantik in einem Einbaum überquerte, schreibt in seinem Buch *Allein über den Ozean,* er habe eine Kreatur gesehen, die er für einen Riesenkraken hielt. Als Arzt und erfahrener Meereskundler dürfte Lindemann gewußt haben, wovon er sprach.

Auch am Himmel werden zuweilen seltsame Objekte gesichtet. John Fairfax, der als erster von Ost nach West allein über den Atlantik ruderte, berichtet in seinem 1971 erschienenen Buch *Britannia: Rowing Alone Across the Atlantic,* er habe zwei UFOs gesehen. Er beschrieb sie als leuchtende blaue Kugeln, die heller als jeder Stern gestrahlt hätten und in einem Kurs über den Nachthimmel geschossen seien, den ein Satellit niemals hätte beschreiben können. Er hatte das Gefühl, daß sie über ihm waren und sein Körper »in einer Leere schwimmend [...] gegen eine schreckliche geistige, esoterische Kraft ankämpfte«, die ihn zur Selbstaufgabe zu zwingen suchte.

Nun berichtet Fairfax auch von seltsamen Träumen und gibt selber zu, halluziniert zu haben, als er sehr krank war. Dennoch schwört er, die UFOs in einem vollkommen klaren Augenblick gesichtet zu haben. Sein Abenteuer bedurfte keiner Verzierung mit irgendwelchen unidentifizierten fliegenden Objekten. Er berichtete davon völlig sachlich und bezeichnete die Erscheinung einfach als ein weiteres Geheimnis des Meeres.

Joshua Slocum wußte von einem seltsamen Mann am Helm seines Bootes *Spray* zu berichten, den er als einen der Matrosen der *Pinta* identifiziert habe. Ann

Davison, die 1952 als erste Frau allein über den Atlantik segelte, schrieb, sie habe die Gegenwart einer weiteren Person in ihrer Siebenmeter-Schaluppe gespürt. Sie habe sogar Stimmen gehört. Andere Seeleute berichten von akustischen Halluzinationen, von klingelnden Telefonen, von Glocken, Sirenen oder hupenden Autos. Die Reisebeschreibungen der Atlantiküberquerer wimmeln von Inseln, die es gar nicht gibt, von umgekehrten Eisbergen am Horizont und zahllosen anderen Sinnestäuschungen.

Haben George Harbo und Frank Samuelsen eine Seeschlange gesehen? Hannes Lindemann einen Riesenkraken? Sah Ridgway ein Ungeheuer, und ist Fairfax wirklich UFOs begegnet? Am glaubhaftesten dürfte Lindemanns Riesenkrake sein, denn dessen Existenz ist wissenschaftlich bewiesen. Aber auch die anderen Erzählungen sollte man nicht einfach abtun. Das Meer kann die Sinne täuschen, aber es kann auch dem einsamen Seefahrer, den es zu verschlingen droht, seine Geheimnisse offenbaren. Es ist so unendlich groß, und seine Tiefen sind noch so wenig erforscht, daß sich nur eine eingefleischte Landratte dem Zauber der magischen Dinge verschließen kann, die es bergen mag.

Glossar seemännischer Fachbegriffe

Hinweis des Übersetzers: In der Seemannssprache bedeutet »Ruder« in erster Linie »Steuerruder«. Da im vorliegenden Fall jedoch mehrfach betont wird, daß das Ruderboot *Fox* nicht nur weder Mast noch Segel, sondern auch kein »Ruder« besaß, wurde zur Vermeidung von Verwechslungen für das Steuer in aller Regel der Begriff »Steuerruder« verwendet. Entfernungsangaben in Meilen (auf See) sind als nautische Meilen (1 Seemeile = 1,852 km) zu verstehen.

Achtersteven: hinterer Abschluß des Schiffsrumpfes

Barre: Sandbank vor Flußmündungen und Hafeneinfahrten

Besansegel: Segel am hintersten Mast (auch: Treibermast)

Bilge: tiefste Stelle eines Bootes, in der sich das Wasser sammelt; Bootsboden

Blas: von Walen nach dem Auftauchen durch die Spritzlöcher ausgeblasene Luft

braver Wind: Rückenwind

brave Westwinde: beständige Westwinde auf den Meeren der gemäßigten Breiten (Westwindzone)

Bugspriet: bei Segelschiffen schräg über den Bug hinausragendes Rundholz, das den Klüverbaum trägt

Dollbord: obere Planke auf dem Bootsbord

Dolle: Gabel an der Bordwand von Ruderbooten zur Aufnahme der Riemen

Dory: flachbodiges Kleinboot mit stumpfem Bug und Heck; da ohne hochliegende Querverbände gebaut, können diese Boote ineinandergeschachtelt an Deck gestapelt werden; noch heute als Angelboot vom Mutterschiff aus bei den Neufundlandbänken in Gebrauch

Drift: durch Wind und Strömung hervorgerufenes Treiben eines Bootes

faul (Wetter, Strömung usw.): schlecht, widrig

Fock: Vorsegel

Freibord: Abstand vom Deck bis zur Wasserlinie

Fußpferd: waagerecht unterhalb der Rahen verlaufendes starkes Tau, auf dem die Matrosen bei Arbeiten an den Rahsegeln stehen

Gaffel: Segelstange an trapezförmigem Gaffelsegel

Gissung: Schätzung nautischer Werte, insbesondere des Schiffsstandorts

Helm: Ruder(pinne)

kabbelig / kabbeln: die See kabbelt: ist von verschieden gerichteten Strömungen gekräuselt

killen: Segel flattert im Wind, der an ihm entlang streicht

Klinkerbeplankung: Beplankung eines Bootes/Schiffes, bei der sich *im Unterschied zur Kraweelbeplankung* die Planken dachartig überdecken

Klüver: dreieckiges Vorsegel (Stagsegel) bei rahgetakelten Segelschiffen, das zwischen Vormast und Klüverbaum gesetzt wird

Klüverbaum: über den Vorsteven hinausragendes Rundholz

Knoten: Geschwindigkeit von einer Seemeile (1,852 km) pro Stunde
koppheister: kopfüber stürzen
krängen / Krängung: durch Wind oder Seegang hervorgerufene seitliche Neigung eines Schiffes (im Gegensatz zur Schlagseite)
Kurrleine: lange Zugleine in der Schleppnetzfischerei
Landfall: (erstes) Erreichen (oder Sichten) eines (bestimmten) Landungspunktes
Lee: Windschattenseite
lenzen: leerpumpen, eingelaufenes Wasser ausschöpfen
Luv: dem Wind zugewandte Seite
Persenning: Schutzhülle aus Segeltuch
Rah: quer am Mast angebrachtes Rundholz, an dem das Segel hängt
Rahsegel: an einer Rah querschiffs gesetztes, trapezförmiges Segel
Rahsegler: mit Rahsegeln ausgestattetes Segelschiff
rank: ein Boot mit geringer Stabilität ist rank
raumer Wind: günstiger Wind (schräg von hinten)
reffen: die Segelfäche verkleinern
Roaring Forties: brüllende/heulende Vierziger; andere Bezeichnung für die vierziger Grade südlicher Breite, wo die »braven Westwinde« in besonderer Stärke und Häufigkeit auftreten
Roller: große Brandungswelle
Screaming Fifties: die fünfziger Grade südlicher Breite mit häufig auftretenden heftigen Winden; s. a. Roaring Forties
Skullriemen: der nur mit einer Hand geführte Holm mit Ruderblatt eines Skullbootes (Sportruderboot)
Speigatt (auch: Gatt): für den Ablauf von Wasser bestimmte Schlitze in der Reling

Spiere: jedes zur Takelage eines Schiffes gehörende Rundholz (mit Ausnahme des Mastes)
Spriet: Stange, die ein Segel diagonal ausspreizt
Südwester: wasserdichte Seemannskappe
Tidenhub: Unterschied zwischen Höchst- und Niedrigwasser (Flut und Ebbe)
Topp: oberstes Ende eines Mastes
Topp und Takel: vor Topp und Takel liegt man, wenn im Sturm keine Segel mehr getragen werden können
trimmen / Trimm(ung): Schiff in die beste Schwimmlage bringen; Ladung trimmen: Schiffsplatz der Ladung in diesem Sinne wechseln
Vordersteven: vorderer Abschluß des Schiffsrumpfes
Want: starkes Stütztau des Mastes
Windstau: Aufbau von Meerwasser, wenn es bei lang anhaltendem, starkem auflandigem Wind gegen die Küste getrieben wird, vor allem bei vorliegendem Flachwasser

Bibliographie

Anuta, Michael J., *Ships of Our Ancestors*, Baltimore 1996

Bergmann, Leola, *Americans From Norway*, Philadelphia 1950

Blanchet, Christian, *The Statue of Liberty: The First One Hundred Years*, New York 1995

Bombard, Alain, *Im Schlauchboot über den Atlantik*, München 1953

Bookbinder, Bernie, Robert Snyder, and Harvey Weber, *City of the World: New York and Its People*, New York 1989

Breidenbach, Karlheinz, *Kurs New York: Mit dem Motorboot über den Atlantik*, Stuttgart 1993

Brendon, Piers, *The Life and Death of the Press Barons*, New York 1983

Calligaro, Gudrun, *Ein Traum wird wahr. Als erste Deutsche einhand um die Welt*, Bielefeld 1991

Coe, Lewis, *The Telegraph: A History of Morse's Invention and Its Predecessors in the United States*, Jefferson 1993

Coles, Kaines Adlard, *Schwerwettersegeln*, Bielefeld/Berlin 1971
Davison, Ann, David Lewis, and Hannes Lindemann, *Great Voyages in Small Boats: Solo Transatlantic*, New York 1982
Derry, T. K., *A History of Scandinavia: Norway, Sweden, Denmark, Finland and Iceland*, Minneapolis 1979
du Maurier, Daphne, *Vanishing Cornwall*, New York 1981
Dunne, Thomas, *Ellis Island*, New York 1971
Elsy, Mary, *Brittany and Normandy*, New York 1974
Erdmann, Wilfried, *Ein unmöglicher Törn: Transatlantik mit GATSBY und Gewinnern*, Bielefeld 1991
Fairfax, John, *Britannia: Rowing Alone Across the Atlantic; the Record of an Adventure*, New York 1971
Fowles, John, *Shipwreck*, Boston 1975
Graham, Robin Lee, *Mein Schiff war die Taube. Mit 16 Jahren allein um die Welt*, Bielefeld 1995
Guthorn, Peter, *The Sea Bright Skiff and Other Shore Boats*, Exton 1982
Hammick, Anne, *The Atlantic Crossing Guide*, Camden 1992
Koch, Ernst-Jürgen, *Hundeleben in Herrlichkeit. Unsere Weltumseglung mit der Kairos*, Hamburg 1968
Koch, Ernst-Jürgen, *Verdammt, glücklich zu sein. Mit der Kairos unterwegs*, Bielefeld 1986
Lindemann, Hannes, *Allein über den Ozean: Ein Arzt in Einbaum und Faltboot*, Berlin 1996
Manry, Robert, *Allein über den Ozean: Das große Abenteuer mit Tinkerbelle, dem kleinsten Segelboot*, München 1969

Moscow, Henry, *The Street Book: An Encyclopedia of Manhattan's Street Names and Their Origins*, New York 1978
Nehberg, Rüdiger, *Im Tretboot über den Atlantik*, o. O. 1988
Nehberg, Rüdiger, *Über den Atlantik und durch den Dschungel: Eine Rettungsaktion für die Yanomami*, München 1994
Pieske, Burghard, *Shangri-La. Mit dem Wind um die Welt*, Bielefeld 1986
Ridgway, John, und Chay Blyth, *Im Ruderboot über den Atlantik*, München 1967
Ridgway, John und Marie Christine, *Nur Wind und Wasser. Tagebuch einer Weltumseglung*, Köln 1980
Roberts, Russell, and Rich Youmans, *Down the Jersey Shore*, New Brunswick 1993
Rudjord, Kåre, *Atlanterhaus Roerne*. Farsund 1988
Schenk, Bobby, *Freiheit hinterm Horizont. Die klassische Weltumseglung*, Bielefeld 1986
Schenk, Bobby, *Segeln im Reich der Stürme. Mit Segelboot und Flugzeug bis ans Ende der Welt*, Bielefeld 1990
Schenk, Bobby, *Transatlantik in die Sonne: Ocean ohne Compass & Co*, Bielefeld 1993
Schult, Joachim, *Erstleistungen deutscher Segler* 1890–1950, Bielefeld 1993
Slocum, Joshua, *Erdumseglung ganz allein*, Einsiedeln/Zürich/Köln 1958
Smith, Gene, and Jayne Barry Smith, eds. *Police Gazette*, New York 1972
Stigen, Terje and Bert Boger, *Norway*, New York 1961

Tute, Warren, *Atlantic Conquest: The Men and Ships of the Glorious Age of Steam*, Boston 1962
Vecoli, Rudolph J., *The People of New Jersey*, Princeton, New Jersey 1965
Villiers, Alan, *Men, Ships and the Sea*, Washington 1973
Wagner, Rudolf, *Weit, weit voraus liegt Antigua: Als Katsegeln noch Abenteuer war*, Bielefeld 1989